北大国学课

经典课程编委会 编著

红旗出版社

代　序

国学漫谈（节选）

季羡林

我们中华民族拥有五千年的光辉灿烂的文化，对人类做出了卓越的贡献。很难想象，世界上如果缺少了中华文化会是一个什么样子。前几年，弘扬中华优秀文化的号召一经提出，立即受到了国内外炎黄子孙的热烈拥护。原因何在呢？这个号召说到了人们的心坎上。弘扬什么呢？怎样来弘扬呢？这就需要认真地研究。

我们的文化五色杂陈，头绪万端。我们要像韩愈说的那样："沉浸醲郁，含英咀华"，经过这样细细品味、认真分析的工作，把其中的精华寻找出来，然后结合具体情况，从而发扬光大之，期有利于中国人民和世界人民的前进与发展。"国学"就是专门做这件工作的一门学问。旧版《辞源》上说：国学，一国所固有之学术也。话虽简短朴实，然而却说到了点子上。七八十年以来，这个名词已为大家所接受。

国学决不是"发思古之幽情"。表面上它是研究过去的文化的，因此过去有一些学者使用"国故"这样一个词儿。但是，实际上，它既与过去有密切联系，又与现在甚至将来有密切联系。现在我们不是都谈建设有中国特色的社会主义吗？什么叫"特色"？特色表现在什么地方？我曾反复思考过这个问题。我觉得，科技对我们国家建设来说，对发展生产力来说，是非常重要的，万万不能缺少的。但是，科技却很难表现出什么特色。你就是在原子能、电脑、宇宙飞船等等尖端科技方面，有突出的成就，超过了世界先进国家，同其他国家比较起来，也只能是程度的差别，是水平的差别，谈不到什么特色。我姑且称这些东西为“硬件”。硬件的本质都是一样的，没有什么特色可言。

特色最容易表现在精神文化方面，我姑且称之为“软件”，哲学、宗教、文学、艺术、伦理、道德、经营、管理等等都属于这个范畴。这些东西也是能够交流的，所谓“固有”并不排除交流，这个道理属于常识范围。以上这些学问基本上都保留在我们所说的“国学”中。其中有不少的东西可以说是中华文化、中华智慧的结晶，直至今日，不但对中国人发挥影响，它的光辉也照到了国外去。最近听一位国家教委的领导说，他在新德里时亲耳听到印度总统引用中国《管子》关于“十年树木，百年树人”的话。在巴基斯坦他也听到巴基斯坦总理引用中国古书中的话。足征中华智慧已深入世界人民之心。这是我们中国人应该感到骄傲的。所有这一些中国智慧都明白无误地表露了中国的特色。它产生于中国的过去，却影响了中国和世界的今天，连将来也会受到影响。事实已经证明，连外国人都会承认这一点的。

国学，弘扬中华优秀文化，既然是顺乎人心，应乎潮流的事业，必然会发展下去的。

目录

经学

史学

地理

诸子

目录

文字语言学

金石学

古籍

佛学

目录

理学

韵文

非韵文

小说与戏曲

目录

科学

中医

艺术

经学

"经"是什么？它是古代史料的一部分，有的是思想史料，有的是文学史料，有的是政治史料，有的是其他国故的史料。

——钱玄同 新文化运动代表人物之一，毕业于北京大学中文系

五经、十三经、四书

汉朝人尊崇儒家古典著作，称为经书。"经"原意是线，所谓经书就是线装书。在古代，有什么事情需要记下来，就刻写在竹简上。事情多了，积累的竹简也多了，就把这些竹简用线编连起来。这些线就称为"经"。可见，"经"最初不过是当时记载片数较多而又常翻阅的竹简书，并无深意。

人们首先在《庄子》中发现了"六经"的说法，即《诗经》、《书经》、《礼经》、《乐经》、《春秋》、《易经》这六经，班固在《汉书・艺文志》中将这六类图书称为"六艺"。但因《乐经》失传，只留存一篇《乐记》，就把它并入《礼经》，成了"五经"。

到了唐朝，《春秋》被分成《左传》、《公羊传》、《穀梁传》，《礼经》也分为《周礼》、《仪礼》、《礼记》三种，便有了"三传"、"三礼"的说法，加上《易经》、《书经》、《诗经》，称为"九经"。再到宋朝，又加上了《尔雅》、《孝经》、《论语》、《孟子》四种，就有了"十三经"的说法。

十三经可以说是中国文化的原典，它反映了中国先民对人类所关心的

重大问题如自然、社会、人生的思考，具有多方面的原创性，后世许多思想都可以从中找到最初的原型，由此而形成中华民族认识世界和把握世界的思维方式。

宋时的儒学大家朱熹把《礼记》中的《大学》、《中庸》两篇拿出来各刊印成单本书，与《论语》、《孟子》合称“四书”，并给这四本书作了详细的注释，被奉为儒家古籍的菁华。科举考试就依据“四书”出题，同时这四书也就成为古代读书人的必读书目了。

《诗经》

《诗经》是一部乐歌集，分风、雅、颂三部分。风大部分是民歌，分十五国，共一百六十篇。雅分《大雅》、《小雅》，共一百〇五篇，以叙事诗为主。颂分《周颂》、《鲁颂》、《商颂》，共四十篇，多为叙事诗和祀神歌，总计三百〇五篇。相传，诗原有三千多篇，经过孔子删削才成今天流传的篇数。

汉代流传的《诗经》有四家：齐国的辕固、鲁国的申培、燕国的韩婴、赵国的毛苌。或取国名、或取姓氏，简称为齐、鲁、韩、毛四家。他们传授、解释的诗经称为齐、鲁、韩、毛四家诗。后来，其他三家都失传了，只有毛诗流传下来，我们现在看到的《诗经》就是毛诗一脉，所谓大毛公传授的。《诗经》附有“诗序”，分“大序”、“小序”。“小序”列在每篇诗的前面，说明诗的大意，“大序”连在首篇《关雎》的小序之后，总论全书。序的作者没有定论。

这些诗的来源一般认为是定期采集而来。在古代，有采诗的官职，每年八月周游各地，采录歌谣，上呈天子；天子巡狩各国时，命太师上奏当地歌谣，以了解当地民情。采集的区域以黄河为中心，十五国风主要反映的是今天河南、陕西、山东、山西几省的风情，所以《诗经》可以算是北方文学，有个别的诗，如《周南》、《召南》，有着江汉一带的背景。

诗的修辞方法有赋、比、兴三种。赋是直接叙述，比是完全譬喻，兴是先说背景而后再叙述。

诗的风、雅、颂三种题材分类，加上赋、比、兴三种修辞方法，被称为诗的“六义”。

《诗经》是一部可靠的古书，不但有文学价值，同时也有史料价值，比如《商颂·玄鸟》篇，讲述了帝喾的次妃简狄吞鸟卵而生契的传说，契是商的始祖；《大雅·生民》篇，讲述了帝喾的正妃姜嫄踩到上帝的脚印后，怀孕生下后稷，后稷是周的始祖，反映了远古社会的情形。《豳风·七月》篇以及《小雅》的《楚茨》、《南山》、《莆田》、《大田》诸篇，表现了周代农业的兴盛。到平王东迁以后，社会动荡，矛盾逐渐尖锐，则出现了抒写抑郁愤慨情感的诗篇，如《邶风·北门》、《王风·黍稷》、《秦风·黄鸟》，《小雅》的《节南山》、《正月繁霜》，《大雅》的《板》、《荡》、《桑柔》、《云汉》等篇，都是怨天尤人的口气。《小雅》中的《何草不黄》、《北山》、《出车》、《采薇》、《黄鸟》，《魏风》的《葛履》、《伐檀》、《硕鼠》等篇，揭露了人民生活的困苦与社会的不安。

《书经》

《书经》即《尚书》，“尚者，上也”，有人认为是“上古的书”的意思。在作为历史典籍的同时，向来被文学史家称为我国最早的散文总集，是和《诗经》并列的一个文体类别。但这散文之中，用今天的标准来看，绝大部分应属于当时官府处理国家大事的公务文书，准确地讲，它应是一部体例比较完备的公文总集。

《尚书》现代通行的版本包括虞书五篇、夏书四篇、商书十七篇、周书三十一篇，共五十八篇。其中有《尧典》、《禹贡》、《盘庚》等三十三篇，称“今文尚书”，同时也是“古文尚书”。其余都是“伪古文”。

这个“今文”、“古文”有什么区别呢？

汉朝初年，经学家伏生传授《尚书》二十九篇，用当时通行的隶书写成，称“今文尚书”。到了汉武帝末年，从孔子居所的墙壁中发现了一部用古体字写的《尚书》十六篇，称“古文尚书”，但没过多久又失传了。

东晋时，一个叫梅赜的人向皇帝献上了一部二十五篇的“古文尚书”，后附一篇《尚书传》，据说是孔子十一代孙孔安国所作，大家都认为古书失而复得了。后来清代著名的学者阎若璩等人考证，断定这部书是伪造的。现在通行的尚书是今古文合编的，篇数也有分有合。

《尚书》讲了很多历史，上自尧舜，下至秦穆公。其中历史年代最为久远的《尧典》、《舜典》、《皋陶谟》、《禹贡》等篇，以前的人认为是夏朝时代的人所写，近代学者已证实是儒家学派的人模仿古文所编写，创作时代大约在周代。虽然是伪作，但时代比较早，依据的传说真实性更强一些，比东晋人的伪作更有价值。

《尚书》的篇名，多用典、谟、训、诰等字，文章类似于现在的宣言、布告、演讲集、会议录等，所以被称为记言之史，其中有《洪范》一篇，反映了原始的哲学思想，以水、火、金、木、土这五行为世界万有的基本元素。

水是向下滋养万物，火是向上燃烧，木的性能可弯可直，金属的性质可以通过熔化来改变最初形状，土的作用是耕种庄稼。水向下滋润代表咸味，火向上燃烧代表苦味，木可弯可直代表酸味，金销熔变形代表辣味，土耕种五谷代表甜味。

另外文章中又提出五事、八政、五纪、皇极、三德、稽疑、庶征、五福、六极等关于政治的原理原则：

敬用五事：一曰貌，即态度恭谨，形貌就严肃；二曰言，说话要和顺，办事就顺利；三曰视，认识要清晰，就能辨别是非；四曰听，听事要聪敏，谋事就能成功；五曰思，思虑要通达，思虑通达就能圣明。

农用八政：管理民食、管理财货，管理祭祀，管理建筑，管理教育，管理司法，接待宾客，治理军务。

协用五纪：要和岁、月、日、星辰、历数协调一致。

建用皇极：树立皇极的威信，并建立遴选官员和赏罚的标准。

义用三德：治理众民要以“正直”为本，同时在必要时又要刚柔并用，或者以刚制胜，或者以柔制胜。

明用稽疑：通过龟卜和巫占以探询上天的旨意，同时，参照卿士、众民和自己的意见做出判断和决定。

念用庶征：通过雨、晴、暖、寒、风等的气候变化以判断年景和收成。

飨用五福：通过寿、富、康宁、好德、善终等“五福”劝导人们向善。

威用六极：通过夭折、多病、忧愁、贫穷、丑恶、懦弱等“六极”警戒和阻止人们从恶。

五行与这些原则通称“九畴”，颇为儒家所重视。

《礼经》

《礼经》在唐朝时被拆分为《周礼》、《仪礼》、《礼记》三部书，现在五经中所说的礼经，指的是《礼记》。在古代，所谓“《礼经》十七篇”指的是《仪礼》，它是孔子门徒附在《礼经》后面的笔记。

《仪礼》原来有两种本子，一种是汉代高堂生所传的今文仪礼，一种是从孔家宅壁中得到的古文仪礼。东汉的郑玄将它们合二为一，成为现在流传的《仪礼》。

《仪礼》简单说来就是各种各样仪式的礼仪，内容包括冠、婚、丧、祭、朝、聘、燕享等典礼的详细仪式，读了之后能了解到古代贵族们的繁文缛节，可以想见古代宫室、舟车、服饰、饮食等日常生活的面貌，以及宗教信仰、亲族制度、政治组织、外交方式，等等。

《周礼》是汉朝初年河间献王从民间抄来献给朝廷的。篇目按照天、地、春、夏、秋、冬六官划分，缺冬官一篇，有人就找了一篇《考工记》来补上。后来刘向的儿子刘歆校理群书，将这部书编入经籍，称为“周官经”。从《周礼》的内容看，大约是战国时的人根据战国前的行政制度写成。

《周礼》是儒家推崇的理想官员制度，也包含了古代事实上的制度。所谓的六官是：

天官冢宰掌邦治。冢宰即太宰、丞相，统领百官。相当于国务院的总理。

地方司徒掌邦教，布五典，安兆民。相当于教育部兼财政部。

春官宗伯掌邦礼，洽神人，和上下。这是一个宗教官。古代行政，祀神占一大部分，所以特设一个大官来办理。

夏官司马掌邦政，统六师，平邦国。相当于陆军部。

秋官司寇掌邦禁，诘奸慝，刑暴乱。相当于司法部。

冬官司空掌邦土，居四民，时地利。相当于农工部。

《礼记》里的《王制》一篇，也讲官制，和《周礼》大致相同。我国历代官制，多半以此为依据。比如清朝政府的吏（民政）、户（财政）、礼（祭祀和科举）、兵、刑、工六部，就是六官制度。《礼记》大部分内容还是规范风俗礼制方面，如《内则》篇专门规范妇女的行为，《少仪》篇规范青年人的行为。《礼记》中有一些精彩的文章，如讨论教育问题的《学记》，讨论音乐的《乐记》，讨论个人修养的《儒行》，讨论治国的《礼运》。

现在《礼记》也叫“戴记”、“小戴礼”，原本也是河间献王抄来献给朝廷的。后来受命典校古籍的经学家刘向又发现几种，合编起来共两百一十四篇，信都王刘嚣的太傅戴德做了删节工作，整理成八十五篇，这就是《大戴记》。现存的《大戴记》只有残本，没有列入十三经。他的侄子戴圣又删为四十篇，这就是《小戴记》，在此基础上，东汉儒学家马融又增编了几篇进去，合成四十九篇，就成了现在我们看到的《礼记》。四书中的《大学》、《中庸》都是《礼记》中的文章。

相传《大学》是孔子的学生曾子所作，文辞简约，内涵深刻，主要概括总结了先秦儒家道德修养理论，以及关于道德修养的基本原则和方法，对儒家政治哲学也有系统的论述，对今人如何做人、做事、立业等均有启迪意义。所谓“大学”，就是治国安邦的学问，后人将《大学》的主要内容概括为“三纲领”和“八条目”。

“三纲领”是“明明德”、“亲民”、“止于至善”。这是“大学之道”的总纲，意思就是，做治国安邦这种大学问的方法在于，提倡和发扬正大光明的德行和德政，广泛地亲近民众和尊重民意，以至善至美为奋斗目标。

“八条目”即格物、致知、诚意、正心、修身、齐家、治国、平天下。这是有关道德修养的具体方法，是一步步实现“三纲领”的具体步骤：古代那些要使美德彰明于天下的人，要先治理好国家；要治理好国家的人，要先整顿好自己的家；要整顿好家的人，要先进行自我修养；要进行自我修养的人，要先端正思想……思想端正了，才能完善自我修养；自我修养完善了，才能让家庭整顿有序；家庭有序了，才能国家安定繁荣；推而广之，达到天下平定。

如果说《大学》是指导人实现政治理想的启蒙书，那么《中庸》便是指导人实现完美修养的启蒙书。其主旨在于通过自我教育，达到“至诚”的境界。《中庸》的思想，主要集中表现在“中庸”和“诚”这两个范畴上。

何谓“中庸”？“中庸”并不是“中立、平庸”，而是“执中、中和”的意思，所谓“不偏之谓中，不易之谓庸”。在一个人还没有表现出喜怒哀乐时的平静情绪为“中”，表现出情绪之后经过调整而符合常理为“和”。

“诚”是充分表达个人的本性，所以《中庸》说：“诚者，天之道也。诚之者，人之道也。”人的天性本来是诚的，若能依着这天性去做，若能充分发展天性的诚，便是“教”，便是“诚之”的工夫。

宋朝以后，《中庸》逐渐成为儒家学者的研读重点，很多儒学、理学的概念和命题都出自《中庸》。许多思想家也都坚持“中庸”的信条，开始用“中庸”的方法论思考问题。

在儒家思想体系里，政治和伦理是不可分割的一个整体，但是，从论述的角度出发，两者却有不同的着重点。《大学》比较通俗平易，强调各种伦理规范对于治国平天下的政治意义，实践性很强；《中庸》比较高深微妙，把这些伦理规范提升到了天人关系的高度加以考察，思辨性很强。

《易经》

《易经》，也称“易”或“周易”，被誉为“群经之首，大道之源”，是中国古代帝王之学，人们常用它来预测未来、反映当前、决策国家大事。一直以来，各朝各代都有人研究《易经》，许多政治家、军事家、商人更将其奉为一生必读之书。

关于“周易”的说法，东汉经学大师郑玄认为，“周”就是“周普”的意思，即无所不备，周而复始；而唐代大学士孔颖达则认为“周”只是一个地名，是周朝的代称。

对“易”的解释更是众说纷纭。东汉经学家许慎在《说文解字》中说，“易”是因蜥蜴而得名，只是一个象形字，是蜥蜴的俗称“变色龙”的引申义。

而现代哲学家胡适则认为，“易”是变易、变化的意思，天地万物都不是一成不变的，都是时时刻刻变化的。他还举了个例子：孔子在江边看到滚滚不绝的江水，不觉叹了一口气说道：“逝者如斯夫！不舍昼夜！”，“逝者”便是“过去种种”。天地万物，都像这滔滔河水，才到了现在，便早又成了过去，这便是“易”字的含义。

以上种种说法，一直未有定论。但《易经》中涉及的诸多占卜知识，以及对事物变化规律的描述，早已成为中国传统文化思想的精髓和自然哲学的依据。八卦，就是从《易经》而来。

《易经》中说：“易有太极，始生两仪。两仪生四象，四象生八卦。”其中，两仪，即阴阳；八卦，即乾、坤、震、巽、坎、离、艮、兑。

传说八卦是上古时期伏羲所画，象征自然世界的八种物象，后来周文王将八个单卦两两相叠，又推演出八八六十四卦。因此《史记》中有“文王拘而演周易”的记载。

《易经》以六十四卦的次序编排，从乾卦开始，到未济卦结束。书后附有《系词》、《说卦》、《序卦》、《杂卦》几种总的说明文字。每一卦都有符号表示，阳爻“——”与阴爻“— —”是卦的基本符号，如同电脑的 1 和 0 这两种信号，通过各种排列组合，就能构成世界上我们所要表达的一切信息。

阳爻与阴爻的配合方法，第一步是三爻为一组，生成乾、坎、艮、震、巽、离、兑这八卦。第二步，是将这八卦，每两卦为一组，生成乾、讼等六十四卦。每一卦有个总的解说，称为“卦辞”，每一爻有个解说，称为“爻辞”。另外，每一卦还附有“彖辞”、“象辞”两种解说文字，乾、坤两卦多出一种解说，称为“文言”。《卦辞》、《爻辞》属于“经”，其余文字都属于“传”的范畴。传本意是指比经短一些的书本。现在“传”通常是指对经义作解读的补充文字。《易传》共有七种，包括《彖》上下篇、《象》上下篇、《系辞》上下篇、《文言》、《说卦》、《序卦》和《杂卦》。自汉代起，它们又被称为“十翼”。

简单来说，《易经》中包含的哲学道理，就是“简易”、“变易”、“不易”这三种意义。

《易经》认为，宇宙间的万事万物都有个规律，不外乎始、中、终三种状态的相互转换，因而能够以简驭繁，这就是“简易”。万事万物时时刻刻都在变化流转中，正如它所说的“天行健，君子以自强不息”、“小往大来，大往小来”、“无平不陂，无往不复”，不同的卦象，不同的爻，表示着各种吉凶消长的复杂关系，这就是“变易”。而从另一面来看，一切的变化又都是在一个不变的范围中循环往复，所以它又说“天尊地卑，乾坤定矣”、“寒往则暑来，暑往则寒来”，未有什么进化，这就是“不易”。

《易经》的文字和思想结构都相当的完整，人们从中得到的启示，对我国几千年来的政治、经济、文化等领域都产生了极其深刻的影响。

《春秋》

《春秋》是鲁国史书，孔子做了修改，在记载的文字中暗寓褒贬，就像现在编报纸的新闻标题一样。孟子非常肯定和赞赏它的宣传作用，认为“孔子作《春秋》而乱臣贼子惧”。《春秋》的编写结构类似于现在的年表，按年月顺序做记载，因此它也成为后世编年史的开端。

《春秋》记载的史实，始于鲁隐公，终于鲁哀公，其间经过十二位君主，共两百四十二年。为《春秋》作传的有左丘明、公羊高、穀梁赤三人。三个比较起来，《左传》记载的史事更详细，《公羊传》、《穀梁传》专注于解释经文文字暗含的微言大义。现在常见的五经中的《春秋》，只附有《左传》。左丘明还著有《国语》一书，也是记述当时的历史事件，人称“春秋外传”。

《论语》

《论语》成书于战国初期，是孔子日常语录及日常生活的记录，他与弟子的谈话也掺杂其中。内容涉及道德修养、政治学术等方面，言简而义深远。据说当时弟子们各有各的记录，孔子去世后，弟子们相互讨论编辑而成，所以命名为“论语”。《论语》分三种：古论语，从孔家宅壁内找出，有二十一篇。《齐论语》，齐国人所传，有二十二篇。《鲁论语》，鲁国人所传，也是现在通行的《论语》所依据的本子，有二十篇。

孔子是《论语》描述的核心，不仅有关于他个性气质的传神描写，对于他身边的弟子也有形象的刻画。如子路的率直鲁莽，颜回的温雅贤良，子贡的聪颖善辩，曾皙的潇洒脱俗等等，都称得上个性鲜明，给人以深刻印象。孔子因材施教，对于不同的对象，考虑其不同的素质、优点和缺点、进德修业的具体情况，给予不同的教诲。

孔子的思想，集中体现在《论语》中，主要特征有：第一，不信神怪，不谈宇宙本体，专讲人事；第二，政治上放弃上古的天道思想，主张人治；第三，以伦理思想为中心，而延伸到其他方面；第四，主张温和的改革方式，偏向于折中主义。

《孝经》

《孝经》分《开宗明义》等十八章，古代时认为是孔子所作，南宋学者王应麟认为是曾子就孝的问题请教孔子，回去说给众弟子听，由弟子们的笔记整理而成。

《孝经》也有今文、古文的分别。秦朝时焚书坑儒，河间有个叫颜芝的人偷偷把《孝经》藏起来，到了汉代提倡搜集书本时，他的儿子颜贞把书献了出来，有十八篇。这是今文《孝经》。从孔家墙壁内找出的是古文《孝经》，有二十二篇，到南朝梁时就失传了。现在《十三经注疏》里收录的《孝经》是今文，为唐玄宗所注。市面上流通的单行本《孝经》，多是宋代的朱熹所编定的，将玄宗所定的本子颠倒排列而成。

《孝经》以孝为中心，比较集中地阐述了儒家的伦理思想。它肯定"孝"是上天所定的规范，"夫孝，天之经也，地之义也，人之行也"。指出孝是诸德之本，认为"人之行，莫大于孝"，国君可以用孝治理国家，臣民能够用孝立身理家。同时将孝与忠联系起来，认为"忠"是"孝"的发展和扩大，并把"孝"的社会作用推而广之，认为"孝悌之至"就能够"通于神明，光于四海，无所不通"。

它主张把"孝"贯串于人的一切行为之中，"身体发肤，受之父母，不敢毁伤"，是孝之始；"立身行道，扬名于后世，以显父母"，是孝之终。《孝经》还根据不同人的身份差别规定了行"孝"的不同内容。

在中国漫长的社会历史进程中，《孝经》被看作是"孔子述作，垂范将来"的经典，对传播和维护社会伦理、社会秩序起了很大作用。

《尔雅》

《尔雅》是解释字义的书，是一本独立的词典，在中国语言学史和词书史上都占有显著地位。它汇总、解释了先秦古籍中的许多古词古义，成为儒生们读经、通经的重要工具书。人们借助于这部词典的帮助，可以阅读古籍，进行古代词汇的研究，因而被认为是中国训诂的开山之作。

《尔雅》最早著录于《汉书•艺文志》，但未注明作者。后人大都认为是秦汉时人所作，经过代代相传，各有增益，在西汉时被整理加工而成。

原有二十篇，现存十九篇。其内容可以分为六大类：

第一类，专门解释字词的意义：《释诂》、《释言》、《释训》；

第二类，解释人事和生活用器的名称：《释亲》、《释宫》、《释器》、《释乐》；

第三类，解释有关天文的知识：《释天》；

第四类，解释有关地理的知识：《释地》、《释丘》、《释山》、《释水》；

第五类，解释有关动物的知识：《释鸟》、《释兽》、《释畜》、《释虫》、《释鱼》；

第六类，解释有关植物的知识：《释草》、《释木》。

《尔雅》按意义分类编排的体例和多种释词方法，对后代词书、类书的发展产生了很大影响。后人模仿《尔雅》，写作了一系列以"雅"为书名的词书，如《小尔雅》、《广雅》、《埤雅》、《骈雅》、《通雅》、《别雅》等等，而研究雅书又成为一门学问，被称为"雅学"。

从汉唐到清代，为《尔雅》作注的人很多。现存的最早最完整的注本是晋代郭璞的《尔雅注》。郭璞历时十八年研究和注解《尔雅》，以当时通行的方言名称，解释了古老的动、植物名称，并为它注音、作图，使《尔雅》成为历代研究本草的重要参考书。《十三经注疏》中的《尔雅注疏》采用的是郭璞的《尔雅注》和北宋邢昺的《尔雅疏》。清人研究《尔雅》的著作中最著名的是邵晋涵的《尔雅正义》和郝懿行的《尔雅义疏》。今人注有徐朝华的《尔雅今注》。

《孟子》

《孟子》是战国时邹人孟轲和弟子万章等共同编撰的作品，有七篇。记录了孟子与其他诸家思想的争辩，对弟子的言传身教，游说诸侯等内容，他提出的性善论、仁义说、养气说、先天良心说等，是宋明理学重要的依据之一。

孟子认为现实世界是道德的世界，而道德根源背后的标准，便是天。天表现于人，便是性。人若能有足够修养，便能知天，达致天人合一。

他的性善论主要发挥了孔子“仁”的观念，认为善是人的基本自觉，这种自觉是表现于恻隐、羞恶、辞让及是非四端。这“四端”是内在于自觉心的，属于人的本质，即所谓人的“性”。人之性，必有异于禽兽之处，这种异于禽兽的性，便是“善端”。他指出，人之所以不善，是由于受私欲蒙蔽。因此，人应放弃私利，以达到社会的公义，目的是建立良好的个人道德观。

必须依靠修养及发挥善性的功夫，以全力扩充存于内心的“四端”，孟子称为“尽性”。尽性的修养，培养出浩然之气，使人成为“富贵不能淫，贫贱不能移，威武不能屈”的大丈夫，再以“心志统气”，控制自己的情感，便能成德。

经的传授

秦始皇吞并六国之后，为保存和传习诗书，设置博士官一职，禁止民间私自讲学，后来因博士淳于越因议论政事触犯了皇帝，丞相李斯主张烧毁百家书，得到秦始皇的支持，次年坑杀了四百多儒生。皇帝的暴政最终导致民间起义。

为响应陈胜、吴广的起义，鲁国的儒生带着孔氏的礼器前往参加。汉高祖刘邦起兵时还看不起儒生，用儒生的帽子当尿壶，等平定天下后方才意识到思想问题的重要性，于是展开盛大的仪式祭祀孔子，用秦时的博士叔孙通、张苍厘定法制。汉惠帝延续了他的作风，废除民间不准藏书的禁令。文景二帝时，效仿秦朝设置了博士。到了汉武帝时，罢黜百家，推崇六经。设置了完备的五经博士，以博学经文为选拔人才的标准，于是学习经典成为做官的捷径。汉朝看到秦的统治因严酷法治而失败，就一反秦的制度，推崇儒家的德治来拉拢人心，这就是以利禄来提倡经学的开端。

西汉官学中，今文学派占主导地位，有所谓十四博士：《易经》有施雠、孟喜、梁邱贺、京房；《尚书》有欧阳高、夏侯胜、夏侯建；《诗经》有申公培、辕固生、韩婴；《礼》有戴德、戴胜；《春秋·公羊传》有严彭祖、颜安乐。

西汉末年，古文经传陆续出现，古文学派因而产生。刘歆子承父业勘校藏书，将费直的《易》、孔安国的《尚书》、《毛诗》、《春秋·左传》、《周礼》等古文经传详加研究整理，古文经学由此获得发展的基础。古文经学没有像今文经学那样成为官学，仅在民间流行，但在服虔、马融、许慎、郑玄等大师的努力下，势力逐渐强盛起来。这些大师兼通今古文经，像郑玄作《毛诗笺》，注《周礼》、《仪礼》、《礼记》，可以说集经学之大成。除郑玄的著作外，流传到今天的古文派著作，还有许慎的《说文解字》、《五经异义》。

古、今文学派之争

古文学派和今文学派，从西汉末年一直延续到东汉末年，两百余年间，发生过四次大的斗争，表面上看是为了争官学的地位，或者是为了争书籍的真伪。清朝后半期也发生了同样的斗争。比较两派的争论问题，可以归纳为以下几点：

今文学派尊孔子为受天命的素王（实至名归而未得其位的王），古文学派尊孔子为先师。

今文学派认为孔子的贡献是为托古改制，古文学派认为孔子是“述而不作”的史学家。

今文学派认为六经是孔子的著作，古文学派认为六经是古代的史料。

今文学派以《春秋·公羊传》为主要依据，古文学派以《周礼》为主要凭证。

今文学派认为古文经传是刘歆伪造的东西，古文学派说今文经传是秦始皇焚书后的残余，非全貌。

今文学派相信纬书，认为是孔子著作更深层次的解读，古文学派认为纬书都是扯淡。

由上述几点的比较可见，两派不但所依据的经传版本不同，而且治学态度也相反。今文学派虽认为古文经是伪书，但其本身所根据的经也未必是真，特别是对经的解读，倾向于主观臆断和迷信。古文学派的态度相对比较客观，重视历史的根据。

今文经学与谶纬

董仲舒是今文经学的领袖人物。他研究《春秋·公羊传》，应用阴阳五行谶纬的学说来解释儒家经典，使儒学宗教化，成为封建专制政治的思想基础。他在著作《春秋繁露》中构建了一个完整的思想体系，从宇宙到社会到个人，一切以阴阳五行为基础。阴阳变化而形成四时，五行则是变化所依据的时空构架，这种变化是循环运转，因而“天不变，道亦不变”。同时天象与人事相通，发生灾难是上天对统治者的一种警告。人类历史也如同天运循环，有所谓黑、白、赤三统的互相交替。又因为“天道任阳不任阴”，阳尊而阴卑，所以“君为臣纲，父为子纲，夫为妻纲”。

今文学家应用的谶纬之说是什么呢?

谶是秦汉时期巫师、方士编造的所谓神的启示，向人们昭示吉凶的隐语。秦末年，陈胜、吴广的大泽乡起义就是利用谶语制造了“大楚兴，陈胜王”等天赐的预言。后来民间发展成在庙宇或道观里求神问卜，渐渐简化为求签。

纬是汉代附会儒家经义衍生出的一类书。因为经文是不能随意改动的，为了把儒学神学化，就假托神意来解释经典，把它们说成神的启示。如托名孔子假造的纬书，有《易纬》、《诗纬》、《书纬》、《礼纬》、《乐纬》、《春秋纬》、《孝经纬》七种。同时又有谶书，如《河图》、《洛书》一类的东西，有图有文字。为了显示它的神秘性，又特别做了些装饰，如王莽的《金匮书》和刘秀的《赤伏符》；或染成特殊的颜色，如《河图》、《洛书》被染成绿色，所以又称符命或符箓。

汉朝是谶纬之学最兴盛的时期，特别是西汉末年及东汉末年。王莽称帝就是利用谶语制造舆论，制作了“告安汉公莽为皇帝”的石碑。之后汉光武帝也利用《赤伏符》即位，此后宣布图谶于天下，使之合法化。汉章帝还主持召开了一次全国经学讨论大会，即白虎观会议，会议记录由班固整理成《白虎通》（也称《白虎通义》），以法令形式将谶纬之学定形，提升至与正统经书同等地位。

谶纬之学依托阴阳五行学说和董仲舒的“天人感应论”，流行一时，对东汉政治、社会生活与思想学术均产生过十分重大的影响，在东汉被称为内学，尊为秘经。而原本的经典反被称为外学。

谶纬之学的内容很庞杂，诸如：天人感应——星象可以预测吉凶；报应说——人行善或行恶会影响到寿命的长短；神仙——昆仑山上有神仙存在，西王母是指引修行的神仙；黄帝是北斗之神；孔子是“黑龙”之种……在这类书中，大学者孔子竟变成了天神。后来的古文运动就是为反对这一形势而起的。

由于谶纬本是人为制作的，容易被人利用来散布改朝换代的政治预言，统治者逐渐认识到其中的危险，加之魏晋以后玄学兴起，对儒家传统经学有了全新的解释，于是宣扬宿命论的谶纬之书渐遭毁禁；隋炀帝正式禁毁之后，谶纬之书大量散失。至宋欧阳修《论删去九经正义中谶纬札子》后，谶纬学说更是式微，其书籍文献多散失不传。

谶纬充斥着神学迷信色彩，注定不能与儒家经典长期并行，但其中并非全是荒诞的东西，也包含有许多天文、历数、地理等方面的古代自然科学知识。此外，像“君为臣纲，父为子纲，夫为妻纲”作为两千年中国君主专制社会的最高伦理规范，其最初的确切表达就是《白虎通义》从礼纬《含文嘉》中引来的。

汉以后的经学

自汉至清，支配我国思想界的主流，是魏晋的玄学、隋唐的佛学、宋明的理学。两汉经学在这期间等于中断，这时期比较可注意的有几点：今文经学的首先衰落；南北学的分化；隋唐义疏之学的兴起；宋明理学的影响。

汉魏时期，郑玄、王肃表面上综合了今古文经，采两家之长，实际上支持古文经学，晋朝发生永嘉之乱，今文经传大部分散失，今文经学就此衰落下来，古文经学地位日渐上升。在魏晋崇尚玄学清谈的氛围中，王弼注《易经》，何晏注《论语》，虽然受了一定的道家思想的影响，总体上还是汉学的基础。

南北朝时，经学有了分歧点，最显著的就是南方尊崇郑玄的易注、杜预的左传注，北方尊崇王弼的易注、服虔的左传注。

南北朝至隋唐时，产生了义疏学。义疏就是在汉儒经注的基础上再加以解读，所谓注解的注解。两者合在一起叫注疏。注一类的解读包括传、记、笺、注、诂训、解诂、章句、章指、集解等，疏一类的解读包括义疏和正义。它们的体例原则是：注不破经，经不破注。如果注过于晦涩难理解，疏要引出原文再加以说明。不过后来清人有些疏也纠正注的谬误。

义疏之学盛于唐，唐初孔颖达、贾公彦作五经注疏，成为当时政府规定的标准经学教材。唐以科举取士，违反孔、贾义疏的就不录取。孔颖达所采纳的经注以南学为主，将北学合并到南学里面，于是王弼、服虔著作的散失，而唐的义疏开始盛行于世。

宋儒讲经，不重视古注，各自发明义理学，依据各自不同的研究方向，分成了三派。以程颐、朱熹为代表的一派，主要使用归纳法；以陆九渊、杨简为代表的一派用演绎法；另一派是以叶适、陈傅良为代表的批评派，号称浙学，不空谈性理，非常注重实务，其中又分为金华派（吕东莱为代表）、永嘉派（陈傅良为代表）和永康派（陈同甫为代表）。宋儒理学虽依据经书来确立各自的学说，实际都自成一派。

在元明时期，因朱熹的学说受到朝廷青睐，取得正统地位，陆九渊的学说得到王阳明的发扬光大，也为当时的学者所信仰。他们两派都借着经学讲理学，并不以经典为主，专门空谈，经学因而衰落。到了清代，儒家学者为矫时弊而反对理学，提倡朴学，学术风气由此大变。

清代的经学

清代经学的思潮可分为三个时段：启蒙期、全盛期、没落期。

启蒙期的特点是针对明末理学尚空谈的弊端，主张匡救时艰的实学，但仍未能摆脱理学的窠臼，特别是认为只有博学经典才能救时弊。顾炎武是清学的开创者，他研究当时郡国的利弊，对解决实际问题做出了贡献，同时为考证学打下了基础。其他考证学的名家还有胡渭、阎若璩。重苦行实践的有颜元、李塨。以史学为依据注重时事研究的，有黄宗羲、万斯同。

全盛期的特点是不再攻击理学，也不再继承它，放弃通经致用的观点，完全脱离实际只做书本文字的考证，单纯为考证而考证，为经学而经学。主要代表人物是惠栋、戴震、段玉裁、王念孙、王引之，号称汉学正统派，其中戴震的观念较为突出。

没落期的特点是正统派日渐没落，仅有俞樾、孙诒让等几位学者坚守阵地。今文学派的康有为等人，因晚清时局动荡，想借用经学作为改良时政的武器，于是著《新学伪经考》，企图抹杀古文经传，以《公羊传》的内容为凭据创“孔子托古改制”说，又著《大同书》表明自己的理想。

虽有着良好的意愿，但治学态度太过主观，对经学的发展未有实际的促进作用。

在这三个时期中所涌现出来的学派主要有四个：浙东学派——黄宗羲创立，万斯同、毛奇龄等继承；东吴学派——源自吴江惠氏祖孙三世，即惠周惕、惠士奇、惠栋，继承者有余萧客、江声、钱大昕、王鸣盛等；皖南学派——创自婺源的江永，其弟子戴震将其发扬光大，继成者有胡培翚、段玉裁、王念孙、王引之等；常州学派——始于武进的庄存与，继承者有刘逢禄、宋翔凤、魏源、龚自珍等。

东吴学派和皖南学派，是全盛时期的考证学派。东吴学派完全据守汉人的学说，没有创新。皖南学派的代表人物戴震，治学方法立足于“实事求是，无征不信”。所谓朴学，应是以皖南学派为中坚力量。

清代的朴学在东汉古文经学的基础上有了进一步的发展，在其极盛时期，种种专门学术如文字学、音韵学、金石学、史学、地理学、天算学等，都有着专门的研究。而类书的编纂，丛书的校勘，伪书的辨明，佚书的辨明和搜集以及古书的校勘，都有着他们的贡献。

常州学派比较注意今文学的研究，为晚清今文学的先导者。继承者除康有为外，还有王闿运、廖平、皮锡瑞等人。朴学正统，到最后还有章炳麟，新派有王国维、罗振玉。

综上所述，清代经学经历了三次变化，开始为汉宋兼采，乾嘉时期，东汉的古学全盛，晚清则西汉今文学再起。在这些变化中，汉学与宋学的争论、今古文的争论是较为突出的矛盾。

史学

吾人读历史而知古人之行为，辨其是非，究其成败，法是与成者，而戒其非与败者，此人类道德与事业所以进步也，是历史之益也。

——蔡元培 教育家、革命家、政治家，曾任北京大学校长

正史

从古至今，学者对历史的研究都很重视，史的地位仅次于经。史部典籍很多，占重要地位的就是正史。所谓正史，是政府出资组织编写的史书。每逢朝代更替，新一朝的政府就会派一批人编写上一王朝的全史，累积到清朝，这样的史书有二十四种，称“二十四史”，以下是这些史书的名称和作者：

书名	朝代	编撰者	书名	朝代	编撰者
史记	汉	司马迁	隋书	唐	魏徵等
汉书	东汉	班固	南史	唐	李延寿
后汉书	南朝宋	范晔	北史	唐	李延寿
三国志	晋	陈寿	旧唐书	后晋	刘昫等

续表

晋书	唐	房乔	新唐书	宋	欧阳修
宋书	南朝梁	沈约	旧五代史	宋	薛居正等
齐书	南朝梁	萧子显	新五代史	宋	欧阳修
梁书	唐	姚思廉	宋史	元	脱脱
陈书	唐	姚思廉	辽史	元	脱脱
魏书	北齐	魏收	金史	元	脱脱
北齐书	唐	李百药	元史	明	宋濂等
周书	唐	令狐德棻	明史	清	张廷玉等

二十四史截止到明代，共三千两百三十九卷。清朝至灭亡，官修的正史一直未完成。民国初年设有清史馆，由赵尔巽主持编修。到一九二八年编成一部未被审定的史稿，共五百三十六卷，目录五卷，命名“清史稿”，草草付印后不久被禁。

开明书店将柯劭忞所编撰的《新元史》加入，印制发行“二十五史”。《新元史》于一九二〇年完稿，经当时的政府明令列入正史，内容比《元史》正确详细。

二十四史中最被重视的是《史记》、《汉书》、《后汉书》、《三国志》，合称“四史”。过去的历史爱好者们常有个说法：二十四史不必全读，但这四史却是必读之书，特别是《史记》、《汉书》，文笔优美，不仅可作为史书阅读，也可作为文学作品来欣赏。

正史的体例，由司马迁开创，班固继承其总体风格，略加改动，后续的作史者便完全模仿了。

正史的所记叙的内容不一定是真实准确的，但比较全面详细，是史学者研究历史的重要材料。

《史记》是我国最早的一部完备的史书。在它之前的重要史籍，如《春秋》、《左传》、《国语》、《战国策》、《世本》等，作者司马迁大概都参考过，内容大致都相合，只有《竹书纪年》跟《史记》中的叙事多有不相符之处。《世本》内有《帝系》、《世家》、《传》等，可看作《史记》体例的蓝本。

《史记》以人物为历史的中心，作十二“纪”叙说帝王的历史，三十“世家”讲述公侯，七十“列传”为士庶事迹，共有一百二十篇，这些篇目是书的主要部分。其他还有《平准书》、《河渠书》、《封禅书》等八“书”记述政事，十个“年表”贯通岁月。

《汉书》体例与《史记》大体相同，只是将“书”改名“志”，如《艺文志》、《食货志》等；将公侯们的事迹编入“列传”，取消了“世家”的名目。两者最大的区别就是：《史记》是通史，《汉书》是断代史。

《史记》包含的年代，上自黄帝尧舜，下至汉武帝；《汉书》始于汉高祖，终于王莽新朝灭亡。自《汉书》以后，所有正史都是断代史，只有南北朝时期的历史，除各代分开撰史外，也有通论各代的《南史》和《北史》。《五代史》因时间短促，没有再分。各书的内容体例，大都是仿照《汉书》形式。

读正史最好是选读。如果要看政治大事，可读“帝纪”，以及相关人物的传记部分。如果想知道上一代的典章文物，可读“志”或“书”；如果研究经济史，须读《艺文志》、《经籍志》等，补充些《儒林传》、《道学传》一类的传记。

编年史

编年史是按照年月次序排列，与纪、传、表、志等形式不同。最早的编年史本应该算是《春秋·左传》，可因为它被称为经，所以第一部编年史也有说法是东汉荀悦所撰写的《汉纪》。

宋时司马光撰写的《资治通鉴》是最著名的编年史。这部书从战国时期一直讲到五代，涵盖了一千三百六十二年间的重要历史事件。这本书的选材主旨是专取“有关国家盛衰、生民休戚，其经验教训可资学习者”。鉴于它的政治参考价值，宋神宗赐名“资治通鉴”。其他的编年史书有《续资治通鉴长编》（李焘）、《九朝编年备要》、《西汉年纪》、《靖康要录》、《两朝纲目备要》、《宋季三朝政要》、《元史续编》等。朱熹所编的《通鉴纲目》十分著名，与《资治通鉴》并称“两通鉴”。明清时候的学者依据它们所编的简单历代史，称为“纲鉴”，如袁了凡、王凤洲所编的《纲鉴》、《纲鉴易知录》等。清朝的乾隆皇帝敕撰的《御批历代通鉴辑览》，清时的毕沅编撰的《续资治通鉴》也很重要。

纪事本末

纪事本末体的史书也叫“类史”，始于宋代的袁枢所写的《通鉴纪事本末》。这类书不以人为中心，而是以事为中心，分类编排，每篇叙述一个历史事件，前因后果，发生过程，样样详述，缺点是史实间缺少横向的联系。宋时类似的史书还有章冲的《左传事类始末》及徐梦莘的《三朝北盟会编》。明代陈邦瞻的《宋史纪事本末》、《元史纪事本末》，清代谷应泰的《明史纪事本末》，高士奇的《左传纪事本末》，与《通鉴纪事本末》合称“五纪事本末”。清代魏源专门记述清代军事的《圣武记》、马骕记述上古至周末史实的《绎史》，也很重要。

别史

别史是私人著述的一类史书，体例和正史相类似，如宋代郑樵的《通志》，有本纪、世家、列传等，和正史差不多，所以史部分类将其列入别史。

《通志》主要是叙述历代典章文物的二十略，属于过去史部分目中的“政书”，和《通典》、《通考》有关联，现代将其列入文化史或制度史一类。

清代蒋良骐写的《东华录》，讲述的是清朝天命至雍正六朝的历史，也是别史中较为著名的，后来王先谦把它的内容扩大，续编了以后乾隆至同治等五朝的历史，称为“十一朝东华录”。

《通志》一书，纪传的内容从上古讲到隋朝，礼乐政刑的内容，则讲到唐代。其中列传，全仿《史记》、《汉书》的分类形式，不以个人为标题。其分类有后妃、宗室、外戚、忠义、孝友、义行、独行、循吏、酷吏、儒林、文苑、隐逸、宦者、游侠、刺客、滑稽、货殖、艺术、佞幸、列女、载记、四夷等。

《通志》二十略的名称是氏族、六书、七音、天文、地理、都邑、礼、谥法、器服、乐、职官、选举、刑法、食货、艺文、校雠、图谱、金石、灾祥、昆虫草木诸略，是郑樵独创的门类。

清朝乾隆年间，官方仿照《通志》编撰了《续通志》和《皇朝通志》。《续通志》纪传从唐代开始，诸略从五代开始，列传中增加了孔氏后裔、贰臣、奸臣、叛臣、逆臣等传，去掉了游侠、刺客、滑稽、货殖等门类，二十略的内容则多有增补。《皇朝通志》的二十略名称依旧，但内容有增减。

政书

记述制度文物沿革的史书，在过去的史部分类中称为政书。创作这种史书的是唐朝的杜佑。杜佑搜集上古至唐孝宗、代宗时代的材料，参考刘秩《政典》及《开元新礼》等书，分八类编纂，完成了《通典》一书。这八类是：食货、选举、职官、礼、乐、刑、州郡、边防。杜佑说："夫理道之先，在乎行教化，教化之本，在乎足衣食"，可说是见识独到。

清朝的乾隆皇帝下旨命人撰写《续通典》，从唐肃宗至德元年开始，到明崇祯末年，近一千年间的典章制度，编纂得简明扼要。又编撰了一部记录清朝制度的《皇朝通典》。两书都仿照《通典》的篇目，只是在刑典中分出了兵典。

比《通典》更加详备的同类著作，首推元代马端临的《文献通考》。作者在自序中说："门分类别：曰天赋，曰钱币，曰户口，曰职劳役，曰征榷，曰市籴，曰土贡，曰国用，曰选举，曰学校，曰职官，曰郊社，曰宗庙，曰王礼，曰乐，曰兵，曰刑，曰舆地，曰四裔，俱效《通典》的成规；自天宝以前，则增益其事迹之所未备，离析其门类之所未详；自天宝以后，至宋嘉定之末，则续而成之。曰经籍，曰帝系，曰封建，曰象纬，曰物异，则《通典》未有论述，而采摭诸书以成之者也。为门二十有四，卷三百四十有八。"

马端临的书，乾隆时也有续编。一个是《续文献通考》，叙述宋、辽、金、元、明五代事迹，于马书郊社、宗庙内分出群祀、群庙，扩充到二十六门，内容有比马书详密处。一个是《皇朝文献通考》，记载颇详，卷帙颇详，卷帙与马书差不多。

以上杜佑的《通典》、马端临的《通考》，郑樵的《通志》合称"三通”，再加上乾隆皇帝敕撰的六种续编，称为“九通”。以前有句老话说“秀才不读九通，还只算不通”，可知这几部书的重要性。三通在内容上虽有重复的地方，但也各有特点。《通典》简明扼要，《通考》详明周密，《通志》精于考订，注重细节。因而三种书同时流行。研究中国社会经济史、学术史等专史，它们都是必备资料。

稗官野史

所谓稗官野史一类，大概是指私人笔记、记述掌故轶闻，可以作为官书的一部分补充或另一种视角。比如太平天国的历史。太平天国自身的记载完全被清政府清除，民间散落有零星笔记，保存了部分真相。前代的野史，如宋末郑思肖的《心史》、明末的《扬州十日记》、《风倒梧桐记》等，对民众的民族意识曾产生过深刻的影响。

杂史是不以中央政权为纲领的史书，体裁和正史不相类似，内容很有体系，可与正史相参证。例如《国语》叙春秋时事，是分国叙述的；《战国策》讲战国时纵横捭阖的活动，也是分国叙述的。这两书是司马迁著《史记》的重要参考书之一。

传记是指《孔子编年》、《朱子年谱》、《名臣言行录》那一类的书。清代李元度所著的《国朝先正事略》，道光以前的主要人物都有，是清代史的重要参考资料。

其他史书，有所谓“载记”者，如《吴越春秋》、《安南志略》、《朝鲜志略》等；“史抄”者，如《两汉博闻》、《通鉴总类》等；“职官”者，如《历代职官表》、《百官箴》等；“时令”者，如《岁时广记》等；“诏令奏议”者，如《两汉诏令》、《历代名臣奏议》等。以上所列都是次要的史料，可为研究专门史的学者提供参考。

学术史

学术史是四库史部中没有的类别，但有些著作体系完备，内容专一，可作为学术史来研读，如《汉书·艺文志》、《隋书·经籍志》等。

清朝初年，黄宗羲的《明儒学案》可算是一部良好的学术史。书中对明代各学派源流、代表人物和学说内容、观点做了系统的介绍说明，对王阳明学派的讲述尤其精彩。作者对各家的不同或相反的观点，都会站在比较客观的角度来叙说。

此书完成以后，黄宗羲又打算写《宋元学案》，书未完成便去世了，后经全祖望、王梓材两次续编完成。相较而言，《宋元学案》的体例更为合理一些。每一个学案之前做了列表，详细说明词派师友弟子的关系。其次是各代表人物的小传，后面就是学术观点要义的摘编。

清朝是学术发达时期。记录前半期学术史的著作，有江藩的《清朝汉学师承记》和《清朝宋学渊源记》。记录整个学术发展历史的，有梁启超及现代学者钱穆各著的《中国近三百年学术史》。梁启超还编了一本《清代学术概论》，可算作简读本。钱穆的学术史偏重宋学一派，叙述详细。梁启超的学术史相对比较全面，他对汉学家的考证工作万分钦佩，对自己所属的今文派叙述得尤其精彩。

史评

史评包括三类著作：史学方法论、史论、史的考证。

史学方法论，即评论作史方法的，如刘知几的《史通》、章学诚的《文史通义》。

史论，即借史实的讨论来表现作者对时事的意见，如王船山的《宋论》、《读通鉴论》。

史的考证学，即以考证史书间记载的异同，论述各时代史实的特点，如王鸣盛的《十七史商榷》、赵翼的《廿二史劄记》、钱大昕的《廿二史考异》。

史学方法论的著作，是关于史的本身的讨论，是我国固有的学科，也是社会科学中的一个重要方面。通过史论，可以了解那些评论对象的内容，也可把它当作研究作者思想的资料。史的考证学对了解史实及选择阅读的史书都有很大的帮助。

刘知几是唐朝的史官，根据他的专门研究及工作经验，著有《史通》，详论作史的方法，分内外篇四十余篇，有独到的见解和犀利的批评。内篇开始的两篇《六家》、《二体》，分析了唐以前史书的六种体例，即尚书家、春秋家、左传家、国语家、史记家、汉书家，其中《左传》和《汉书》可以为作史的标准。他认为，这六家正代表了记言、记事、编年、国别、通古纪传、断代纪传的六体。他所选择的就是编年与断代纪传两体。

刘知几认为，《春秋》虽然是按年月次序，但内容过于简单，如同大事年表一样。《史记》和《汉书》虽然同是纪传体，但《史记》是通史，对秦以前的历史记述不详，同时它所依据的经、子、史的古书多流传于世，所以《史记》不太完备，条理性不强，又和其他的书多有重复，不如断代史的《汉书》完善。

刘知几提倡断代史，这是他站在史官的立场上得出的结论。历朝官修史书，都觉得断代史更为方便，内容详细完备又不至于重复。刘知几主张要记载事实的真相，不赞同因个人褒贬而歪曲事实的春秋笔法。他有疑古的精神，对《论语》、《孟子》等诸子书都认为不甚可靠。

章学诚曾过着游幕生活，修过地方志。他的《文史通义》分内外篇。内篇兼论文史及一般的学术，外篇专论方志。他的论史观点可归纳为四点：第一，六经皆史。第二，史家分记注和撰述两种。记注是搜集并保存史料的，撰述是史书的著作。第三，通史一体，足以通古今之变，成一家之言，如《史记》及郑樵的《通志》。第四，史学须分科，注意地方史的编修及史料的保存。

中国史书自《春秋》起，就有以史为鉴的立意。朱熹的《通鉴纲目》把三国时的刘备作正统，也是一样的道理。而刘知几、郑樵、章学诚、王鸣盛等都主张照事直书，不加褒贬，这可说是科学的治史态度。

历史哲学

汉朝大儒董仲舒所著的《春秋繁露》是历史哲学的一部重要著作。其次是宋朝邵雍所著的《皇极经世》。董仲舒是用阴阳五行之说来解释整个宇宙的，他把阴阳五行的理论应用到历史的变化上，就创立了三统循环的学说。

董仲舒认为，世运有黑统、白统、赤统，循环交递，周而复始，如夏尚黑，商尚白，周尚赤，即三统的象征，继周的统治者应该为黑统。历代帝王创建新朝，都须改正朔，易服色，就是表示天命的改变，这和三统论有关联。

邵雍的《皇极经世》，说天地之终始为一元，一元有十二会，一会有三十运，一运有十二世，一世有三十年，这样算来，一元有十二万九千六百年，一元告终，天地坏灭，此后就是一番新天地，重新开辟。这样的推算，结合六十四卦，就是由一年十二月，一月三十日，一日十二时的数目推算出来的。他又说现在的世界，正如已开的花朵，虽然正盛放，却已显出衰机。所以他认为尧舜时代是黄金时代，此后就是一代不如一代了。清末的康有为根据《公羊传》春秋三世之说而提倡进化观，认为世界由据乱世进到升平世，再到太平世。

新史学

新史学受外来影响而发生，强烈地冲击了传统历史观念。

著作中，新史家认为，过去史书是写给帝王或贵族等少数人看的。现在应以全民为读者对象。过去史书是为死人而作的，如帝王纪传、私家墓志家传等都是颂扬死人功德，现在应为生人而作。过去为警戒后世，往往记录失真，现在应以客观记述为主。

同时，史的范围应以收缩为扩张。过去史外无学，天文、历法、官制、刑法……史书里无所不包，后来专门研究发展，渐渐成为独立学科，因而历史范围应当缩小。例如二十四史中的《天文志》，从《汉书》一直到《明史》，总不厌其烦地记载那些星座运行，这些都属于天文学的范畴，史书不应容纳。史书所应记载的是天文学史，比如何时发现中星，何时发明岁差，关于恒星、行星的辨别，盖天、浑天的争论都有哪些观点发展，等等，这是天文史应该记载的。如此，历史书既可以把各科学术还给那些学术本身，同时又记载了每种学术及一切文化事业的发展历程，因而这收缩也是扩张。

新史家们还认为，过去史书无论是编年体还是纪传体，大体都是片断性地记录，或缺乏同一时间发生事件的联系，或没有前因后续的发展联系。史家缺乏创新意识，现在应大胆进步突破。过去注重人名、地名的记载，偏重政治或影响格局的大事变，现在应关注一般人物、事物的变迁历史。

梁启超的《中国历史研究法》可作为新史学的代表。他的史观有些方面虽不免旧俗，但治史方法确是科学的，可说是新史学的开路者。

在新史学者们的努力下，在清末民初，史学的工作获得了初步的业绩。

史料方面。删除过去帝王起居注一类的史料，另外发现许多新的史料。

殷墟甲骨文及古器物的发掘。孙诒让、罗振玉、王国维、董作宾、郭沫若等都有研究报告。如王国维的《殷墟卜辞中所见先公先王考》及《续考》，证实了《世本》和《史记》中殷商帝王谱系的真实性。

西域考古的发现。罗振玉曾据此编成《鸣沙石室古籍丛残》三十种及《鸣沙石室佚古续编》。

清代内阁大库档案的整理。首先是罗振玉在京城的市场中发现。一批档案已当成废纸卖掉，将运往造纸厂化作纸浆。罗振玉重金收买，编《史料丛刊》十册。另一批还没卖掉的被当时的历史语言研究所保存整理，编成三集《明清史料》。

各民族文字的发现。中国历史上的一些民族文字已经泯灭，现在的人已经不能通晓。如辽、金、西夏文，随着北方各处石刻及地下发掘，逐渐被发现，还有西北各地的佉卢文、回鹘文、粟特文等。有关西南边疆民族的文字，有丁文江整理编辑的《爨文考释》一书。

研究工具的丰富。如地质学、考古学、古生物学、解剖学、金石学、语言文字学等科学，都为史料的鉴别提供了便利。

史学著作的突破。五四运动以后，以疑古精神为中心的国故整理运动，对中国古代史的研究尽了一种开辟道路的职责。

地理

> 历史是最艰难的学问，各种学科的知识它全部需要。因为历史是记载人类社会过去的活动的，而人类社会的活动无一不在大地之上，所以尤其密切的是地理。历史好比演剧，地理就是舞台；如果找不到舞台，哪里看得到戏剧！
>
> ——顾颉刚 毕业于北京大学哲学系，曾任北大研究所国学部助教

地理与“方舆之学”

在先人们留下的文献中，最早出现“地理”一词的是公元前四世纪成文的《易经·系辞》，里面有“仰以观于天文，俯以察于地理”的文句。在中国古代，人们常把“天文”与“地理”并论，认为天文加地理是有关自然界的全部知识。东汉思想家王充对天文、地理有相当深入的研究，他的解释是：“天有日月星辰谓之文，地有山川陵谷谓之理。”

中国先民们很早就开始描述自然。在山东莒县大汶口出土的一个距今约四千五百年的陶器上，画着由太阳、云气和山岗组成的象形文字。《尚书·尧典》中有关于东、南、西、北四个方位的记述。这说明当时的人们对某些地理现象已有一定的观察和认识。

西周时召公曾说“防民之口，甚于防川”，既然以“防川”来作比喻，可见人们已注意到对江河灾害的防御。《诗经》中出现山、阜、丘、陵、

穴、谷、岵、冈、原、隰等十多种陆地地貌类型名称，洲、滨、澳、沚、渚、浒、浦等多种流水地貌类型，并且注意到不同环境生长有不同植物："山有榛，隰有苓"，"山有扶苏，隰有荷华；山有乔松，隰有游龙"。

战国时，秦国蜀守李冰主持修筑都江堰。这些水利工程的兴建，离不开地形和水文知识的掌握及测量地势高低的方法。《吕氏春秋》一书记载了两百多年间水旱的情况，载有雨、雹、雷、霜、雪等灾害共十三次。

夏商周至春秋战国时期，中国汉字基本成熟。地形、地物有了文字的记述和图形的表示，地理知识得到迅速增长和积累，在地形、物候、水文、土壤地理、植物地理、地图和地理区划方面已有不少成就，对人和自然的关系也有精辟的讨论。

战国以后，这些自然地理知识逐渐形成中国特有的"方舆之学"，也就是风水学，是古代学者研究"天人合一"之道作用于地球表面或地球内在系统的理论。风水学一类的书籍名目经常能看到"地理"一词，如《地理琢玉斧》、《地理啖蔗录》、《地理五诀》、《地理四弹子》、《地理囊金》等，此处的"地理"可看作"风水"的别称。

由上可知，中国古代"地理"一词和现代的"地理"概念是不同的。以现代意义上的"地理"来看，古代较早描述相关内容的书籍有《尚书·禹贡》和《山海经》等，主要探索关于地球形状、大小和有关地球数据的测量方法，或对已知的地区和国家进行描述，这样的书籍中并不会使用"地理"这一词汇。

《禹贡》与《山海经》

东汉以前，已有两部区域地理名著问世——《尚书·禹贡》和《山海经》。

我国地理学书，一般人都以《禹贡》为第一部地理学著作。《禹贡》全文仅一千多字，篇幅虽小，却是先秦时期最富科学性的地理著作。其《九州》一章分述了冀、兖、青、徐、扬、荆、豫、梁、雍各州的疆域、山川、原隰、土壤、赋税、贡物、贡道等，《导山》和《导水》章记述了全国山川分布大势，《五服》一章提出了一个以甸、侯、绥、要、荒五服为构架的理想中的大一统政治蓝图。这在现代看来，《禹贡》一书记录了很多自然地理和人文地理的知识，称得上是中国第一部综合性的地理著作。正因如此，明人艾南英在《禹贡图注・序》中说：“《禹贡》一书，古今地理志之祖者。”

与《禹贡》大约同时的《山海经》，也包含了许多地理知识。《山海经》由《山经》（《五藏山经》）、《海经》、《大荒经》三个部分组成，以《山经》部分的地理价值最大，记载有四百多座山。《山经》以“山”为纲，先按方位分为中山经、南山经、西山经、北山经和东山经五大区，每一区又分成若干山系，每一山系都以方向、道里把一个个山岳连接起来，对每一山岳都记述位置、水系、天然动植物和矿产资源。当然，记录并非完全准确。此外，与开“征实一派”的《禹贡》不同，《山海经》属“幻想一派”，丰富的地理素材附丽于神话传说之中，多少减弱了其科学性，因而其学术价值不如《禹贡》。

《禹贡》和《山经》都是地理著作，但都未以“地理”命名，且体例也不相同。到了东汉班固著《汉书》，其中有一篇以“地理”命名的篇目，即“地理志”。它的出现，标志着中国传统地理学开始形成。这个时期，中国地理学在疆域地理志、地图、水系、域外地理和方志等方面取得较大成就。

《汉书·地理志》

《汉书·地理志》由三部分组成，卷首收录《禹贡》和《职分》二篇，卷末有刘向的《域分》和朱赣的《风俗》作为附录；最重要的是第二部分，为班固所作，这部分以记述疆域政区的建制为主，记载有一百多个郡（国）和郡所辖的一千五百多个县（道、邑、侯国）的建置沿革及户口、山川、物产和名胜等情况。为地理学著作开创了一种新的形式——疆域地理志。在地质方面，它记录有关郡国的矿产，以及管理矿产的铁官、铜官、金官、盐官所在地，对主要河流、湖海也有较详细的记载。这对研究西汉的矿产资源的开发情况有重要意义。

在《汉书·地理志》的影响下，后世同类型的著作不断涌现，例如二十四部正史中，有地理志的共十六部。自唐代以后编修的历代地理总志，如《元和郡县志》、《元丰九域志》和元、明、清的《一统志》等，都是疆域地理志性质的著作。宋代以来，大量增加的地方志，如各府志、州志和县志等，也都不同程度受到《汉书·地理志》的影响。

《汉书·地理志》的写作，是在封建社会中央集权大一统的形势下出现的，也为统治者所需要。它的出现，对中国地理学的发展产生了很大影响。一方面，它开辟了一门沿革地理研究的领域，这是值得肯定的。但另一方面，由于它的影响，后世地理学对山川本身的地貌形态与发展规律的探索没有更多深入的研究，甚至完全忽视，地理学更多地偏向历史学方面的内容，这和《汉书·地理志》为地理著作所建立的体制有一定关系。

由于历代编修的疆域政区地理志是我国古代地理著述中最基本最重要的一部分，因此具有传统特色。如果这种传统可以称为体系的话，那么古代地理学体系的形成是从《汉书·地理志》开始的。

《水经注》

约在三国时期，出现了中国第一部专记水道的著作《水经》。作者为桑钦。《水经》继承和发展了《禹贡·导水》的记载，由《禹贡》所记三十五条河流增至一百三十七条，丰富了中国水系分布的知识，但内容仅一万多字，记载相当简略，缺乏系统性。北魏的郦道元为弥补前人的不足，把实地考察所得和前人著作中的相关记载汇集起来为《水经》作注，完成了名著《水经注》。《魏书》卷八十九说："道元好学，历览奇书。撰注《水经》四十卷，《本志》十三篇，又为《七聘》及诸文，皆行于世。"除《水经注》外，郦道元的其余著作都已亡佚。

郦道元，字善长。范阳涿州(今河北涿州)人。仕途坎坷，终未能尽其才。他博览奇书，幼时曾随父亲到山东访求水道，后利用在各地做官的机会进行实地考察，游历秦岭、淮河以北和长城以南广大地区，考察河道沟渠，搜集有关的风土民情、历史故事和神话传说。

他继承了先贤对水重视的传统，认为水流是"万物无所不润"的客体，决心为《水经》作注，将河流的记载补充增加到一千多条，对每条河流的源流、脉络和所流经地区的地理情况及其历史事迹，都做了较为详尽的叙述，是当时对陆地水文知识的一次大综合。

注中除记载水道变迁沿革外，还记载了两岸的山陵城邑、风土人情、珍物异事。涉及的地域范围，除了基本上以西汉王朝的疆域作为其撰写对象外，还涉及当时不少域外地区，包括今印度、中南半岛和朝鲜半岛若干地区。凡北魏以上的掌故、旧闻都可以得到考证，被后世学者赞为"其注水经，妙绝古今"。其中一些记载至今还有参考价值。《水经注》文笔隽永，描写生动，也可作为一部优美的山水散文汇集来欣赏。

《梦溪笔谈》

《梦溪笔谈》是北宋科学家沈括所著的笔记体著作，内容涉及天文、数学、物理、化学、生物等各个门类学科，其价值非凡，被西方学者称为中国古代的百科全书。书中的自然科学部分，总结了中国古代、特别是北宋时期的科学成就。

沈括，字存中，号梦溪丈人，北宋浙江杭州钱塘县（今浙江杭州）人，仁宗嘉祐（一〇五六年——一〇六三年）进士，后任翰林学士。精通天文、数学、物理学、化学、地质学、气象学、地理学、农学和医学。神宗时参与王安石变法运动。

“梦溪”是沈括晚年归退后，在润州（今镇江）卜居处“梦溪园”的园名，也是在此处沈括完成了《梦溪笔谈》一书。书中有三十多个条目涉及自然地理、测量、地图制作等。沈括以其丰富的阅历，撰写了有关山川、地名沿革与考辨的条目，为研究自然地理提供了宝贵史料。

在气候方面，沈括指出：“岭峤微草，凌冬不凋；并汾乔木，望秋先陨；诸越则桃李冬实，朔漠则桃李夏荣，此地气之不同也。”道出了气候的水平和垂直分布规律。

在自然环境变迁方面，他根据化石解释了沧海桑田的变化，他说：“予奉使河北，边太行而北。山崖之间，往往衔蚌壳及石子如鸟卵者，横亘石壁如带，此乃昔之海滨。今东距海已千里，所谓大陆者皆为浊泥所湮耳。尧殛鲧于羽山，旧说在东海中，今乃在平陆。”他的这段话对华北平原的成因做了较为精辟的论述。另外，他还认识到潮汐和月亮在时刻上的对应，强调月亮是潮汐形成的主要原因。

在制图方面，除编修了《天下州县图》，他还用面糊、木屑、熔蜡为材料制作过地形模型。

在矿物方面，他最早记述了石油的性质、用途，把当时所称的“石液”定名为“石油”。

在地质方面，在考察了温州雁荡山独特地形地貌并分析其成因之后，沈括指出：“原其理，当是为谷中大水冲激，沙土尽去，唯巨石岿然挺立耳。”这种“流水侵蚀作用”的认识是十分正确的。著名科学家竺可桢曾撰文《北宋沈括对地学之贡献与纪述》，高度评价《梦溪笔谈》在地理学方面的重要贡献。

《徐霞客游记》

《徐霞客游记》是以日记体为主的中国地理名著，世传本有十卷、十二卷、二十卷等数种。主要按日记述作者一六一三年至一六三九年间旅行观察所得，对地理、水文、地质、植物等现象，均做了详细记录，在地理学和文学上卓有成就。

徐霞客原名弘祖，字振之，别号霞客，出身于江阴。幼年好学，博览图经地志。因见明末政治黑暗，专心从事旅行。二十一岁开始出游，足迹北至燕、晋，南及云、贵、两广，旅途中备尝艰险。其观察所得，按日记载。

徐霞客去世前托其外甥季梦良（字会明）整理原稿，季会明、王忠纫将游记手稿编辑成书。他去世后，清军进攻江阴时，季梦良帮助守城，全家被杀，游记手稿大部分被焚于兵火，季会明、徐李寄收集残存的抄本编辑成《徐霞客游记》一书。

徐霞客的出游大至分为两个时期：前期北登恒山，南及闽粤，东涉普陀，西攀太华之岭，偏重搜奇访胜，写下了天台山、雁荡山、黄山、庐山、嵩山、华山、五台山、恒山等名山游记十七篇；后期的西南地区之行，则在探寻山川源流、风土文物的同时，重点考察和记述喀斯特（石灰岩）地貌的分布及其发育规律。

对喀斯特地貌类型的分布和差异，《徐霞客游记》中有详细的考察和科学的记述。仅在广西、贵州、云南三省，徐霞客亲自探察两百七十多个洞穴，且有方向、高宽、深度的具体记载，并初步论述了成因。他的这些考察研究，比欧洲最早研究喀斯特地形的爱士信尔早了一百多年。徐霞客对地热现象的详细描述在中国也是最早的。他调查了云南腾冲山的火山遗迹，科学记录与解释了喷发出来的红色浮石的产状、质地或成因。

另外，徐霞客纠正了地理文献中的一些错误，如否定《尚书》以来流行一千多年的“泯山导江”说，肯定了金沙江是长江上源，还正确指出河床坡度和侵蚀力成正比。植物学方面，他明确提出了地形、气温、风速对植物分布和开花早晚的各种影响。

徐霞客在中国古代地理学上做出了超越前人的贡献，特别是有关喀斯特地貌的详细记述。经后人编辑成约六十余万字的《徐霞客游记》，不但具有极高的科学价值，而且具有很高的文学价值，对所到之处的人文地理情况作了不少精彩的记述。被誉为“千古奇书”。

域外地理

中国古代域外地理的知识，萌发于先秦，奠基于西汉。

西汉卓越的探险家、外交家张骞曾多次出使西域，分别到过大宛、康居、大月氏、大夏、乌孙、安息和身毒等地，了解到今中亚（锡尔河、阿姆河、伊犁河一带）、西亚（伊朗高原、两河流域一带）和南亚（印度一带）的地理情况并写有书面材料。《史记·大宛列传》和《汉书·西域传》就是根据张骞等提供的材料写成，它们是记载中亚和西南亚最早的地理专篇，对西域各国的人口、兵力、风俗、物产、城镇交通、水文、气候以及相互间的距离等都有所介绍。

东汉的班超又奉命出使西域，后班超派甘英出使大秦（罗马）至波斯湾受阻。这是中国旅行家第一次到达波斯湾头。班超的儿子班勇继父志出使西域，几乎一生都在西域度过，写有《西域记》一书。

魏晋南北朝时期，中外交通并未因国内长期的割剧局面而中断，相反的却由于通商贸易的发达和佛教传播的兴盛，使某些地区中外交往至为活跃，从而促进了这些地区边疆域外地理知识的发展。

东晋时，僧人法显于隆安三年（公元三九九年）从长安出发，西行越葱岭，再南下到印度，在印度居住多年，然后取道海路经师子国（今斯里兰卡）、苏门答腊回国。《法显传》描述了他所到地区的地理情况，是中国古代关于中亚、印度、南亚的第一部旅行记。

唐代名僧玄奘西行求法，用了十八年的时间，历经一百一十多个国家，行程五万余里。回国后按其口述编成《大唐西域记》，全面介绍了所经诸邦的面积、都城、气候、地形、水利、物产、交通以及风俗习惯等，可谓“推表山川，考采境壤，详国俗之刚柔，系水土之风气”。另外，《新唐书·地理志》记载的《广州通海夷图》详述了从中国到波斯湾的海上航程。

到了宋代，罗盘用于航海，海上交通贸易更为发达。宋朝与日本间航行较为频繁，同时对南洋、印度以西的航行也极为发达。周去非和赵汝适搜集当时地理资料分别写成《岭外代答》和《诸蕃志》，涉及南海、东南亚、南洋群岛、南亚、西亚、非洲和西班牙等广大地域。

元代时，耶律楚材、长春真人、常德等出征、出使或旅行于西域各地。周达观从海上去柬埔寨，汪大渊去南洋诸岛、印度洋沿岸、东非各国。这些人写的游记都是重要的地理文献。

明代三宝太监郑和七下西洋，访问了南洋诸岛、印度、阿拉伯、东非等几十个国家，船员最多时近三万人。随行的马欢、费信和巩珍记述了这七次航行的盛况和见闻。马欢的《瀛涯胜览》记载了十九国，费信的《星槎胜览》记载了四十国（其中亲见二十二国），巩珍的《西洋番国记》记载了二十国的风土人情。最后一次航行制作的《郑和航海图》，以南京为起点，最远到达非洲东岸的蒙巴萨，图中收入了五百多个地名。

地图成就

中国古代地图学是建立在平面制图的基础上，战国到西晋是中国地图学理论的形成时期。现代已发掘的这一时期的地图，有出自河北平山县战国中山王墓的《兆域图》、甘肃天水放马滩秦墓中绘于木板上的战国末期地图，及长沙马王堆三号汉墓的地形图和驻军图等。

西晋时，出现了一位著名的制图理论家裴秀。裴秀字季彦，河东闻喜（今山西闻喜县）人。自幼好学，知识渊博。出身官僚世家，官至司空，接触到不少地理和地图资料。他编制了《禹贡地域图》和《地形方丈图》，并总结了“制图六体”，被誉为“中国科学制图学之父”。

春秋战国时期，地图已广泛用于战争和国家管理。秦汉以后损失严重。出于政治和军事需要，裴秀立意制作新图。他领导和组织编制成《禹贡地域图》十八篇，这是中国和全世界见于文字记载的最早历史地图集。为便于应用，他还将一幅篇幅过大（用绢八十匹绘制）的《天下大图》缩制成以寸为百里的《地形方丈图》，图上载有名山都邑，为军政管理提供了科学依据。

裴秀在地图学上的主要贡献，在于他第一次明确建立了中国古代地图的绘制理论。他根据前人的实践，总结出绘制地图的六项原则，即“制图六体”：分率（比例尺）、准望（方位）、道里（距离）、高下（地势起伏）、方邪（倾斜角度）和迂直（河流、道路的曲直）。前三点讲的是比例尺、方位和路程距离，是最主要的普遍绘图原则；后三点是因地形起伏变化而须考虑的问题。这六项原则是中国最早的制图理论，直到清初，都是中国制图学者所遵循的准则。

此外，唐代的贾耽用朱墨二色分示古今地名编制的《海内华夷图》传世了五百年。北宋沈括编制“二寸折百里”的《天下州县图》二十幅，是当时最佳的全国地图。同时还有《南北对镜图》、《混一图》等地图。元代的朱思本绘制了长宽各七尺的全国地图《舆地图》二卷。明代时传入了西洋地理学，有利玛窦、艾儒略等人的著作。清康熙年间，政府派西洋教士测绘《皇舆全览图》，十年而成；乾隆年间制作《乾隆内府舆图》。上述地图都是具有国家级分量的图籍。

诸子

诸子之学等等学问中，其言天道之部分，即约略相等与西洋哲学中之形上学，其言性命之部分，即约略相等于西洋哲学中之人生哲学。但西洋哲学中方法论之部分，在先秦诸子之学中尚有与约略相当者，此后讲此方面者，在中国可谓绝无仅有。

——冯友兰 曾任北京大学哲学系教授，被誉为“现代新儒家”

诸子的学术派别

古代尊称男子为“子”，各派学术著作也多称“子”，如《孟子》、《庄子》等，大概这样的著作，多是由弟子们记述为师的言论编辑而成。书中常用“子”来作为对其师的尊称，于是后人就用这个人名的“子”来做书名了。

刘歆、班固的群书分类中有“诸子略”一类，包含九流十家，大部分是春秋战国时代的著作。能入“九流”的九家各有它的理论体系，九流之外的小说因没有什么特别理论，只能算是九流中作通俗化运动的或民间讨论学术的零星著作。比如《虞初周说》九三四篇，东汉学者应劭认为“其书以《周书》为本”。《周书》是一种史书。《虞初周说》大概就是集合民间传说而写成的一部“周书演义”。又如《宋子》一书，是宋牼所作。宋牼的为人“见侮不辱，救民之斗，禁攻寝兵，救世之战，以此周行天下，上说下教，虽天下不取，强聒而不舍者也”（《庄子·天下》），他极力陈说见侮之并不足为辱，以消灭人们的斗争心，并宣传反战思想。其理论和行动与墨子很像，而宣传方式较为通俗，大概是用了很多民间故事做材料。

《汉书·艺文志》中记载的小说家书没有一部流传后世，其他九家著作，多少都还流传着一些，其中值得注意的是儒、道、墨、名、法五家，这五家的哲学思想较为突出。杂家著作最重要的是《吕氏春秋》和《淮南子》，是集合几派学者编写的，包含多种思想，从中可以得到各派思想的补充说明。阴阳家的著作已经失传，别家的著作中会有零星介绍，特别是术数——关于自然现象的占验和卜筮、方技——医药这二“略”的书，还有部分兵家书，无不是依据阴阳家的理论。比如《黄帝内经》，是医家假借黄帝的名义写的病理书，就包含着阴阳家学说的应用方面。

阴阳家学说包含哲学上的宇宙论和天文、数学等自然科学的理论，又发展为解释社会现象的历史哲学。儒学也受了阴阳家的影响。儒家在孔子时代本来不谈宇宙，也没有天人合一的理论，到战国时采用阴阳家的学说才开始大谈宇宙万物。子思、孟子发扬五行旧说，多少也和阴阳家有相互的影响。汉朝的大儒董仲舒以及那些著述谶纬书的人，其观点更是完全融入了阴阳家的学说。

纵横家是春秋战国时代在国际间活动的策士和外交家，他们讲究纵横捭阖的手段和高超的语言技巧，这其中最具代表性的人物就是苏秦和张仪。孔子弟子子贡也相当著名。纵横家流传的著作有《鬼谷子》，但最能展现纵横家风采的首推《战国策》。

农家也是九流之一，除了讲求农业技术外，也有自己的理论总结。在经济上主张重农，政治上主张打破劳力、劳心的界限，废除统治、被治的分别。被孟子认为是神农代言人的许行，倡导贤者与民并耕而食的理念，反对“厉民而以自养”。许行的学说也受到道家思想的影响。

儒家

儒家，也称儒教或儒学，由孔子创立，最初指的是司仪，后来逐步发展为以尊卑等级的仁为核心的思想体系，是中国影响最大的思想流派，也是中国古代的主流意识。儒家学派对中国、东亚地区乃至全世界都产生过深远的影响。

孔子

儒家开派大师孔子，名丘，字仲尼，春秋末期鲁国人，出生在鲁国昌平乡的陬邑（今山东曲阜县东南境郰城）。他的祖先本来是宋国的公族，传到名叫孔防叔的这一代，才因避祸逃来鲁国定居。防叔生了伯夏，伯夏生了叔梁纥。叔梁纥晚年相识了一个颜姓女子（《礼记·檀弓》说孔子母名征在），才生下孔子，因之前曾到尼丘向神明祈祷，所以名丘。据说孔子刚生下时，头项中间是凹下的，因而字叫仲尼；家中排行第二，世人又称其“孔老二”。

孔子出生不久，叔梁纥就死了，葬在鲁城东面的防山。母亲年少葬夫，按照当时礼俗不能亲自去送葬，所以也不知道孔子的父亲到底葬在哪里。孔子还未成年，母亲也去世了，只浅浅地埋在路旁。后来经人指点找到父亲的墓地，才把母亲迁去与父亲合葬。

无父无母的孔子，早年生活既穷苦又没有地位。成年后，曾做过仓库管理员，进出账目记得又清楚又准确；也担任过管理牧场的小职务，场中的牲口养得肥硕壮实。为了生计，孔子做过很多被当时的人们视为低贱的工作。他学无常师，曾学乐于苌弘，学琴于师襄。后来聚徒讲学，大约三十岁左右，有了最初的一批弟子。此后，孔子一直从事教育事业，广收门徒。当他做上鲁国的司寇时，已年近五十岁。

孔子运用自己的智慧与勇气，使齐国归还了以前侵占鲁国的田地，但又因道德与政见上的分歧离开鲁国，开始周游于各国间。他在齐国受到排斥，转到宋、卫两国，生活也奔波不定，又在陈、蔡两国间遭遇困厄。据说孔子身高有九尺六寸，人家管他叫“长人”，而且以奇异眼光看他。在外颠沛流离十四载，年近七十岁时的孔子，被大夫季康子派人接回鲁国尊为国老，但未受到鲁哀公的任用。孔子专注于教育和古籍整理。第二年冬，儿子孔鲤先他而去，两年后爱徒颜回亡故。孔子有所感慨：“昔从我于陈蔡者，皆不及回也。”又二年，孔子逝世，终年七十三岁，被葬在曲阜城北的泗水岸边。众弟子为其服丧三年，子贡为孔子守坟六年。回首孔子的一生，苦难不止，奋斗不息。

孔子的伦理思想，主张君仁、臣忠、父慈、子孝、夫义、妇顺、兄友、弟恭、朋友有信，“仁”是根本。仁是爱人、救世的热情，以孝悌为基础，推爱己之心以爱人，推爱父母兄弟之心以爱一切世人。实行的方法则有所谓“恕”，就是“己所不欲，勿施于人”，而积极方面，则是“己欲立而立人，己欲达而达人”。孔子认为，这样推己及人的仁爱，可以使五种人伦关系相互调整以达和谐，社会由此能安宁发展。同时在政治上能够推己及人，即由“亲亲而仁民”，亲爱亲人而仁爱百姓，便能施行仁政，以德化民。孔子主张“以礼让为国”，凡在统治地位的一定要有道德，这与希腊柏拉图以哲学家治国的理想相似。孔子推己及人的思想应用于逻辑学，便成了“问一以知十”、“举一隅则以三隅反”的演绎法。同时孔子也有归纳法的思想，如“众好之，必察焉，众恶之，必察焉”，即注重观察事实。

在著述方面，孔子有诸多建树，他整理了《诗经》、《尚书》等古代文献，并删定《礼经》、《乐经》，为《周易》作序，还编修了鲁国史官所记的《春秋》，使其成为中国第一部编年体历史著作。

相传孔子先后有弟子三千人，其中著名贤人者七十二。现存的《论语》一书，便记载了他和这些弟子的对话问答，成为研究中国古代哲学的重要史料。

自西汉以后，孔子的学说——儒学成为两千多年封建社会的文化正统，影响深远。他在世时已被世人认为是当时社会上最博学者之一，赞誉其为“天纵之圣”、“千古圣人”，后世又尊称其为“至圣”——圣人之中的圣人、万世师表。

颜子

颜子，即颜回，字子渊，春秋末鲁国曲阜人。十四岁拜孔子为师，终生侍师。在孔门诸弟子中，孔子对他称赞最多，不仅赞其“好学”，而且还以“仁人”相许。历代文人学士对他也无不推尊有加。

颜子素以德行著称，严格按照孔子关于“仁”、“礼”的要求，“敏于事而慎于言”。故孔子常称赞颜回具有君子四德，即强于行义，弱于受谏，怵于待禄，慎于治身。他终生所向往的就是出现一个“君臣一心，上下和睦，丰衣足食，老少康健，四方咸服，天下安宁”的无战争、无饥饿的理想社会。

颜回一生没有做过官，也没有留下传世之作，他的只言片语，收集在《论语》等书中，其思想与孔子的思想基本是一致的。后世尊其为“复圣”。

曾子

曾子，名参，字子舆，春秋末期鲁国人。他在十六岁时拜入孔子门下，是孔子的得意门生之一，同时，也是孔子学说的主要继承人和传播者。

作为后入门的弟子，曾子的思想学说比孔门其他弟子的学说成熟得晚，但他沉稳的性情与不懈的坚持，又使得孔子的学说得到了丰富与发展，比如“孝”与“礼”等思想就是在曾子时期发扬光大的。他说：“君子立孝，其忠之用，礼之贵。”

除了主张以孝为本、孝道为先的孝道观外，曾子还十分重视自身道德品质的修养。他认为个人的修养与学习是分不开的，提出了“修齐、治平、省身、慎独”和“吾日三省吾身”的修养方法。他说：“我每天都要对自己的言行反省很多次，是否竭尽心力去帮助别人了？是否对朋友真诚相待了？对待老师传授的知识是否认真温习了？”

曾子也主张积极参与政治，但他的仕途和孔子一样，充满坎坷。于是，他退居故里，专心讲学，晚年仍坚持践行孔子的思想，做到老年著书、病中教徒、守礼至终三件颇具影响的事。他离世前对弟子说：“君子爱人，是要成全别人的美德，而小人爱人，则是没有原则的宽容，我能够合情合理地死去，还能有什么奢望呢？这就足够了。”

曾子的思想主要反映在《大学》、《孝经》等儒家经典中。

子思

子思，名孔伋，字子思，孔子嫡孙。春秋战国时期著名的思想家。子思受教于曾子，孔子的思想学说由曾子传子思，子思的门人再传孟子。后人把子思、孟子并称为思孟学派，因而子思上承曾参，下启孟子。

根据郭沫若等学者的考证，《易传》、《十翼》、《大学》和《中庸》一样，都是子思的思想。“凡事预则立，不预则废”，是《中庸》中的名言。意思是不论做什么事，事先有准备，就能得到成功，不然就会失败。中庸的学说反对“过”与“不及”，主张“执其两端而用其中于民”，于行动和不行动之间找到一种均衡。以上所说的两点都是儒学传统中大量保福避祸方案的哲学概括。

子思哲学是观念论，他发展了孔子的演绎逻辑，而以主观范畴的“诚”为宇宙本体，建立了天道与人性合一的体系。在政治上以正心诚意为基本，构成修齐治平的一系列程序。他在《易传》中提出“阴阳不测之谓神”，在《中庸》上盛称“鬼神之为德，视之而弗见，听之而弗闻，体物而不可遗”，又赞美孔子为天下至圣，可以配天，这几处文字，颇有宗教化色彩。

孟子

孟子，名轲，字子舆，战国中期著名思想家、文学家、政治家。他出生的年代，恰逢周王朝的最后阶段：国家四分五裂，诸侯争霸。相传孟子是鲁国贵族孟孙氏的后裔，幼年丧父，家庭贫困。孟母守节没有改嫁，对他要求十分严格，“孟母三迁”的典故就是教子有方的典范。

孟子师从孔子之孙子思门下，继承并发扬了孔子的思想，一直是孔子学说和理想的强大支持者。他学成以后，以士的身份游说诸侯，推行自己的政治主张，不仅游历于宋、滕、魏等国，还曾在齐国为卿。

孟子继承子思，与杨朱、墨翟两派作理论争辩。孟子主张性善说，认为仁义礼智是人类先天具有的“良知良能”，只要秉承这种天性，“人皆可以为尧舜”，因此主张“存心”、“养性”的修养方法。和子思一样，孟子有着天人合一的思想，自命是尧、舜、禹等上古明君的代言者。他主张以德治天下，提出了“仁政”、“王道”等观点。孟子理论上不讲功利，而标榜仁义，其实是以仁义为功利，如说“仁者无敌于天下”，“不嗜杀人者能一之”（能一之即能统一天下）等话，处处都说明行仁义的“好处”。他的这种政治主张就是所谓王道，王道是开明专制，故尊重民意，强调“民贵君轻”之说；王道又是保育政治，故说“保民而王”。对于人民生计，他主张实现井田制的理想，“薄税敛，深耕易耨”，使人民有“恒产”。以“野人”养“君子”。

《孟子》一书记录了孟子的语言和政治观点，是儒家的经典之作。其文章气势充沛，说理畅达，并长于论辩。孟子也终成为仅次于孔子的一代儒家宗师，因孔子是圣人，所以世人尊称孟子为“亚圣”，将两人的思想合称为“孔孟之道”。

汉武帝“罢黜百家，独尊儒术”后，儒家思想得到空前发展，后世儒家将孔子、颜子、曾子、子思、孟子并称“五大圣人”。

荀子

荀子，名况，字卿，又称孙卿子，战国末期赵国人，自幼聪慧，学问很好，有“神童”的美誉。他对儒家思想有所发展，提倡“性恶论”，其学说常被后人拿来跟孟子“性善说”比较。此外，荀子对重新整理儒家典籍也有相当显著的贡献。

荀子的学说与子思、孟子不同，认为人性是恶的，要用人为的方法教育训练，才可以为善。因此他很注重礼乐，注重教育，荀子书中的《礼论》、《乐论》、《劝学》诸篇，为大、小戴《礼记》所采用，可以证明他在儒家中地位的重要，但自宋儒尊孟黜荀以来，一般人都不研究荀子。

荀子的无神思想比孔子更进一步，提出了“人定胜天”的思想，他在《天论》篇指出“天行有常，不为尧存，不为桀亡”，又说，“大天而思之，孰与物畜而制之？从天而颂之，孰与制天命而用之？”主张利用自然、征服自然，对以后唯物主义思想的发展起了积极作用。汉代的王充、唐代的柳宗元、刘禹锡等都继承了他的唯物主义思想。

荀子晚年积极从事教学和著述，主要思想都反映在《荀子》一书中。其文章论题鲜明，结构严谨，说理透彻，有很强的逻辑性，对后世说理文章有一定影响。其中五篇短赋，开创了以赋为名的文学体裁，对汉赋的发展起到了促进作用。因为荀子是第一个使用赋的名称和用问答体写赋的人，所以，后人将他和屈原一起尊称为“辞赋之祖”。

道家

道家是中国古代哲学的主要流派之一。以“道”为世界的最后本原，所以称之为道家。主张“惟道是从，道法自然，无为自化，道生法”。

道家创立于春秋后期，到战国中期开始发生分化，形成老庄学和黄老学两大不同派别。前者的思想以《老子》、《庄子》、《列子》为代表，后者的思想以《管子》中的《心术上》、《心术下》、《白心》、《内业》四篇，一九七三年湖南长沙马王堆出土的《经法》、《原》、《称》、《十六经》四篇，及《淮南子》为代表。

老子

道家创始人老子，姓李名耳，字伯阳，世人又称老聃，楚国人，曾做过周朝的“守藏室之史”，也就是图书管理员。著作有《老子》五千言，世称《道德经》。据考证，该书由战国时的环渊整理老聃的讲话而成。

老子认为，宇宙的本体是“道”或“天”，是自然的物质，又指出“反（矛盾）者道之动”，运动过程分成几个阶段，所谓“道生一，一生二，二生三，三生万物”。事物都有它相对的一面，如“有无相生，难易相成”等。又因强弱、刚柔、动静而相互转变，所以，老子主张以弱胜强，以柔克刚，以静制动。

他对于社会的评判，认为“天之道，损有余而补不足，人之道则不然，损不足以奉有余”，又说“民之饥，以其上食税之多，是以饥”。政治上，主张君主以民为本。百姓是一个国家的根基所在，是达官贵族得以存在的根本；无民，则国家无政权可言，是以有“圣人常无心，以百姓心为心”的观点。

谈到治事方法，老子主张“无为”，即认为人类做事必须遵守自然的规律，不可违犯自然规律，任意妄为，所以又说“无为而无不为”。老子这些思想都是比较客观的，但同时他又主张静止，主张无中生有，主张复古，主张无知无欲，主张柔弱、不争，因而有着消极退让的人生观。他常劝人要知足，强调“不争”的好处。他说：“上善若水。水善利万物而不争，处众人之所恶，故几于道。”他认为，最高境界的善行就像水一样。水，泽被万物而不与之争夺名利，停留在众人不喜欢的地方，却更接近“道”。所以，上善的人要像水那样安于居下，不与万物发生矛盾、冲突，只有达到尽善尽美的境界，才是最为谦虚的美德。

有关老子思想的书，王弼注本及魏源《老子本义》本较好。杨树达辑诸子论老子的话而成的《老子古义》，也是比较好的参考书。

继承老子哲学的，主要是关尹、列子、杨朱和庄子，《吕氏春秋·不二》篇评论说“关尹贵清，列子贵虚，杨朱贵己”。

关尹

有学者认为，环渊就是关尹子——老子当年出函谷关时的守关人，也是道家的重要人物。关尹子，姓名已不可考，“关尹”是其官职，他的学说在《庄子·天下》篇中有所反映。关尹认为，人的认识必须像水或镜子一样，采取纯客观主义的态度。

列子

列子名御寇，战国时期郑国人，曾师从关尹子、壶丘子、老商氏、支伯高子等人，行事一向低调，有所谓“子列子居郑圃，四十年人无识者”，所以历史上的事迹也很少。列子主张循名责实，无为而治。

列子与杨朱的学说，现在都只能从晋朝人托名编撰的《列子》一书中去寻找。列子指出天地之初是一混沌的实体——“太一”，太一变化而生万物，完全是机械的运动，是有必然性的，又提倡无欲无我的客观主义，即“贵虚”。

孟子批评列子是“为我”主义，说他“拔一毛而利天下，不为也”，因为列子说：“古之人损一毫利天下，不与也，悉天下奉一身，不取也，人人不损一毫，人人不利天下，天下治矣。”

杨朱

杨朱，战国时期魏国人，生平已不可考。在当时各家的著述如《孟子》、《荀子》、《庄子》、《韩非子》、《吕氏春秋》等，他的名字曾多次出现。他的行踪多在鲁、宋、梁一带。据《庄子》记载，他曾经见过老子。其活动的年代，比墨子稍后，而又早于孟子。有的说他是老子弟子，或是道家的别支。杨朱的学说在当时相当著名，但早已散佚不存。

杨朱是一个无神论者，否认人死后还有灵魂的存在，他认为“道”是活动的自然力，表现在人类中，就是嗜好情欲等，主张“全性保真”，满足人的自然欲望，这一观点与希腊伊壁鸠鲁的快乐主义很相像。荀子及韩非子都有评判杨朱的话。

庄子

庄子，本名周，字子休，战国时期宋国人。他一生的事迹，流传下来的很多，但可以考证的很少。后人称之为“南华真人”。

庄子与老子并称“老庄”，而思想不尽相同。两人都尊重自然力，这是道家的根本思想，但老子尊重自然，是主张随顺自然之理以行事，治国主张无为而治，对于抗敌，主张先以弱自处，都是入世的态度，所谓以无为有，以退为进。

庄子因尊重自然力而主张委心任运，随心自由，任凭命运的摆布，这发展了老子思想的消极面。庄子不能将有和无统一起来，因此把现象和本体分隔开来。他认为，现象世界所谓大小、贵贱、寿夭等的范畴，都因比较而产生，即相对而言的，实际上是没有的。如此，现象世界虚幻不实，那么，个人所应把握的就是无所不在、无所不包，既没有界限差别，也没有神主宰的“道枢”了。这样看来，庄子的世界观就成了唯心主义，它和佛教大乘所谓“空”的原理相似，所以清朝学者章太炎曾用佛学理论来解《庄子》，作《齐物论释》。

庄子的文章汪洋恣肆，想象瑰丽，具有浓厚的浪漫主义色彩，寓言故事的形式富有幽默讽刺意味，对后世文学语言影响很大。他和门人以及后来学者整编的《庄子》一书，被道教奉为《南华经》，是道家经典之一，在哲学、文学上都有较高研究价值，名篇有《逍遥游》、《齐物论》、《养生主》等。王先谦的《庄子集解》，郭庆藩的《庄子集释》，都是不错的释本。

老子和庄子对中国古代哲学的发展有很大的影响，魏晋时期的玄学思潮“祖述老庄”，融合了儒、道两家，很多名儒也从这时开始研究老庄思想。此外，道家哲学还深深影响到中国道教与佛教两大宗教哲学思想的发展。道教奉老子为太上老君，奉《道德经》为道教基本经典；奉《庄子》为《南华真经》，并且用老庄哲学来论证道教的神仙学，建立道教的宗教哲学。两晋时期的佛教般若学，则更是佛玄结合的产物。

墨家

墨家是春秋战国时期下层民众与商人中间的一个派别，带有宗教性质，他们的领袖称为巨子，巨子对其门徒执行严格的纪律。

墨学开派大师是墨翟，世称“墨子”，关于他的出生地，一直都有争议：《史记·孟荀列传》说他是“宋之大夫”；《吕氏春秋·当染》认为他是鲁国人；也有的说他原为宋国人，后来长期住在鲁国。

出身平民的墨子，自称“今翟上无君上之事，下无耕农之难”，可见，他属于当时的“士”阶层，但他又承认自己是“贱人”。墨子始终保持着劳动者的本色，甘于清贫，乐于奉献，具有相当丰富的生产工艺技能，可与当时的巧匠鲁班相比。

墨子站在新兴商人及大众的立场，所以主张短丧节葬，反对奢侈娱乐的贵族生活，反对那种容忍不良现状的命运观念，反对侵略性的战争，主张打破家族观念而博爱人类，主张选用贤能而废除世袭贵族的统治，主张集中意志（尚同）而形成和平的大一统。这些观念多与儒家不同。

墨子主要在鲁国活动，又生活在孔门学说盛行的时期，所以他的思想学说处处和儒家有关联。他曾从师于儒者，学习孔子之术，称道《尚书》、《春秋》等儒家典籍，但后来他渐渐不满儒家“礼”的烦琐，最恨那些儒家一面不信鬼神，一面却讲究祭礼丧礼。他说：“不信鬼神，却要学祭礼，这不是没有客却行客礼吗？这不是没有鱼却下网吗？”最终，他舍弃儒学，另立新说，聚徒讲学，形成了自己的墨家学派，成为儒家的主要反对派。

墨家与儒家的根本不同，在于两家的哲学方法和逻辑。儒家注意行为的动机，不注意行为的效果，墨子的方法却恰与此相反，处处要问一个“为什么”。比如，造一所房子，墨子先要问为什么要造房子。知道了“为什么”，才能知道“怎样做”。知道房子的用处是“冬避寒焉，夏避暑焉，室以为男女之别”，才会知道该怎样布置构造，使其能避风雨寒暑、分别男女内外。

墨子认为，当时的社会之所以那么混乱，有两个原因，一个是人们不“兼爱”，一个是天下人没有正确统一的思想为指导。所以，他在政治上提出了“兼爱”、“非攻”、“尚贤”、“尚同”、“节用”、“节葬”、“非乐”等主张。墨子认为只要大家“兼相爱，交相利”，社会上就不会有强凌弱、贵傲贱、智诈愚和各国之间互相攻伐的现象了。其中，“非攻”的思想，也反映了当时百姓反对战争的意向。

墨子的弟子众多，他们以“兴天下之利，除天下之害”为教育目的，大多刻苦耐劳，热心救世，团结坚强，曾因反侵略而参加抗战，对于军事、兵工的专门学问很有研究。墨子书中的《备城门》等篇，都是谈军事的。

在春秋战国之际，墨学是唯一能与孔子创立的儒家学派相抗衡的“世之显学”。但从秦统一六国以后到清朝的两千年里，墨学竟渐渐淡出世人视野，几于消亡。墨学的消沉，大概是因为它偏于实用而缺乏形式工夫（如礼乐），即荀子所谓“蔽于用而不知文”的缘故。另外，墨家因为没有“天堂”、“来世”的想象，也不能形成一种长期存在的宗教。

墨家有《墨子》一书流传，墨子的学生对他思想言论的记录，现存五十三篇。全书分为《墨经》、《墨论》、《杂篇》三类，内容广博，包括了政治、军事、哲学、伦理、逻辑、科技等方面，是研究墨子及其后学的重要史料。其中《尚贤》、《尚同》、《兼爱》、《非攻》、《节用》、《节葬》、《天志》、《明鬼》、《非乐》、《非命》、《非儒》等篇，是墨子思想的集中反映。清毕沅有校本，孙诒让的《墨子间诂》集清代研究墨学者的大成。

或许是因为出身的关系，墨子的思想总体而言，可以看成一种平民哲学。墨子在他的体系中，始终以下层的普通民众作为原点，进而衍生出其他。墨子以“耳目之实”的直接感觉经验作为认识的唯一来源，他认为，人的知识来源可分为三个方面，即闻知、说知和亲知。

在墨子看来，判断事物的有与无，不能凭个人的臆想，而要以大家所看到的和听到的为依据。对于学习得到的知识，不应当是简单地接受，而必须消化并融会贯通，使之成为自己的知识。因此，他强调要“循所闻而得其义”。这种把知识来源的三个方面有机地联系在一起的方法，使得墨子的认识论在我国古代哲学领域里独树一帜。

别墨及名家

墨子书中有《经上》、《经下》、《经说上》、《经说下》、《大取》、《小取》等篇，是墨家中一派所谓“别墨”的著作，其中包括名学、数学及旁的科学知识，通常称为《墨经》。梁启超著有《墨经校释》，胡适《中国哲学史大纲》里面也有若干说明“别墨”是墨家中专门研究名学的，在这里，我们与惠施、公孙龙等名家一起介绍。

名学即现在所说的逻辑学，也称论理学，是各种学术用以论证自身正确性的工具，所以周秦诸子都讲正名之学。与墨家展开辩论的儒家代表荀子就精于名学。除《墨经》中所讲的论证方法，墨家还有“三表法”。《汉志》列于名家的《邓析子》及《尹文子》，其实是法家兼名家的思想。纯粹讲逻辑学的名家，首推惠施与公孙龙。

惠施

惠施，即惠子，战国中期哲学家、政治家、辩客，名辩思潮中“合同异”学派的主要代表人物。他的作品已经全部散失了，主要学说散见于《荀子》、《韩非子》、《战国策》、《吕氏春秋》、《说苑》等书。此外，他的好朋友——庄子的一些著作里也有提到他的思想。

主要在魏国生活的惠施学识很渊博，魏惠王经常听他讲学，钦服于他的博学，拿他与管仲相比。惠施对魏惠王也很忠诚，作为合纵抗秦的倡导者，他在各国享有很高的声誉，因此，常被魏惠王派到其他各国处理外交事务。

后来张仪来到魏国，为秦连横的策略，说服魏惠王一起进攻齐楚。惠施因与其政见不合被迫离开了魏国。他先到楚国，又回到家乡宋国，在那里结识了庄子，与之交游甚好。后来魏惠王离世，张仪失宠离开，他又得以重回魏国。

古书记载，惠施为魏国制定了很多法律，但其著作散失没能流传下来。《庄子·天下篇》用“惠施多方，其书五车”来形容惠施的知识渊博，藏书也很多。成语“学富五车”便是由此而来。

惠施十分善辩，常与庄子讨论问题，其中，濠上观鱼的故事，就是两人的著名辩论。

庄子与惠施交游于濠水的桥上，看见水中鱼儿悠然戏水，便说道：“你看鱼儿在水中多么快乐呀！”

惠施反驳道：“你又不是鱼，怎么知道鱼快不快乐？”

庄子回答说：“你又不是我，你怎么知道我不知道鱼快不快乐？”

惠施很机敏，立刻利用庄子的逻辑反驳庄子：“我不是你，当然不会知道你的想法，但是有一点很清楚：你也不是鱼，所以你也不可能知道鱼是否快乐。我们没必要再争论下去了！”

辩论到这里，庄子本已无话可说，因为惠施用的正是庄子的论据。然而，庄子突然话锋一转道：“那我们就再回到刚才的对话，你问我，‘你怎么知道鱼快不快乐？’既然你这样问了，你便是已经知道我知道鱼是快乐的了，否则怎么会这样问呢？那么，现在我可以告诉你：我是在这濠水桥上知道的！”

这则故事被记载在《庄子·秋水篇》里。惠施死后，庄子曾感慨世上再无可言之人……

惠施主张广泛地分析世界上的事物，认为在广袤无垠的宇宙里，任何时间、空间上的差异都是微不足道的，万物的相同和相异都是相对的，是在不断变化的，看似相异的对立之中有着同一性，这便是“合同异”。

为此，惠施提出了“历物十事”等命题来进行论证。《庄子·天下篇》

记载了这十个论题，后世称之为“惠施十事”。比较著名的有：“至大无外，谓之大一；至小无内，谓之小一。”“日方中方睨，物方生方死。”“大同而与小同异，此之谓小同异；万物毕同毕异，此之谓大同异。”

惠施说的“万物毕同毕异”，是指万物各有一个“自相”，例如一胎里生不出两个完全一样的兄弟；一棵树上开不出两朵完全一样的花；一朵花上找不出两片完全一样的花瓣……这便是万物的“自相”。

有自相，所以“万物毕异”，但万物却又都有一些“共相”。例如男女有别，却同是人；人与禽兽有别，却同是动物；动物与植物虽有别，却同是生物……这便是万物的“共相”。有共相，所以“万物毕同”。

毕同毕异，“此之谓大同异”。惠施的这一思想与庄子“齐万物为一”的思想有异曲同工之妙。

从整个名辩思潮的发展来看，惠施与一般只着眼于社会政治伦理问题研究和只停留于思维形式研究的诸家不同，他是先秦时期注重研究自然，具有科学精神的思想家。他注重从事物的联系和发展来看待事物的差异，发现差异的相对性，这对当时以静止观点看待事物的形而上学思想是不小的冲击，在中国古代哲学上具有积极的进步意义。但他过分夸大了事物的同一性，忽视了个体的差别和相对稳定性，因而又走向了哲学的另一个极端——相对主义的错误。

公孙龙

与“合同异”相对，“离坚白”是战国末期名家另一派的观点。“离坚白”就是将“坚”与“白”两者相分离。公孙龙是这一学说的代表人物。

公孙龙，赵国人，战国时期著名的辩者、逻辑学家，与惠施齐名。他曾在平原君赵胜家当门客，与同时期的邹衍辩论过，后被“邹衍不辩”弄得很尴尬。公孙龙还曾到过魏国，与公子牟论学。

公孙龙本人不仅善于辩论，还善于“劝人”，据《吕氏春秋·应言》

记载，他曾劝说过燕昭王偃兵。这或许是受到墨家“兼爱非攻”思想的影响。

“离坚白”来自公孙龙的一篇文章《坚白论》。说有一块坚硬的白石头，用眼睛看不到石头是坚硬的，只能看到石头是白色的，即“视不得其所坚，而得其所白者”，所以“无坚”；用手去摸石头，摸不到石头是白色的，只能感受到石头是坚硬的，即“拊不得其所白，而得其所坚者”，所以“无白”。

进而他指出，看到白时感觉不到坚，感觉到坚时看不到白。坚在未与石物结合时，必定独立的，是“坚”并自藏着的；白在未与石物结合时，也必定独立的，是“白”并自藏着的。由此推论，“石”中之“坚”、“白”两种属性不可并存，是两个相分离而独立自藏着的概念，不能同时联系在一个具体事物之中。

其实，“离坚白”与“合同异”，都是当时人们对事物的一种认识，只是“离坚白”强调事物的差异性。

公孙龙得以著名于世，是因为他力倡“白马非马”之说，并与儒家的孔穿、阴阳家的邹衍等人进行过辩论。

白马非马，这似乎是自相矛盾的命题，但公孙龙却巧妙地论证了这个命题的正确。他认为，事物和概念都是有差别的，所以概念与概念之间是绝对没有联系的。“马”是指马的形状，“白”则是指马的颜色，颜色当然不能说等同于形状了，所以“白马”也就不能等同于“马”。如果一个人要买马，当然买什么马都行，而如果一个人要买白马，那就不是任何马都行，必须是白色的马了。由此可见，白马非马。

这一论证的合理性在于，公孙龙看到了“白马”和“马”是不同的概念，两者存在着特殊和一般的差别，但由于他过分夸大这种差别性，而看不见概念反映事物的同一性，这一命题也就成了形而上学诡辩论的代表。

在庄子看来，公孙龙花言巧语、能言善辩，但“白马非马”这样的辩论，没有实际的意义，不仅自身存有很大的逻辑问题，还把语言本身遮蔽掉了，最后只能越辩越糊涂。

客观地说，公孙龙的哲学思想和这些诡辩故事，是对中国古代逻辑学的发展起了重要作用的。他能看到作为事物属性的一般，是某一类事物所共有的，这种观点是正确的。但其得出的结论是：一般可以脱离个别而独立存在。这等于把一般和个别割裂开来，成了客观唯心主义。

现存的《公孙龙子》一书，仅流传下来六篇论文，首篇为《迹府》，是后人对公孙龙事迹的集录，其他五篇为《白马论》、《指物论》、《变通论》、《坚白论》、《名实论》，集中反映了他的哲学和逻辑思想。

别墨派也讨论坚白同异的问题，主张“离同异”，“合坚白”，与惠施、公孙龙的观点正好相反。当时名家具有辩证法的观点，如《庄子·天下》有所谓“南方有穷而无穷”及“一尺之棰，日取其半，万世不竭”等命题，《墨经》上也有此类论说，都说明了有限与无限的矛盾性。

法家

法家是中国历史上研究国家治理方式的学派，提出了富国强兵、以法治国。其思想源头可上溯至春秋时代的管仲、子产，在尹文、申不害、商鞅、韩非生活的战国时代形成了一个学派。

管仲

管仲是早期法家思想的先驱。他在齐国任相四十年，以“尊王攘夷”为号召，帮助齐国实行改革，辅佐齐桓公成为春秋时期的第一霸主。

管仲从治民的立场出发，既强调法制的重要，主张“严刑罚”、“信庆赏”，又肯定道德教化的作用，指出治民仅用刑罚“不足以服其心”，必须辅以德教，“教训成俗，而刑罚省，数也”。他还提出“仓廪实，则知礼节；衣食足，则知荣辱”的观点，大意是说，只有满足了一个人在衣食住行等方面的物质需求，这个人才会学习并遵守法律和法规，受道德的约束。用现代哲学的话说，就是经济基础决定上层建筑。物质是第一性的，精神是第二性的，物质决定精神。从这一点来看，管仲的思想是属于唯物主义范畴。

管仲的这些言论主要被辑录在《国语·齐语》一书中，另有一部《管子》传世。

韩非

韩非，法家思想的主要代表、集大成者。他和李斯都是荀子的弟子，出身于韩国贵族世家，后世又称其韩非子。

当时的韩国是一个小国，在秦国强大势力摧残下，近乎亡国。韩非多次上书，要求变法图存，但均未被韩王采纳。于是他“观往者得失之变”，退而开始专心著书。

韩非虽然口吃不善言语，但是文采却异常出众，作有《孤愤》、《五蠹》、《说难》等一系列文章，字里行间，阅尽天下。这些作品流传到秦国，得到秦王嬴政的赞赏。

秦国派兵攻打韩国，迫使韩王派韩非做使臣来说服秦国。

韩非上书秦王，劝其先伐赵而缓伐韩，得到秦王的再次赏识。两人相谈甚欢，秦王想要重用他，但李斯嫉妒韩非的才能，与姚贾一起设计陷害韩非。秦王听信谗言，将韩非关入监狱。等到秦王想要放他出来时，韩非已被迫服毒自杀，秦王后悔不迭。

一生怀才不遇的韩非虽然英年早逝，但他的思想却在秦始皇和李斯的推行下得以实践。

韩非赞同“人性本恶”的观点，继承了荀子的唯物主义思想，并总结了前期法家的经验，吸收了儒、墨、道诸家的一些观点。他以法治思想为中心，对战国后期复杂多变的现实作了哲学概括，从而形成了以法为中心的法、术、势相结合的政治思想体系，成为法家之集大成者，为秦国统一天下提供了思想基础。

韩非认为，人与人之间的关系是利害关系，因势利导，人人都有私心，即“畏诛而利庆赏”，仅靠道德的力量是没有办法维持社会稳定的。即“法之为道，前苦而长利；仁之为道，前乐而后穷；圣人权其轻重，出其大利，故用法之相忍，而弃仁人之相怜也”。只有凭借强大的法律去约束人们的行为，才能将“恶”限制住，而君主的职责就在于利用“刑”和“德”，让人们避恶从善，立公弃私。

他还认为“法、术、势”三者是一个统一的整体。他说：“明主之行制也天，其用人也鬼。天则不非，鬼则不困。势行教严逆而不违。”君主没必要像儒家要求的那样，必须具备特殊的学识和高尚的情操并凭借个人的影响力来统治百姓。君主只要将赏罚大权紧握在手中，找适当的人帮助他管理百姓，懂得辨别忠奸就可以了。只有牢牢掌握权力，执法严明，君主才能将法治推行下去，且知人识人，才会赢得群臣的忠心，收服众人，让百姓遵纪守法。

韩非还是先秦哲学倡导“矛盾之说”的第一人，对辩证法思想的发展做出了巨大贡献。

他以楚人出售矛和盾的故事为例，说明：“夫不可陷之盾与无不陷之矛，不可同世而立。”这便是“矛盾”一词的由来。

随着战争的持续和“礼义”的衰微，大的诸侯国通过侵略和征服等手段，试图组建一个权力高度集中的强有力的政府，用以维持统治和扩充地盘。为了适应中央集权封建专制政权的需要，韩非提出必须统一国民的思想。

此外，韩非还主张独尊法家，禁止其他各家学说；反对藏书，主张焚书。

他说："知者不以言谈教，而慧者不以藏书。"这间接导致了秦始皇的"焚书坑儒"事件。

从本质上说，这是一种实行思想文化专制的愚民政策，严重阻碍了科学与文化的发展和继承。但法家学说的出现，"富国强兵"、"法不阿贵"等观点的提出，还是给当时的统治者提出了很多治理国家的方案，具有一定的积极意义。

纵观法家思想，实际是建立在道家的自然主义的哲学基础之上。因为自然界有一定的规律，所以人类行为也应有一定的规律——这一规律，就是法。有了法，人们的行动就有了可供遵循的标准，统治者以法驭众，不必多费心思，而可以无为而治。这也符合道家的旨趣。所以，《韩非子》有《解老》、《喻老》等篇，讲老子哲学。《管子》因有一部分讲道家哲学，《汉志》因此把它列入道家。同时他们与儒家、墨家也有渊源的关系。

儒家的礼治，据荀子的解释，是给人们欲望以统制：按照智愚等情况分级，以分配物质。这和法治的思想有几分相近。荀子又主张中央集权，主张"法后王"，即以当下的政制为基础，这些理论都是法家所采取的。

墨家主张中央集权，主张思想上同于天子，也是法家所采取的。法家有"术治"、"势治"、"法治"等派，而以法治派为正统。

申不害主张术治，术治是人君用权术来驾驭臣子，术是不公开的。慎到主张势治，势治是用威权来统治，势是自然演成的，不是人类意志所能任意创造的。

商鞅和韩非子都主张法治，法是公开的，可由人的意志创造。实际上，法家是法术并用，法是官吏治理民众的工具，术是人君统御官吏的方法。

法家反对人治主义。儒家的以德化民，墨家的尚贤，都是法家所不赞同的。法家以为人治是主观的，不如法治的客观无私，人治以得贤人为条件，但贤君贤相的出现只是偶然的，不如法治有规则可循。人治使君主烦劳，不如法治的无为而治。

法家论国家的起源，比墨家、儒家正确，儒家主张家族起源说，墨家主张民约说，法家主张权力起源说。法家认为“令尊于君”——法令高于君主的意欲，是强调法的尊严性。法家虽然主张中央集权，但不主张专制，因为君主也要守法，可同时又主张立法权由君王掌控，君王既可以立法，也可以废法，自然可以任意胡为。所以荀子批评他们“民不议法”说的毛病，而提出“纂论（即继续的议论）公察则民不疑”的论点。

法家的著述以《韩非子》为精要。其次是《管子》。此外有《商君书》、《尹文子》、《慎子》等。法家对后世政治颇有影响，汉朝的萧何、曹参、贾谊、晁错，三国的诸葛亮，都是服膺法家的。

兵家

先秦、汉初研究军事理论，从事军事活动的学派被称为兵家。《汉书·艺文志》未将兵家列入“九流”，后世目录学家则列为诸子之一。兵家学说重点在于“用兵”，即战略战术问题。春秋战国之后，那些通晓军事的用兵者，也往往被归入或称为兵家。

《汉书·艺文志·兵书略》将兵家著作分为四类：“兵权谋类”侧重于军事思想、战略策略；“兵形势类”专论用兵的形势；“兵阴阳类”以阴阳五行论兵，并杂以鬼神助战的说法；“兵技巧类”以兵器和技巧为主要内容。

兵家的思想源头可以追溯到商周时期的吕尚，即史上著名的姜太公。其主要代表人物，春秋末有孙武、司马穰苴；战国有孙膑、吴起、尉缭、魏无忌、白起等；汉初有张良、韩信等。今存兵家著作有《黄帝阴符经》、

《六韬》、《三略》、《孙子兵法》、《司马法》、《孙膑兵法》、《吴子》、《尉缭子》、《将苑》、《百战奇略》、《唐太宗李卫公问对》等。各家学说各有异同，其中包含着丰富的朴素唯物论与辩证法因素，影响当时及后世甚大，是我国古代宝贵的军事思想遗产。其中，孙子是世界公认的史上最伟大的军事思想家之一。

孙子即孙武，字长卿，人称孙武子、吴孙子，春秋末期齐国人，生卒年月不可考，大约与孔子同时代人。据《史记》记载，孙武原是齐国人，辗转来到吴国，当时适逢公子光政变。他在被吴国聘为将军以前，曾经蛰伏二十年之久。后来姬光即位，即吴王阖闾。吴国大臣伍子胥听说了孙子的才干，便向吴王推荐。孙子以兵法进见吴王。他以惊世骇俗之宏论，卓越远见之谋略，使吴王为之动心，得到重用。此后，他和伍子胥共同辅助吴王，曾率领吴国军队大破楚国军队，占领了楚的国都郢城，几灭亡楚国。被后世誉为“兵圣”。其著作《孙子兵法》于古今中外都影响深远。

《孙子兵法》是世界上最早的兵书,历经两千多年而不衰,研习者辈出。后人陆续注释的很多，如曹操、李荃、杜牧、陈皞、贾林、孟氏、梅尧臣、王晳、何延锡、张预等，后人集各家注释编辑有《孙子十家注》。

孙子在兵法开篇即言明：战争关系到士兵的生命，国家的存亡，所以是国家大事，是必须谨慎对待和认真研究的。严格说来，孙子是一个“反战者”。战场上的军事行为和战斗都涉及资源的消耗，即使能够击溃敌军，己方的损失也不可避免。因此，孙子说“善战者，不战而屈人之兵；或全国为上，破国次之”——最佳的胜利就是不战而胜，也就是不通过正面战斗，而通过其他的方法来对敌军进行消耗，从而击溃敌人。《孙子兵法》的要点大致有以下几个方面：

第一，以全胜争于天下，不拘一时的得失。这是一种全局意识，一切行动以此为目的。在此指导下，有舍有取，有法有度。总之，要造成己方的不可战胜之势，一击中的，务求全局胜利。

第二，取胜之道分为几个层次："上兵伐谋；其次伐交；其次伐兵；其下伐城。"也就是说，最好是在战争的策划上形成一种不可战胜之势，从心理上、气势上造成一种汪洋大海，使敌屈服，不战而屈人之兵；第二就是外交手段，削减敌人盟友和瓦解敌人，从而使敌屈服或战胜之；武力交战的办法是最后的不得已的解决手段。

第三，战争的手段是灵活的，和敌人没有信誉可言。凡是能制胜的办法就是对的。兵者诡道也。一切阴谋或者阳谋都可以采用，只要能迷惑敌人，战胜敌人就是好办法。用兵要"以正合，用奇胜"。"正"可视之为按牌理出牌，"奇"可视为不按牌理出牌，这两者没有一定规则。奇可变正，正可变奇。奇正相生，机动灵活，随时而变，办法随战机而变。情况瞬息万变，只有带兵的将领可及时了解到，所以"将在外，君命有所不受"。对败兵的处置也是一种策略，他认为"网开一面"可全面瓦解敌方士气。所以说"穷寇勿迫"、"围师遗阙"。

第四，要做好充分的作战准备，不打无准备之战，不轻易交战，战则必胜。粮食、武器、装备、时机等各个方面都要准备好，否则失败的是自己。

《孙子兵法》因其博大精深的内容，精邃富赡的思想，缜密严谨的逻辑，受到历代兵家所重视。汉初名将韩信曾以此书对部将教导谆谆，指挥其军队"举之不断、行而不迷、进退有据"，使他的军队攻无不克、风靡南北。唐太宗李世民说"观诸兵书，无出孙武"。《孙子兵法》流传出中国后，对东亚及东南亚均有或轻或重不同程度的影响，如改变日本权力格局的三位大将——织田信长、丰臣秀吉和德川家康都精通《孙子兵法》。而译成西方语言后，《孙子兵法》在欧洲也大受欢迎。相传法国皇帝拿破仑更对此书爱不释手。英国军事理论家李德·哈特感称："在《孙子兵法》中，把我二十多部著作所涉及的战略和战术原则几乎包罗无遗。"

杂家

战国末期，经过激烈的社会变革，封建制国家纷纷出现，新兴地主阶级便要求在政治上、思想上的统一。在这种呼声下，以博采各家之说见长，以“兼儒墨，合名法”为特点，“于百家之道无不贯通”的杂家应时而生。《汉书·艺文志》将其列为“九流”之一。杂家的产生，大体上反映了战国末学术文化融合的趋势。杂家著作以战国《尸子》、秦代吕不韦的《吕氏春秋》、西汉《淮南子》为代表。

《尸子》

尸子即尸佼，战国时期杂家的代表人物。根据班固的记载，尸子名佼，鲁国人，是商鞅的老师。而刘向《别录》说“楚有尸子”，又说他为“晋人”，是商鞅的门客，“卫鞅商君谋事划计，立法理民，未尝不与佼规也。商君被刑，佼恐并诛，乃亡逃入蜀”。尸佼逃往蜀后，写作《尸子》一书。在秦统一后，学术思想遭到钳制，特别是汉代“独尊儒术”，各家学说均被禁锢。《尸子》一书也遭禁毁。唐代又重被辑成。书中提出“四方上下曰宇，往古来今曰宙”，这是迄今在中国典籍中找到的与现代“时空”概念最好的对应。

尸佼的思想，融合了儒、墨、道、法各家，和孟轲、荀卿、商鞅、韩非等人的思想都有相通处；对农家许行也有影响。

尸佼认为，社会的动乱，在于有“邪人”，人所以作恶，在于有“邪欲”。因此必须去“邪人”，除“邪欲”。心不当，或为天下祸，或者身被戮。只要“心”正，“心以为不义”，就能制止目、口、耳、身等感官不正当的欲望，提出用德义来修养心神。这与孟子的“正己”、“修身”等思想很接近。

在《尸子·广泽》一篇中，尸佼概括各家学派的不同主张和个性特征，认为诸子百家彼此相非议是没有必要的。如：墨子主张“兼”（兼爱），孔子主张“公”（公正），皇子主张“衷”（中和），田子主张“均”（均平），列子主张“虚”（清虚），料子主张“别囿”（破除成见），其实都是同一个意思，即“公”、“去私”。由此可见，各家都有可以相互融通、认同的层面，因而主张综合各家的思想。一定程度上，这也反映出尸佼希望结束纷争混乱，实现国家统一的想法。

《吕氏春秋》

吕不韦，卫国濮阳人，著名的大商人。因散尽家财帮助在赵国做人质的秦昭王孙异人夺得储君地位，在异人继位为秦庄襄王后，吕不韦被立为丞相。他任秦相期间，招揽门客三千余人集体编纂，并亲自参与其间，历时近十年，编成《吕氏春秋》。

《吕氏春秋》又名《吕览》，在秦国即将统一六国前夕完成。分为十二纪、八览、六论，共二十六卷，一百六十篇，二十余万字。吕不韦认为其中包括了天地万物、古往今来的事理，所以号称“春秋”。书中尊崇道家，肯定老子顺应客观的思想，舍弃了其中消极的成分。同时，融合儒、墨、法、兵众家长处，形成了包括政治、经济、哲学、道德、军事各方面的理论体系。除提升自身地位外，吕不韦编书的目的还在于综合百家之长，总结历史经验教训，为以后秦国的统治提供长久的治国方略。但后来执政的秦始皇选择了法家思想，并在统一中国后不久焚书坑儒，使包括道家在内的诸子百家全部受挫。

《吕氏春秋》以“法天地”而行人事为理论基础，在修身适欲、民本思想、君臣关系及施政法则等方面都有所发挥，包含了较丰富的政治伦理思想，其历史影响也比较深远。

该书虽是一部博采众家之长的理论著作，且出于众人之手，风格不完全统一。但其中一些文章短小精练，文风平实畅达，说理生动，可称得上是优秀的散文之作。另外，丰富多彩的寓言故事也是其在文学上的突出成就。据初步统计，全书共有两百多则寓言。这些故事大都化用中国古代的神话和传说，还有些是作者自己的创造。现今人们常用的成语，如刻舟求剑、盗亦有道、循表夜涉等都源自该书中的寓言故事。

在过去，《吕氏春秋》深得人们的好评。司马迁在《史记》中将其与《周易》、《春秋》、《离骚》等并列，表示了他对该书的重视。东汉的高诱为其作注，认为此书“大出诸子之右”，即超过了诸子的成就。客观地说，《吕氏春秋》有一定的思想价值，但不是一部系统的哲学著作，它所体现出的更主要的是资料价值。书中保存着先秦各家各派的不同学说，还记载了不少古史旧闻、古人遗语、古籍佚文及一些古代科学知识，其中不少内容是其他书中所没有的。在理论上和史料上都有很高的参考价值。

《淮南子》

《淮南子》，又名《淮南鸿烈》、《刘安子》，是西汉淮南王刘安及其门客李尚、苏飞、伍被、左吴、田由等人仿照秦吕不韦的《吕氏春秋》，集体撰写的一部著作。后世刘向校定该书时命名为“淮南”。

该书内容包罗万象，涉及范围十分广泛，牢笼天地、博极古今，是研究中国古代哲学、政治、军事、思想的重要典籍，也是探寻古代天文、历法、地理、物候、养生乃至文学、神话、民俗的宝藏，同时也是考察汉地语言极珍贵的资料。既有史料价值，又有文学价值。

《淮南子》分为内篇二十一卷，中篇八卷，外篇三十三卷。其中内篇论道，外篇杂说，在继承先秦道家思想的基础上，综合了诸子百家学说中的精华部分，是无为与有为的结合，是经世致用之学。然而，历经岁月战火的洗礼，能留传到今日的只有《内篇》。其中最后一篇《要略》，是全书的序言。从《要略》看，全书写作有统一的计划和安排。

在政治上,《淮南子》提倡积极进取的精神,对"无为"作了新的解释。书中说："所谓无为者，不先物为也；所谓无不为者，因物之所为。"如神农氏教民"播种五谷"，发明医药，"一日而遇七十毒"；尧积极从事政治管理与社会教化；舜"辟地树谷，南征三苗，道死苍梧"；汤夙兴夜寐,勤于政务。这些古圣先王,一生致力于兴利除害,屡建奇功。

书中还主张循理而举事，反对离道而妄为，提出因自然之势加以主观努力而有所作为。这在相当程度上克服了老庄的消极无为的思想。

《淮南子》对后世研究秦汉时期文化起到了不可替代的作用,书中"塞翁失马"蕴含的哲学思想闻名古今。

相较于《淮南子》在学术界的辉煌地位，该书作者刘安的生平则令人唏嘘。

刘安是西汉皇族，高祖刘邦的孙子，淮南厉王刘长的儿子。他自幼好读书，善文辞，才思敏捷，喜欢鼓琴。他的父亲刘长因谋反罪被废除王位，不久便绝食而死。所以，十六岁的他便被册封为淮南王，从此潜心治国安邦，著书立说。

汉初,文帝、景帝等都以黄老之学作为治国的指导思想,主要大臣萧何、曹参也都好黄老之学,施无为之政,将道家的"无为而治"由理论推向实践。

刘安深受他们的影响，与汉武帝"独尊儒术"的政策相悖，以"无为而治"为主要治国思想，对道家思想加以改进，遵循自然规律制定了一系列鼓励生产、轻刑薄赋的政策。他礼贤下士，体恤百姓，善用人才，使淮南地区呈现国泰民安的景象，日渐成为文人荟萃的文化中心。

然而，刘安与他的父亲一样，"心在天下"。为了能在发生动乱时取得政治上的主动，刘安一面广置门客进行学术思想交流，一面集聚钱粮，制作军事装备，不断积蓄力量。然而事情败露，在朝廷追查的时候，刘安直接起兵反叛。汉武帝派兵攻入淮南，叛乱很快被平定了。刘安被迫自杀。

阴阳家

阴阳，是中国传统文化中非常重要的一个概念，蕴含了朴素的辩证法思想。“阴阳”最早见于《易经》一书，“五行”的概念最早见于《尚书》，但两种观念的产生，可以追溯到更久远的年代。

阴阳最初源自古人对自然界的探索和总结，即向日为阳，背日为阴，后来又引申到天地、日月、昼夜、寒暑、男女、上下，等等，皆分阴阳。古代哲学家们认为，阴和阳既互相对立，又互相作用，由此才会有此消彼长的现象，这也是一切事物发生、发展、变化及消亡的根本原因。

《史记·天官书》中说：“仰则观象于天，俯则观法于地。天则有日月，地则有阴阳。天有五星，地有五行。”古人认为，阴阳是促使一切事物产生的根本，而五行则是构成一切事物必不可少的要素。五行，即木、火、水、金、土，这五种元素充盈在天地之间，无所不在，它们相互作用、相互发展，维系着自然的平衡。

在传统文化中，阴阳与五行影响深远，在孔子生活的春秋时期已经具有了崇高的地位。到战国时代，阴阳和五行渐渐合流，形成一种以“阴阳消长，五行转移”为理论基础的宇宙观。秉承这一思想并用它来解释社会人事的学派，就被称为阴阳家，也称阴阳五行学派或阴阳五行家。

阴阳家出于方士。方士即方术士，类似于古代的科学研究者。《汉书·艺文志》根据刘歆《七略·术数略》，把方士的术数分为六种。

第一种是天文：“天文者，序二十八宿、步五星日月，以纪吉凶之象。”

第二种是历谱：“历谱者，序四时之位，正分至之节，会日月五星之辰，以考寒暑杀生之实……凶厄之患，吉隆之喜，其术皆出焉。”

第三种是五行：“其法亦起五德终始，推其极则无不至。”

第四种是蓍龟：中国古代占卜用的两种主要方法。后一种方法是，掌管占卜的巫师，在刮磨得很光滑的龟甲或兽骨上，钻凿一个圆形的凹缺，然后用火烧灼。围绕着钻凿的地方现出裂纹。根据这些裂纹。据说可以知道所问事情的吉凶。这种方法叫“卜”。前一种方法是，巫史用蓍草的茎按一定的规则程序操作，得出一定的数的组合，再查《易经》来解释，断定吉凶。这种方法叫“筮”。《易经》中的卦辞、爻辞即源于此。

第五种是杂占：卜筮之外的占卜术。

第六种是形法：包括看相术以及后来称为“风水”的方术。风水的基本思想是：人是宇宙的产物。因此，人的住宅和葬地必须安排得与自然力即风水相协调。

由上可知，阴阳五行学说是中国古人认识世界的方法，同时也是古代天文学、气象学、化学、算学、音乐和医学等发展的基础。

正式将阴阳与五行相结合在一起的，是战国时期的邹衍。他是阴阳家学派的代表人物，也是阴阳五行学说的集大成者。

邹衍

邹衍，战国时期齐国人。他思想宏大，学识渊博，曾在齐国稷下学宫讲学；又喜欢谈天说地，内容无所不包，因此后世人称其为“谈天衍”，又称“邹子”。

当时的邹衍在各国已经享有很高的声望，行至各国都享受到了上等的礼待，这与孔孟二贤周游列国时的境遇大不相同。

邹衍行至梁国，梁惠王亲自出城迎接，并对他行宾主之礼；行至燕国，燕昭王为他扫路，并为他造了一座宫殿，希望做他的弟子，亲自去听他讲课；行至赵国，平原君赵胜走在路旁，在他入座前为他擦拭座位上的灰尘……

邹衍路过赵国时，公孙龙也在平原君赵胜处，被尊为座上宾。平原君想让他们来辩论辩论，看看谁更厉害。谁知邹衍并不买账。

邹衍直接对平原君说："所谓的辩论，就是区别不同的类型，不相损害；排列不同的概念，不相混淆；阐明自己的观点，让别人理解，而不是越辩越迷惘。像这样的辩论是可以参与的，辩论中胜出的一方能继续坚持自己的观点，挫败的一方也可继续追求真理。

"但用花言巧语来偷换概念，用繁文缛节来做论据，甚至用互相诋毁来吸引别人的辩论，只求咄咄逼人、纠缠不休，让别人不认输不罢休，这不仅妨碍了治学的根本道理，还有伤君子风度，我邹衍是绝不会参与的。"

在座的人听了邹衍的这番话，不禁拍手称道。从此，公孙龙在平原君那里就受到了冷落，最终离开了赵国。

邹衍这种"不辩"的态度，很受后人称道和学习。

邹衍之前的五行学说，只是用阴阳来解释已见的现象，用卜筮来探求未知的现象，而邹衍在继承了古代阴阳五行说的基础上，还将自然规律和社会法则有机地结合在一起，提出了"五行生胜"的理论，并据此提出"五德终始说"，开创了战国时期的阴阳家学派。

邹衍认为，每一朝代都有五德中的一种与其相配合，每一德都有德运盛衰，德运便决定这个朝代的命运，朝代的更迭也是按照五行相克的顺序进行的。他说，自黄帝（土德）以来，已经夏（水德）、商（金德）、周（火德）三代，并预言"代火者必将水"。

按照五行相生的顺序，邹衍还将季节划分为五季，认为天子要在相对应的方位穿着相应颜色的衣服。而且，天子应住在一间特别的大院子里，院子的东南西北方向各有一个正厅和两个厢房，这些屋子统称为"明堂"。

天子每个月应换一个正厅居住，天子的衣服、食材、音乐、所祭的神等都需要遵照这个月特有的规定去安排，十二个月为一个轮回。

这个大院子中间还有一厅，供天子在季夏之月时居住。“东、南、中、西、北”的方位与“春、夏、季夏、秋、冬”的时令相配，天子则按“木、火、土、金、水”的顺序去做“天人相应”的事情，这便是明堂制度。

这种以五行相克说解释王朝政权的兴废，以五行相生说解释自然季节的转移的说法，虽然带有浓厚的神秘主义色彩，但在当时深受民众的认可和统治者的重视，为齐闵王称东帝，燕昭王称北帝奠定了充实的理论基础。

由此，邹衍受到他们的礼遇和重用也是不难理解的。

“五德终始说”的影响很大，被历代新王朝的统治者视为一种改朝换代的理论工具。

秦始皇统一六国后，根据邹衍“水德代周而行”的结论，将秦文公猎获黑龙当作水德兴起的符瑞，证明自己的政权是合乎天意的，成为“五德终始说”的第一个实践者。

“五德终始说”认为人类社会是在不断变化的，有一定的合理性，但用五行相生相克的理论来解释，就陷入了周而复始的机械论，毫无发展的观点可言。

邹衍对宇宙空间有着广阔性的联想，遂提出了“大九州”说，他以“先验后推”法推论世界有九大州，中国所在为其中之一，名赤县神州。

这种对世界地理的推论性假说，在当时及后世有扩大人们地理视野的意义。据《汉书`艺文志》记载，邹衍著有《邹子》四十九篇、《邹子终始》五十六篇，不过均已失传。

纵横家

春秋战国时代是一个社会大动荡的时代，各诸侯国的国君不听周天子的号令，打着“尊王攘夷”的旗号，抢掠别国的土地和人口，富国强兵，以武力为后盾，树立自己的政治地位。经过五百年的恃强凌弱，杀伐兼并，到战国末期，上千个诸侯国仅剩下十余个，其中较强大的诸侯国有七个，即齐、楚、燕、赵、魏、韩、秦，史称“战国七雄”。这时的七国，已不满足于做天下的霸主，他们均以统一天下为己任，要取周天子而代之。一批从事政治活动的谋士或策士，以审察时势、陈明利害的方法，以“合纵”、“连横”的主张，游说列国君主。从战国至秦汉，他们一直是各国政治舞台上的活跃分子，并且举足轻重，“翻手为云，覆手变雨”，操纵着国家斗争的局势。

这些顺应大势，纵横天下，游说各国君王或合纵或连横的活动家们，即为九流之一的纵横家一派。《汉书·艺文志》记载，纵横家有著作“十二家，百七篇”，现仅存《鬼谷子》十二篇、《苏子》三十一篇、《张子》十篇，《战国策》三十三篇。《战国策》一书是游说辞总集，几乎所有纵横家谋士的言行都在此书中。

“合纵”、“连横”是纵横家最重要的两个思想。“纵”与“横”的来历，据说是因南北向称为“纵”，东西向称为“横”。《韩非子》解释说：“纵者，合众弱以攻强者也；横者，事一强以攻众弱也。”“合纵”即指战国时齐、楚、燕、韩、赵、魏等六国联合抗秦的外交策略；“连横”即一强连一弱以破获众弱，如六国分别与强秦结盟的外交策略。前者主要以连为主，能用外交手段联合团结，是为阳谋多阴谋少；后者主要以破为主，利用矛盾和利益制造裂痕，是为阴谋多而阳谋少。这可视为战略思想，是行辩术成大事的基础。

纵横家们须做到：知大局，善揣摩，通辩辞，会机变，全智勇，长谋略，能决断。首先要对现实有最明确的认识，确定连横的对象，然后知其诸侯为人而定说辞，及游说之法，或抑或扬，或抑扬相合，或先抑后扬，或先扬后抑，诸法只要对症必事事有其妙。其次在游说过程中，当先观其反应，见机行事，察其对己之关系，是同是非，若同则继续，若非则当补遗误，而后以飞箝之术或以利诱，或以害说，探其实情，此为游说最主要方法之一，而后再以揣摩之术深察其内心，看其同异，而后快速正确以权谋之术决断。

鬼谷子

纵横家的鼻祖是鬼谷子，又名王禅，战国时代卫国人。传说他常入云梦山采药修道，因隐居清溪的鬼谷，所以自称鬼谷先生。长于持身养性和纵横术、精通兵法、武术、奇门八卦，著有《鬼谷子》一书。民间称其为王禅老祖。曾授苏秦、张仪两大弟子，皆战国时风云人物。其后习鬼谷纵横术者甚多，著名者如甘茂、司马错、乐毅、范雎、蔡泽、邹忌、毛遂、孙膑、庞涓、郦食其、蒯通等。在战国末期，合纵派的主要代表是苏秦，连横派的主要代表是张仪。

苏秦

苏秦，战国时期韩国人，出身农家，素有大志，曾随鬼谷子学习纵横捭阖之术多年。苏秦连横说秦惠王，其主张未被采纳。凭着坚强的毅力终于在燕国打动燕文侯而一举成名，进而促成六国之王结盟于洹水，成为六国联盟的纵约长，兼任六国国相。他联合成功，向北回赵国复命时，车马随从成群，犹如一个君王的气势。后来，苏秦与赵秦阳君共谋，发动韩、赵、燕、魏、齐诸国合纵，迫使秦国废帝退地。

张仪

张仪，魏国贵族后裔，早年和苏秦一起在鬼谷子门下求学。完成学业后游说各诸侯国，希望得到重用。他历经千辛万苦来到秦国，得到秦惠王的赏识，被任命为相国。当时，六国正在组织“合纵”，秦国面临危机。六国中，齐国和楚国的实力最强大。张仪认为，如果要破坏六国的“合纵”，必须拆散齐国和楚国的联盟。张仪运用纵横之术，游说于魏、楚、韩等国之间，利用各个诸侯国之间的矛盾，或为秦国拉拢，使其归附于秦；或拆散其联盟，使其力量削弱。但总的来说，他是以秦国的利益为出发点。在整个秦惠王时期，他不仅使秦国在外交上连连取得胜利，而且帮助秦国开拓了疆土。张仪作为杰出的纵横家出现在战国的政治舞台上，对列国兼并战争形势的变化产生了较大的影响。

在诸子九流中，纵横家是最讲实务的一派，崇尚的是权谋策略及言谈辩论的技巧，他们朝秦暮楚，事无定主，反复无常，设计划谋多从主观的政治要求出发，以取得成功为目标。这样的行事主张与儒家所推崇的仁义道德大相径庭，所以历来不被学者看重，对《鬼谷子》推崇的极少。其实外交战术得益与否，关系到国家的安危兴衰。当年苏秦凭其三寸不烂之舌，合纵六国，配六国相印，统领六国共同抗秦，显赫一时。而张仪又凭其谋略与游说技巧，将六国合纵土崩瓦解，为秦的统一立下不朽功劳。所谓“智用于众人之所不能知，而能用于众人之所不能”，潜谋于无形，常胜于不争不费，这也是纵横一派学说的精髓所在。

农家

农家是战国时期诸子百家之一，这一派学者认为，如果世界上所有的男女都亲自劳动，那么不用刑罚政令也可成治世了。农家要求人人劳动的主张，体现了当时劳动者反对剥削的朴素愿望。

许行，战国时期楚国人，约与孟子生活在同一时代，先秦农家的代表人物。《汉书·艺文志》载录《神农》二十篇，但因没有流传于世，详细思想内容与其他事迹皆不可考，仅在同期其他著作中有零星的记录。

《孟子·滕文公上》中记载，许行率门徒自楚国抵达滕国。滕文公根据许行的要求，给他划定了一块可以耕种的土地。经营效果甚好。大儒家陈良之徒陈相及弟弟陈辛带着农具从宋国赶来，拜许行为师，摒弃了儒学观点，成为农家学派的忠实信徒。同年，孟子游滕，遇到陈相，于是展开了一场历史上有名的“农”、“儒”论。

许行和门徒以农事为主业，同时也从事手工业生产，还认识到市场货物交换的重要作用，以粟易帽、锅、炊具、铁制农具等需要品。他的思想主要是君民并耕之说和“市贾不二”的价格论。

他提倡“贤者与民并耕而食，饔飧而治”，贤德的国君应该与百姓一同耕种获得自己的粮食，自己做饭并处理国事；反对国君设米仓储粮谷、置府库积财货，认为这是伤害人民来供养自己，并否定国君拥有仓库、府库的物权。他还主张依据产品的长短、大小等数量、质量来定价格，不赞成商人从中剥削，反对抬高物价等欺诈行为。

许行的主张反映了战国时期贫苦农民的利益和要求。君民并耕之说反映了当时贫苦农民的平均主义和共同劳动的愿望，要求人人都成为自食其力的劳动者。这种思想与孟子所主张的“劳心者治人，劳力者治于人；治于人者食人，治人者食于人”的思想是针锋相对的。但这种主张只能是幻想，根本不可能实现。许行的价格论反映了当时商人利用市场高利盘剥的情况，表达了调整物价、解除现实压迫的强烈愿望。

王充之学

王充是东汉时期富有批判精神的思想家，在历史上以哲学家、思想家的身份为后代书籍所记载，在中国思想史上占有着重要的地位。同时，他也处在两汉经学向魏晋玄学过渡的关键环节。

王充字仲任，会稽上虞人。其先祖曾因军功而受封，级别虽然不高，但可以坐食其税，算是个中小地主。可惜好景不长，一次突发事变，祖上失去了爵位和地位，家产被没收。家族无爵可继，且有家难归，于是，王充一家人在封地附近安置下来，以经商为业。后因王充的父亲王诵好勇任气，得罪了地方豪强，又举家迁走，从此，家族走向衰落。

到王充出世时，家里已经是“贫无一亩庇身”，“贱无斗石之秩”，再加“宗祖无淑懿之德”，王充一家被称为“孤门细族”。也就是说，在这个家里，迎接王充降临的，不仅没有任何财产、名誉地位，而且更让他背上了一个先人无德、祖宗无行的沉重包袱，以致后来王充成名后，还有人以此来讥讽他。

家穷无书可读，王充就经常逛书肆阅读。他游学洛阳，在班彪门下学习，好博览而不守章句，很多书看一遍就能够背诵，加之读的书又比较杂，很快便精通了百家之言。

当时的洛阳是东汉的帝都，是全国政治、经济、文化的中心。王充在此地“入太学，访名儒，阅百家，观大礼”的经历，使其大开眼界，增进了不少学问，初步形成了他博大求实的学术风格。

可是，王充一生业儒，仕路不亨。只做过几任郡县僚属，终因与上级争论不合而离职，回到乡里教书。

王充是儒家学者中的特出之士，他信奉儒学，但又不囿于一般的“俗儒”之学。在东汉前期谶纬神学猖獗的年代里，他以“重效验”、“疾虚妄”的求实精神，对“天人感应”、谶纬神学等迷信思想进行了尖锐的揭露和抨击。在哲学上，他提出了以“天道无为自然”为基本特征的一系列唯物主义的观点，对后世产生了很大的影响。

王充哲学有着道家的思想，他的《论衡》一书，即根据道家自然主义的观点，来批评当时一般人的迷信。他说“人，物也；物，亦物也”，认为人死后没有灵魂，祸福是人自己所造成，不是鬼神主使。

他驳斥阴阳家天人感应、灾异示警的学说。关于天和天人关系的问题，王充认为，天是物质的天，没有情感，也没有知觉。天地之气能感动人物，人物却不能感动天地之气。所以他说：“人不能以行感天，天亦不能随行而应人。”既然人事不能感动天，天也无从干预人事，所谓“天谴”、“天怒”、“天罚”等说法，自然是无稽之谈。这样就割断了天人之间的联系。

王充的方法论颇符合科学，他立论必根据事实证据，再以自己的理解加以诠释，是感性认识与理性认识的统一。《论衡·说日》篇说：“日之长短，不以阴阳……夏时日在东井，冬时日在牵牛。牵牛去极远，故日道短；东井近极，故日道长。”又说：“云雾、雨之征也。夏则为露，冬则为霜，温则为雨，寒则为雪。雨露冻凝者，皆由地发，不从天降也。”可见王充有丰富的自然科学知识与严格的科学精神。

王充提出了“元气”一元论。“元气”是天地万物的原始的物质基础。“气”和“气化”可以说明万物、人及各种自然现象的产生，“天地合气，万物自生”。他认为，物之生是元气的凝结，死灭则复归于元气，犹如水凝而为冰，冰释而复为水一样。

关于万物之间的关系，王充认为：“同气相成，殊气相革。”即不同性质的东西才能互相作用、革化。他把这作为普遍规律，用它来解释自然现象与社会现象。王充还试图用这种“斗争”观点来分析某些社会矛盾现象。他举例说：“一堂之上，必有论者；一乡之中，必有讼者。讼必有曲直，论必有是非；非而曲者为负，是而直者为胜。”

关于人性，王充著有《本性篇》作专门讨论，认为“人性有善恶，犹人才有高有下也”。形成人性善恶的原因是气禀的不同：“禀气有厚泊（薄），故性有善恶也。”人性善恶可随环境而变迁，所以要注重教育。他将人性分三品：上智为善性，下愚为恶性，两者不可改变；中智善恶混，可习而改：“中人之性，在所习焉。习善而为善，习恶而为恶。”世间大量存在的是善恶混的“中人”，中人之性可以改变，创造良好的环境加以教育改造，他说：“蓬生麻间，不扶自直，白纱入缁，不练自黑。夫人之性，犹蓬纱也，在所渐染而善恶变矣。”

他对于历史的见解，是今优于古的进化观，反对一般贵古贱今的观念，认为今人和古人相“齐”，没有什么不同，也没有什么根据说古人总是胜于今人，所以，没有必要“颂古非今”。这种见解与“天不变，道亦不变”的思想是完全对立的。

他在《非韩》篇，非难韩非，在《问孔》及《刺孟》篇，说明孔子、孟子的学说里也有矛盾，在《说天》和《说日》篇，非难邹衍及天文家的学说。他对于《论语》里面孔子教子贡去“食”存“信”—宁可失去粮食而饿死，也要坚持信义，提出反对的意见，他说：“让，生于有余；争，起于不足。今言去食，信安有成？……夫去信存食，虽不欲信，信自生矣；去食存信，虽欲为信，信不立矣。”

自孔子成为偶像以来，数千年来，没有人敢公开批评孔子的议论，只除了王充和明朝的李卓吾两人。李卓吾的书曾被焚烧，王充的书幸获保存，可见汉朝虽尊崇六经为官学，但并未禁止民间的学术思想。宋明以来，儒家的思想专制变本加厉，清朝研究诸子百家的风气渐开，不过是在“参证经义”的大前提下进行，不敢直接阐扬诸家学问与儒家对抗。所以，在“罢黜百家，独尊儒术”的汉代，王充敢于说话，不愿恪守一家之言、章句之学，甚至敢于议论经典之书、圣贤之言的是非得失，这在整个中国封建时代都是难能可贵的。

但同时，他又认为 个人的贵贱福祸，国家盛衰治乱，都由命中注定，人力不可改变。他在《命禄》中说：“命不可免，时不可力。”“命当贫贱，虽富贵之，犹涉祸患矣；命当富贵，虽贫贱之，犹逢福善矣。”命运不可逆转，富贵不可强求，人在天命面前无能为力，最多不怨天不尤人而已。这就不可避免地陷入了宿命论。这或许是他一生坎坷，仕途屡遭贬黜的境遇所造成的创伤。

玄学

东汉末年，黄巾大起义失败后，各地诸侯割据，经过长期混战，形成魏、蜀、吴三国鼎立的局面。公元二八〇年，西晋政权完成了全国的统一，但是只维持了非常短暂的几十年，就被少数民族统治者推翻。

从东汉末年到西晋，战乱几乎持续了近百年，在这段时期中，儒家经学拘泥于古今文字的辩论，不讲大义。在正统的儒家信仰发生严重危机的时刻，一批知识精英跳出传统的思维方式，对宇宙、社会、人生进行反思，一种新的崇尚老庄、调和儒道的哲学——玄学应运而生。其中道家占主导地位，融合了儒家学说，可以说是道家之学的新形式，所以也称新道家。

“玄”这一概念，最早出现于《老子》一书：“玄之又玄，众妙之门。”王弼在《老子指略》中说：“玄，谓之深者也。”玄学，即研究幽深玄远问题的学说。魏晋玄学以简约、精致的思辨哲学而著称，一方面它在政治上继承了汉儒尊崇孔子的思想，另一方面又改造了老庄哲学，可以说是儒家名教思想和道家自然思想的综合。名教与自然的关系问题，是魏晋玄学贯穿不变的核心议题。名教是指封建的等级名分和道德规范，也可以理解为通过上定名分来教化天下。自然是指所谓人的本初状态或自然本性，同时也指天地万物的自然状态。

魏晋玄学的发展大致可以分为四个阶段。

第一阶段是魏代的“正始之音”，正始是曹芳的年号。这时期是玄学的开创阶段，主要代表人物有何晏与王弼。这两人都是当时的贵族名士，影响所及，便成一代风气。他们认为，整个世界“以无为本”、“以有为末”，认为“无”是世界的本体，“有”是各种具体的存在物，是本体“无”的表现。并认为世界的本体“无”是绝对静止的，现象的“有”是千变万化的，运动着的“万有”最后必须反本，归于“虚静”。在政治上，崇尚老子“无为而治”的观点，认为治理国家应该以道家的自然无为为本，以儒家的名教为末。

在玄学思潮中，《老子》、《庄子》、《周易》被誉为“三玄”，并以《老子》、《庄子》注解《周易》。《周易》虽是儒家经典，但经老庄派学者的注解，也道家化了。当时注解老庄的极多，何晏的著作为《老子道德论》及《论语集解》，王弼的为《易注》及《老子注》。

王弼出身于官僚世家，他的曾外祖父是东汉末年号称“八俊”之一的荆州牧刘表，继祖父则是“建安七子”之一的王粲。优越的成长环境，再加上他个人的努力，最终成就了一代少年奇才。

王弼小的时候非常勤奋好学，对于儒、道两家的学说都有独到的见解。他还是个少年的时候，就为《老子》作注。当时正值玄学的领袖何晏也为《老子》作注，听说了这件事情之后，何晏便亲自去翻阅。看过之后，何晏自愧不如，将自己的著作改名为《道》、《德》二论。

当时的何晏已官居吏部尚书，年龄比王弼大将近四十岁，其学术、政治地位都非常显赫，但仍对这个二十岁不到的少年在学术上的见解赞叹不已，认为王弼是可以与自己探讨“天人之际”这样哲学难题的人。由此可以看出，少年王弼在学术见解方面，已压倒了他的前辈。说他是玄学理论的奠基人，名副其实。

之后，何晏推荐王弼担任台郎一职。不过王弼高傲不群，为人有些刻薄，时常以自己的优点和别人的缺点比较，而且说话从来不给别人留余地，得罪了不少人。加之他也不善于打理政务，没多久便把官职丢了。

同年秋天，王弼身染重病，最终不治而亡，年仅二十四岁。

虽然王弼的人生很短暂，但其学术成就卓著，著有《周易注》、《周易略例》、《老子注》、《老子指略》、《论语释疑》等。他的哲学思想归结为一点，就是认为天地万物都是以“无”为本——在有形有象的事物背后，有一个无形无象的东西在支配着它们，这个无形无象的东西称为“无”。

“无”即自然，因此名教出于自然。王弼将名教的产生也看成是自然而然的。既然名教出于自然，那么统治者就应该根据“自然”的原则来管理国家，即“无为而治”。

根据“以无为本”的原则，在王弼的哲学里还衍生出“得意忘象”的思考方式：只重视精神而忽视形式。这对中国古代诗歌、绘画、书法等艺术理论也有一定影响。

第二阶段是竹林时期，主要代表人物为阮籍与嵇康。何晏、王弼等的思想是继承庄子而不是继承老子的，以虚无寂灭、超脱现实为主。在这一思想的影响下，产生了阮籍、嵇康等“清谈派”。他们从道家自然无为思想出发，提出了“越名教而任自然”的主张。同时他们又都对庄子隐世逍遥的思想非常欣赏，并以消极的方式拒绝与司马氏政权合作，表现出一种放荡不羁的人生观。当时有人冒列御寇之名作《列子》，内有《杨朱篇》，也提出只有快乐享受才是人生的目的和意义所在。这些思想，表面上是乐观的，实际上悲观厌世，消极颓废。由清谈派再发展下去，便成葛洪一派的神仙修炼之术（《抱朴子》），这是逃避现实的最后归宿。

阮籍，字嗣宗，因曾做过步兵校尉，后世又称他为阮步兵。历史记载，他有一项稀奇本事，能为“青白眼”。遇到不喜欢的人，他就只瞪出白眼球；遇上尊敬赞赏的人，他才露出黑眼珠。

阮籍才华横溢，但身处政治黑暗的年代，抱负难以实现，内心异常苦闷。在司马氏和曹魏之间，阮籍选择了一条中间道路，他一方面巧妙地和司马氏周旋，不敢明显地顶撞，另一方面又用嬉笑怒骂、利落锋利的笔调讽刺司马氏的阴险与虚伪。

在思想上，阮籍是推崇道家的学说的，他反对统治者利用儒家的礼教来压迫下层民众。这些哲学思想则主要体现在《达庄论》、《通老论》和《大人先生传》等作品中。

《达庄论》是阮籍对庄子思想的阐发。他虚构了一个故事，假托一群信奉儒家的青年人和一位领悟宇宙人间大道的“先生”之间的一场辩论，阐明“万物一体”的学说。他在关注人的现实生活困境的同时，吸收老庄的理论，构筑自己理想的精神境界。

在《通老论》中，阮籍总结了老子的哲学观点，他说：“《易》谓之太极，《春秋》谓之元，《老子》谓之道。三皇依道，五帝仗德，三王施仁，五霸行义，强国任智，盖优劣之异，薄厚之降也。”阮籍认为，道家的“道”

是要胜过儒家的“仁”、“义”的，而且今人不如古人。

《大人先生传》创作了一个生于远古、长生不老、四海为家、天地等寿、独求大道的人物，宣扬了老庄的超脱，攻击“君子之礼法”。

阮籍一生从来没有放弃过对自由的追求。在他的理想中，只有内心超越时间和空间的限制，精神才能得到彻底的解脱，拥有绝对的自由。

嵇康，字叔夜，因曾在朝中担任中散大夫的官职，后人又称他为“嵇中散”。嵇康与阮籍齐名，同为“竹林七贤”中著名人物。他博览群书，无师自通。爱好音律，演奏古琴的技巧非常娴熟，在当时是首屈一指的高手。此外，他在书法方面的造诣也很高。但是个性骄纵，超然不群，这种性格深深地影响了他的为人处世。

在哲学方面，嵇康崇尚自然，认为“自然”是宇宙本来的状态，是一个有规律的、和谐的统一整体，其中没有任何矛盾冲突，而人类社会又是自然的一部分，也本应是一个无利害冲突的和谐整体。他认为名教破坏了这种和谐状态，因此在人与社会关系方面，主张“越名教而任自然”。一个人心神安宁，内心就不会充满欲望；一个人思想豁达，情感就不会受到欲望的约束。内心不求名利，就可以超越名教的牵绊而处于自然的状态中；情感不受欲望束缚，就能够透彻地了解事物。

当时司马氏集团为了篡夺曹魏政权，利用儒家礼教作为实行政治阴谋的工具。嵇康对当权派这种作为非常反感。他所反对的名教是司马氏集团提倡的虚伪名教，并不反对维护封建纲常的名教，所以他又强调儒家礼乐的作用，认为真正的礼乐教化可以达到移风易俗的目的。

这些主张为嵇康招来了祸端，他最终遭到陷害，被当权者判处死刑。在临刑的时候，三千太学生前来拜嵇康为师，并向当权者请愿，希望能够赦免嵇康，但被拒绝。在生命的最后一刻，嵇康为前来送行的人们弹奏了一曲《广陵散》，之后便从容不迫地引颈就刑了，时年三十九岁。

第三阶段是西晋元康时期，为玄学的综合期和完成期，代表人物是郭象。郭象的玄学，是在魏晋之际向秀《庄子注》思想基础上发展起来的。郭象的玄学，以庄学为主，反对何晏、王弼的学说，提出了自己的玄学崇有论思想。他主张名教即自然的儒道合一说，认为逍遥世外与从事名教世务本是一回事，因此逍遥游并不要遁世。

就玄学时代的著作讲，以郭象的《庄子注》最有价值，对庄子的自然主义与神秘主义都有充分的发挥。郭象认为，无不能生有，天地万物都是"块然而自生"，即所谓"独化"之理。又说天地万物，"彼我相与为唇齿"，"凡所有者，不可一日而相无也"。又说"治乱成败，遇与不遇，非人为也，皆自然耳"。"承百代之流而会乎当今之变，其弊至于斯者，非禹也，故曰天下耳"，这就是说，一件事的产生，乃整个客观环境所造成，不是一两个特殊人物所能创作的。又说万物彼我"相反而不可以相无"，似乎就是说明对立的统一，又说"天地万物，无时而不移"。讲到社会制度，则说"夫礼义，当其时而用之，则西施也；时过而不弃，则丑人也"。讲到人性，则说"人性有变，古今不同也"。这些见解都很透彻。至于神秘主义，就是所谓"至人"或"圣人"人格的解释，那就是忘彼我，统小大，齐死生，同是非，泯除一切差别的观念，俯仰万机，而淡然自若。

第四阶段是东晋时期，代表人物是僧肇，核心思想是"万物是亦有亦无，有无双遣而并存的"。自西晋短暂的统一之后，从永嘉之乱到东晋政权建立，社会处于动荡与分裂中，这给佛教的发展提供了良好的土壤。东晋一朝为清谈后期，清谈只为口中或纸上的玄言，已失去了政治上的实际作用，转变为名士身份的装饰，并且与佛教结合，呈现出儒、道、佛三位一体的发展趋势，因此，这一时期也可以称为"玄佛合流"。

僧肇俗家姓张，陕西西安人，小时候家里很穷，所以靠佣书为生。他经常帮别人誊写、编录典籍，因此得以博览群书。

少年时代，僧肇非常喜爱玄理，对于老子和庄子的文章爱不释手。一次偶然的机会，他接触到了《维摩经》，经过仔细的阅读和思考，僧肇确定了自己毕生的追求和目标，因此出家为僧。

僧肇出家之后，对佛经进行了深入辟理的研究，二十一岁的时候，已经得到了广泛认可。当时，天竺高僧鸠摩罗什接受姚兴的邀请，在甘肃地区传播佛法，僧肇便慕名前往，两人由此结缘。之后，他跟随鸠摩罗什来到长安，开始参与佛经的繁杂翻译工作。

在追随鸠摩罗什的十多年里，僧肇是其门下最年轻的、在学术上最有成就的弟子。由他参与并编订的经论，千百年来成为佛教徒众公认的权威版本。另外，他本人还著有《物不迁论》、《不真空论》、《般若无知论》和《涅槃无名论》。

他的这四部著作，以佛教的思想为宗旨，并结合了老庄的哲理，阐述了一系列哲学命题。不仅如此，僧肇还对魏晋玄学作了总结，最后完成了魏晋玄学思维从“贵无”到“崇有”再到“合有无为一”的认识过程。

僧肇认为玄学的“贵无”思想与“崇有”思想都是偏颇的理论，“合有无为一”才是真谛。他说，客观世界从其本体的角度来看，是虚幻不实的，因此是“空”便是“无”，但这虚幻不实的客观世界又是可以用各种现象表现出来的，所以从现象的角度来看，又是“有”，只是这种“有”是虚假的，是“假有”。这样，“有”和“无”就是同一事物的两个方面，所以现象和本体应当结合起来看，不能偏执于一方。

可惜的是，他只有三十一年的生命。如果僧肇能享有高寿，对佛教思想理论上的贡献更为广大。

子学的兴起与消沉

中国学术的精华尽在周秦诸子。章太炎说宋明理学不如佛学的精微，周秦诸子则包含了精微的哲理。冯友兰说理学是哲学之哲学，古代只有公孙龙子追求这样纯理的学问。学者们的观点不尽相同，但不得不说周秦是中国哲学思想最发达的时期。不但哲学思想高深微妙，远过于后世的儒家，而且社会科学和自然科学也都在此时萌芽，如法家的政治学，名、墨、儒、法各家的逻辑学，墨家、阴阳家的天文学，兵家、墨家的军事学等。诸子时代的学风，最可注意的是：有创作性，绝无学术腐败问题；专家之学，易于求精；后学阐扬前哲，不为旧说所限，易于进步；各派相互辩驳，思想日益精进。

当时为什么会出现这种百家争鸣的学风呢？

社会的剧烈变化是主要原因。春秋战国时代，铁质农器普遍被使用，农业、手工业空前发达，商业开始兴起。大商人如弦高、计然、范蠡、吕不韦等人，不但富超王侯，而且操控政治。而旧时的贵族反而日渐没落，由此新兴豪强希望出现中央集权的政治，结束纷争格局，以利商工的发展。另一方面，旧贵族希望恢复封建初期大小诸侯和平共处的局面，所以形成了新旧思想的对立。同时各封建诸侯国，因地利的不同，经济发展又不平衡，如齐国有鱼盐之利，用国营的方法而致富；秦国用商鞅变法，开荒垦殖，施行军事训练……从而加紧了兼并弱小的趋势，后来七雄并立，斗争规模扩大也更为激烈，各国都想吸收人才来相助自己，所以大力提倡讲学，奖赏人才成为各国通行的政策。当时的文化中心，如齐国的稷下等地，成为人才交流中心，对学术的奖赏力度相当大。

其次，知识得到普及。过去能受到教育的只有王宫贵族子弟，知识全由封建贵族垄断。由于贵族的没落，将知识传播到了民众中，比如孔子就在民间讲学，因而产生了很多新的知识分子；再加上社会交通的频繁，通商与外交的往来增多，打破了封建初期对迁徙居住的限制，使文人策士能游走于各国，达到了相互观摩、相互促进的作用。

诸子学说，无不为“救时之弊”，因其地位不同，见解各异，形成了种种不同的方案。如墨家、法家及儒家的荀子等，都主张建立新的中央集权制；如老子，主张恢复旧时“小国寡民，民至老死不相往来”的状态；如孔子，主张霸主们实行“尊王攘夷”的政策来恢复和巩固封建旧秩序……总而言之，他们对现状都不满意，主张改良和变革。当然，如果仅仅是纷争的局面，而没有新兴进步阶层的出现，那百家争鸣的局面也不会出现了。因而从诸子学兴盛的原因，也可以推知诸子学衰微的原因了。

秦汉大一统之后，历代帝王尊重儒术，以利禄来提倡经学，造成诸子百家的沉寂，是很重要的一个原因。然而三国六朝时代，儒学本身也很消沉，却没有形成学术兴旺的气候。这是因为社会生产力的停滞，社会阶层没有新的发展的缘故。秦汉之间，商业有一定发展，但生产方法没有进步，政府又施行重农抑商政策，商业上没有大的发展。六朝以后，社会经济虽略有进步，生产方式大体仍停留在两千年前的模样，直到近代与西方各国交通以前，学术思想未有重振的迹象。

周秦时代过去后，只有东汉的王充一枝独秀，魏晋玄学使道家思想走向庸俗化，未有大的成就。到了清朝，才有人研究诸子学，不过这都只限于训诂考订校勘，没有义理方面的深入发展。对于诸子学，应有正确的认识。首先，诸子学不能成为一种科目，应当归于中国哲学史，更确切地说，是中国古代哲学史或古代思想。其次，要注意义理的探讨和时代背景的研究。

文字语言学

> 语言是人们表达思想感情的工具，是人们进行文学创作、新闻写作和其他一切写作的工具。我们既然爱好写作，又想在这方面成才，就不能不首先掌握好这个工具，而且要像木匠爱斧锯、画家爱颜料、战士爱武器那样爱我们赖以进行工作的工具。
>
> ——王力 语言学家，曾任北京大学教授

小学

小学是中国古代研究文字、音韵、训诂的学科。

在周朝，小学是当时贵族子弟的一种教育制度。许慎《说文解字叙》说："周礼八岁入小学，保氏教国子，先以六书。"保氏是小学的老师，国子是公卿大夫的子孙，六书是教儿童认文字的课程。到了汉朝，小学仅指代六书这门课程。东汉崔寔《四民月令》上记载："正月：农事未起，命成童以上入太学，学五经，不见冰释，命幼童入小学学篇章。""小学"含文字之义始于此。汉以后，小学仅指考究文字源流的一项专门事业。现代学者将其正名为文字学与语言学。在国学范畴内，这一学科的研究对象专指汉字。

汉字，记录汉语的文字，也称中文字、中国字、国字，是汉字文化圈——中国、日本、朝鲜、韩国、东亚及东南亚部分地区广泛使用的一种文字，

也是当今世界上应用人数最多的文字。在当今世界上的各种文字系统中，汉字是绝无仅有的表意系统文字，远在公元前十四世纪，它已经是相当发达的文字体系。中国历代皆以汉字为主要官方文字。

宋朝郑樵解释说：“独体为文，合体为字。”如“日”就是文，“河”就是字。文字学从广义上而言，包括字形、字音、字义三部分，也就是研究文字的形体、音读、义训的来源、结构、变迁的系统性知识。狭义而言，就是单指研究字形的学问。

从甲骨文到简体字，汉字的定型经历了漫长的演变过程。形、音、义三者一体的“六书”构造系统，使得汉字本身具备相当的完整性，从而能够灵活组词。相比表音文字，汉字笔画繁复，却是当今世界上仍在通行的最古老文字。汉字结构精致，形状优美，韵律协调，内涵隽永。汉字本身具有活泛的灵性、睿智的义理、幽深的趣味，蕴含着丰富多彩的历史和文化。

六书

“六书”是古代先贤研究汉字总结出来的造字及用字的方式，也是汉字学的精辟理论。虽然早在战国时期成书的《周礼》中已经提及“六书”，但是“六书”真正有定义、有字例的论述是在许慎的《说文解字》这一著作中。

许慎，字叔重，东汉著名经学家、文字学家、语言学家，中国文字学的开拓者，有“字圣”之称。师事贾逵，曾任祭酒等职。性情淳笃，博学经籍，历经二十一年著成《说文解字》十五卷，收入正文九千余字，重文（异体字）一千余个，并首创五百四十个部首编排法，推究六经之义，分部类从，十分精密。《说文解字》也存在着一些问题，比如，对“转注”

的界定很模糊；武、信、令、长等字的定义与用字不相符合；概括不全面，六书理论用来分析甲骨文、金文多有不符。尽管问题颇多，这一著作仍是文字学研究的必读之书。许慎对六书理论最为重大的贡献，还在于他能把收录的全部字逐一按照六书“对号入座”，分析它们的形体结构，阐述造字方法和寓意。也是从《说文解字》开始，我国有了第一部以六书理论系统分析字形、考究字源、辨识字音、解说字义的文字学专著。

六书有其特定的名称和次序。文字学家多采用许慎所定义的名称，次序以汉代刘歆和班固的讲法为准。这六书为象形、指事、会意、形声、转注、假借，其中象形、指事、会意、形声这四种为造字法，转注、假借为用字法，称为“四体二用”。

象形：属于“独体造字法”。把要表达物体的外形特征，用文字的线条或笔画勾画出来。象形字来自图画文字，例如“月”字像一弯明月的形状，“龟”字像一只龟的侧面形状，“魚”是一尾有鱼头、鱼身、鱼尾的游鱼，“艸”（草的本字）是两束草，“門”字就是左右两扇门的形状。而“日”字就像一个圆形，中间有一点，很像人们直视太阳时所看到的形态。

指事：属于“独体造字法”。许慎的定义是“视而可识，察而见意”。意思是这一类汉字的字形一眼看过去就可以大致认识，但还需仔细观察才能发现它的真正字义。比如要记录“木（树木）”这个意义，简单几笔画一棵树就可以表达，但要记录“末（树梢）”这个意义，就很难用简单几笔画出来。于是古人就在树木上加一条短横，用这个记号指明真正字义的位置。

会意：属于“合体造字法”。会意字由两个或多个独体字组成。例如“酒”字，以酿酒的瓦瓶“酉”和液体“水”合起来，表达字义；“解”字即用“刀”把“牛”和“角”分开来；“鸣”指鸟的叫声，由“口”和“鸟”组成。

形声：属于“合体造字法”。许慎说“以事为名，取譬相成，‘江’、‘河’是也”。形声字是由形旁与声旁两部分合成的，如“江”、“河”两字，水旁是形旁，“工”、“可”是声旁。形旁是指示字的意思或类属，所谓“以事为名”就是关于形旁的说明。声旁则表示字的相同或相近发音，所谓“取譬相成”就是用别的同音字来比譬，以构成新字。例如“樱”字，形旁是“木”，表示它是一种树木，声旁是“婴”，表示它的发音与“婴”字一样；“篮”字形旁是“竹”，表示它是竹制物品，声旁是“监”，表示它的发音与“监”字相近。

转注：许慎说“转注者，建类一首，同意相受，‘考’、‘老’是也”。所谓“建类一首”，就是指同一个部首；“同意相受”，就是指几个部首相同的同义字可以互相解释。例如“老”字和“考”字，就是一对转注字，它们都属“老部”，许慎解释是“老、考也”，“考、老也”，所谓同意相受。

假借：许慎说，“本无其字，依声托事，‘令’、‘长’是也。”假借字也是字义上的需要，与字形无关。转注是同一个意义而有几个字，假借是同一个字有几个意义。假借字的产生，是因为语言中出现了新语汇，但没有与它相匹配的文字，所谓“本无其字”；于是借用同音的旧字来代表，所谓“依声托事”，在文字方面来说，是在旧字上添了新的意义。所以，凡字有许多意义，除本义外，其余都属于假借义。“令”的本义是“发号”，“长”的本义是“久远”，用来表示县官，如县令、县长，就是假借。又如“乌”的本义是一种鸟，假借为乌呼之乌；“能”是一种熊属的动物，假借为能力之能……这些字中，有许多自假借义通行之后，本义就渐渐不用了的。此外还有一种“通假”字——本来有这个字，因一时记不起来，就借用同音或形似的字来代替，例如前后的“前”，本字是“歬”，剪刀的“剪”本字是“前”，现在假借表示剪刀的字来表示前后，而另造一“剪”

字表示剪刀。这种假借就是现在所谓写别字。

文简意深，莫过于古文。平常以为能读现代通行的文言文，就可以读古书，那是不对的。因为古书中有许多文字，现代已不通用，即便是认识的文字，它所代表的古代语义，也不是我们所能一见了然的。加之古书经过数千年辗转抄写或翻印，错漏都在所难免，没有专门的研究专家考订，便很难理解。所以，欲通经史子集之学，必先通“小学”。学习古代语文是研究古代典籍的必由之路。清代著名学者戴震说：“经之至者道也，所以明道者其词也，所以成词者字也，由字以通其词，由词以通其道，必有渐。”要读懂古人书或诗经、甲骨、金文之类，首先要知晓汉字的特点和规律，明白其语法和义理，这样才能识其意，探索其理。

字形的演变

目前，中国文字的确切历史可追溯至约公元前一三〇〇年商朝的甲骨文，再就是金文，然后到秦朝的小篆，发展至汉朝才被取名为“汉字”，至唐代楷化为今日所用的手写字体标准——楷书。汉字是中国迄今为止连续使用时间最长的主要文字，汉字的演变过程是：甲骨文，金文，小篆，隶书，楷书，草书，行书。

甲骨文

距今三四千年的殷周时代，可以称为“甲金时代”。甲骨文和金文是迄今所知的最古老的汉字体系，其单字的数量已达五千个，足以满足记录语言的需要。甲金文字的构形，以既生动写实又简易明快的象形字、会意字为基础，大致上具备了后世归纳的六书体式。

当时的古人尊尚鬼神，遇事占卜。他们把卜辞刻在龟甲和兽骨的平坦面上，涂上红色以示吉利，黑色表示凶险。这些文字都是用刀刻上去的，大字约一寸见方，小字如谷粒，或繁或简，非常精致。经过几千年的沉睡，直到一八八九年才被学者发现。

在河南省安阳城西北五里处的一个村子，那里曾是殷商第二十代国君盘庚的故都。由于洹水决堤，冲出许多甲骨，人们以为是用来治病的龙骨，便当作药材贩卖。这一年，京城国子监祭酒王懿荣，因患疟疾到菜市口的达仁堂抓药，发现了这些龙骨的特别之处，他赶到河南收集了许多甲骨，带回去研究。王懿荣死后，家中经济困窘，他的二儿子王翰甫便将他生前收藏的甲骨卖给了后来写作《老残游记》的刘鹗。刘鄂又继续收集，达到五千多片。他从中精选出一千多片编成《铁云藏龟》一书，以石印刊行于世。于是，便有学者将其定名为“甲骨文”。

因为甲骨文的出现，使得商朝历史不再茫无可稽，当时正值疑古风盛行，好些人认为中国的古书不可靠。然而甲骨文的出土，不仅证实《史记》等书可靠，甚至像《山海经》一类历来被认为是荒谬不经的书，也有其确实性。甲骨文的发现和研究，使得商朝的历史伸手可触，这对当时学术界全面否定古代文献及古史的风气，是一个有力的纠正。

金文

比甲骨文稍晚出现的是金文，金文也叫钟鼎文。商周是青铜器的时代，青铜器的礼器以鼎为代表，乐器以钟为代表，“钟鼎”即青铜器的代名词。所以，钟鼎文或金文就是指铸在或刻在青铜器上的铭文。金文的内容是关于当时祀典、赐命、诏书、征战、围猎、盟约等活动或事件的记录，反映了当时的社会生活。金文字体整齐遒丽，古朴厚重，和甲骨文相比，脱去板滞，变化丰富多样。金文基本上属于籀篆体——据古人传说，是周宣王时太史籀就当时文字整理出来的，一般称为大篆。这些文字，在汉武帝时就已被发现，当时有人将在汾阳发掘出的一尊鼎送进宫中，汉武帝因此将年号定为元鼎。之后金文又陆续有所发现。宋代的欧阳修、赵明诚都擅长这种字体，对金文也做过研究和记载。

周宣王时铸成的《毛公鼎》上的金文很具有代表性，其铭文共32行，497字，是迄今出土的青铜器中铭文最长的。《毛公鼎》铭文的字体结构严整，瘦劲流畅，布局不弛不急，行止得当，是金文作品中的佼佼者。此外，《大盂鼎》铭、《散氏盘》铭也是金文中的优秀代表。

小篆

为了确立至高无上的权威，巩固中央集权政府，秦王朝的开国皇帝嬴政在政治、经济和文化思想方面推行了一系列措施。战国时期各国文字十分混乱，影响政治法令的推行、经济生产的发展以及文化教育的传播。因此，在灭掉六国、统一中国后，秦始皇所做的第一件大事就是“书同文”——统一文字。

这项工作由秦丞相李斯主持，分为两步：一是废除六国文字中各种和秦国文字不同的形体，即“罢其不与秦文合者”，以秦国文字作为规范的基础；二是将秦国已有的正统使用的籀文即大篆的形体加以简省删改，同时吸收民间流传的一些简体、俗体字，进行规范。如此就形成了一种新的正式字体——小篆。

隶书

从考古发掘出来的材料来看，战国和秦朝的一些木牌和竹简文字，已有简化篆体，减少了笔画，字形转为方扁，用笔有波势的倾向。这是隶书的萌芽。西汉时，书法中隶体的成分进一步增加。长沙马王堆出土的西汉帛画《老子》已有了明显的隶意。隶书成熟于东汉。隶书属于俗写字体，只求简便，对六书本意多不顾及，因其便于使用，以后便流行而取得正式文字的地位。

隶书的出现，是汉字史上的一次重大变革。字形的结构不再有古文字那种象形的含义，而完全符号化了。隶书承上启下，上承篆书，下启楷书，是一个质的转变和过渡。前人称篆书笔法为“玉箸”，即玉做成的筷子，横平竖直，均匀圆润。字的结体规矩严谨，较少变化。隶书则点画分明，粗细有致，波画有蚕头燕尾，一波三折。用笔有方有圆，或方圆兼济。精美绝妙的汉隶至今仍散发着无穷的艺术魅力。

今日人们所能见到的汉代隶书，因当时刻于石碑之上而得以保留下来。由于作者没有留下姓名，后人只好以某碑或某碑铭文内容为其命名，例如：《乙瑛碑》、《史晨碑》、《礼器碑》、《孔宙碑》、《石门颂》、《华山碑》、《曹全碑》、《西狭颂》、《张景碑》、《张迁碑》，等等。

楷书

楷书是对隶书略加改造的一种字体。因其形体方正，笔画平直，可作为习字的模范，所以叫楷书，也叫“正书”、“真书”。楷书大约在东汉末年形成，至三国魏钟繇和晋王羲之进一步规范体势，魏晋时代逐渐成熟，使楷书成为一种完全独立的书体。

草书

历史上第一次提到草书之名的是《说文解字·叙》，《叙》中明确指出“汉兴有草书”。文字学所指的“草书”是一种特定的字体，它是从秦隶的草率写法发展而来，大约在西汉中期形成，东汉时广泛流行。梁武帝萧衍《草书状》认为，劲草的产生是由于：“诸侯争长，简檄相传，望烽走驿，以篆隶之难不能救速，遂作赴急之书，盖今草书是也。”说明了草书是为书写便捷而产生的。其特点是笔画连带、结体简约。有章草、今草、狂草之分。

行书

行书，是介于草书和楷书之间的一种字体，既不像草书那样潦草，也不像楷书那样端正。早期行书介于草书和隶书之间。无论是隶书还是楷书，都要端端正正一笔一画地书写，写起来都有点费时间，所以人们在书写不很重要的东西时，往往写得轻快一些，笔画相对连绵，但又要保持正体字的形体，这就是行书。六朝以后，它是人们手写的主要字体。

字义的演变

为什么历代学者要为古代典籍加注、加疏呢？原因就是字义发生了变化。例如“后”的古义是君主，现在却是指君主的妻子；“止”的古义是“足趾”，后来引申为“地址”的意思，再后来又引申为现今通用的“终止”、“阻止”、“禁止”、“举止”等意义；“易”原是指蜥蜴，现在通用的意义“容易”是假借义；“豫”是一种巨大的象，后来借作“宽豫”、“豫备”等义。所以，古人写的东西，后人看时就可能看不懂了，因而需要有人为古籍加注释。

注就是用今人能理解的文字解释古人的话；注文在加注时人们是能看懂的，但随着时间推移，字义又发生了新的变化，当这些变化积累到一定程度时，后人对注文又看不懂了，这时的学者为注文又加以解释，这就是所谓的“疏”。一代代积累到今天，有些上古时期原书的字数，还不如后人为它所加的注疏的字数多，这一现象一定程度上也反映了汉字字义的变化之大。

上面所说的字义变化是因时代而变迁的，还有因地方而变迁的。古时有雅言、方言的分别，雅言就是所谓标准语（官话），方言的语汇须用雅言解释，如《尔雅·释言》说“斯侈，离也”，“斯侈”是齐、陈等地的方言，离是雅言；扬雄《方言》说：“党、晓、哲，知也，楚人谓之党，或曰晓，齐宋之间谓之哲。”所以，一种意思有多个字表示，方言是这一现象的重要成因。因为方言的分歧，同义而不同字，若是没有人搜集起来，互相注释，人们也会无法理解。

汉字字义变化的途径，主要有三条。

第一，引申。一个汉字刚刚造出来的时候，它的意义是单一的。这个最初的字义被称为“本义”。文字是记录语言的符号，语言又是思维的物质外壳，所以，联想律等思维特点就一定会影响到语言，从而导致词义的引申。汉字大量的义项，就是由单一的本义经过引申和再引申产生出来的。例如，“日”的本义是太阳，太阳每天升降一次，所以“日”就引申出以一昼夜为周期的时间单位的义项；“索”字的甲骨字形为“糸”（表示纤维）在“爪”（表示手）和“又”（表示手）之间，由字形（以双手搓纤维）就不难推出，它是个会意字，本义为绳索。因为绳子端头一般都比较松散，所以“索”字引申有“散”的意思；因捕捉到的人犯需要用绳索系绑上，所以“索”字又引申有“搜索”义；又由“搜索”义引申指“寻求”；搜索则必穷尽，所以“索”字又引申有“尽”义等。

第二，假借。假借是字义变化的又一途径。比如“落”字是从艹、洛声的形声字，本义是草木叶落，引申为“降落”、“下落”、“落脚”、“冷落”、“破落”等义项，同时也有假借而来的义项，如“落”字被用作祭名，如《左传·昭公七年》有“叔孙为孟钟，飨大夫以落之”，注解释说“以豭猪血衅钟曰‘落’”，就是假借的结果；由此假借义再引申，“落”字又有了表示宫室始成的意思：“楚子成章华之台，愿与诸侯落之。”注曰“宫室始成，祭之为‘落’”。《尔雅·释诂》说“落，始也”，现代汉语“落成”的“落”即用此义；由此义再引申，“落字”便又有了表示居所、村落等义项。另外，有一些字刚造出来不久，便被假借用来表示其他意义，结果，后人只知道其假借义，不知其本义了。古书字义最难了解的是虚字，虚字就是连词，介词、助词、叹词以及代名词等，这些字大多是假借字，而古人又常常广泛使用同音通假，写法不很固定，所以很难辨识。例如“由”、“犹”、“攸”三字作“用”字解；“繇”、“由”、“猷”都作“于”字解；“粤”、“越”也同作“于是”字解。清代王引之的《经传释词》，专为解释古代同音通假的虚字而作，举例详尽，解释较为合理。

第三，习非成是。所谓“习非成是”，就是原本是错误的，经广泛流传而获得越来越多人的认可，最终获得公认。与前两种途径相比，这种途径造成的字义变化在数量上很少。

汉字字义的变化，也可以概括为三类。

第一，字义扩大。“稠”和“稀”二字的本义，是专指田里禾苗多和禾苗少，所以字从“禾”，后经引申，字义扩大为泛指一切稠密和一切稀疏。

第二，字义缩小。有两种情况。一种是某个字的字义原来是泛指，后来经引申变成了专指。比如，“祥”字本义是天降吉凶，后来专指“吉”；“臭”字本义是气味的总名，后来专指恶味。另一种是某个字的字义先是经引申扩大了，后来扩大了的字义又缩小了，比如“坟”字，本义为高大的土堆，引申为动词表示鼓起、形容词表示高、名词表示墓葬制式等，这属于字义的扩大；后来，“坟”字的动词、形容词义项因不常用被淘汰，最常用的“坟墓”义项被保留，这又是字义的缩小。

字义的扩大和缩小是相对的，二者会有相互交插进行的情况。

第三，字义转移。这种情况大多是字义经引申而扩大或缩小的结果，经过一系列变化，字的本义与后来的常见义项间已看不出多少关联了。比如“自”是个象形字，本义为鼻子；因为人们在言称自己时常以手指鼻，故引申指自己。表面上看，“自”从表示“鼻子”变为表示“自己”

是字义发生了转移，但二者间实际是存在着引申关系。假借也会造成字义转移，比如前面所说的象形字“易”，本义蜥蜴，经假借表示“难易”的“易”。还有“习非成是”也会造成字义转移。成语“每下愈况”的“况”字，本表示“更进一层”的意思，二十世纪之初，将“况”的字义误视为“比况”的人多起来，并开始将成语“每下愈况”误作“每况愈下”，鲁迅当年还曾专门讽刺过这一现象，但误用的人越来越多，结果到现在，成语“每下愈况”已被“每况愈下”所取代。

汉字的传播

汉字两千年前就先后传入朝鲜半岛、日本、越南，在不同历史时期作为正式文字使用。因此从东北亚到东南亚，历史上形成了一个汉字文化圈。

汉字在朝鲜语中占有很大比重，据统计，朝鲜语中，无论是口语还是书面语，汉字词汇都占六成左右。相传公元二八五年，一个叫王仁的朝鲜人带着《论语》到日本讲学。到公元五世纪初，学习汉字成为朝鲜半岛各国流行的社会风尚了。

“吏读”是朝鲜文创制前借用汉字的音和义标记朝鲜语的一种特殊文字形式。国名、村名、人名、官名及一般词汇都可以用汉字来转写。比如，“高丽”在朝鲜语中是“山壑之国”的意思，是“KORI”的音译转写。

朝鲜语中的汉语词汇基本有两种情况：一是按汉语发音使用的词汇，比如“老头儿”（ROTOL）、“炸酱面”（CCACANGMYEON）。一种是按朝鲜发音使用的词汇，分为三种情况：其一，与汉语原意相同或相近的，比如“解放”、“观光”、“学校”、“无颜”等；其二，与汉语原意完全不同，或从字面上根本无法理解的，比如“从容”（安静）、“八方美人”（多面手）、“安宁”（你好）、“令监”（老头）、“查顿”（亲家）等；其三，自造的汉字词汇，如“原稿料”（稿费）、“月给”（工资）等。

随着汉文典籍的流传，汉字也输入到了日本。最早传入日本的汉文典籍有《论语》，大约在公元三世纪。日本人后来发现汉字也可以用来记录日本的语言，于是发明了“音读”和“训读”的方式。

日语是不同于汉语的文字体系，因此用汉字记录日语，常常有不能符合实际需要的情况，日本人就逐渐改造汉字，创造了独特的“假名”。其中“假”的意思是借用，“名”的意思是名号，指汉字。

最初的“假名”叫“万叶假名”，因大量出现在日本最古老的和歌集《万叶集》而得名。比如：雨。日语读音是ame，用万叶假名记作“阿米”。在万叶假名的草体写法上简化而成的一套假名，叫“平假名”。其中“平”的意思是“比较通俗方便”。现在日本还通行另外一种假名——“片假名”。其中“片”的意思是“不完整的、不成熟的”。

一九四五年，日本政府颁布《常用汉字表》。时至今日，在日本的普通教科书及一般的出版物中，仍然使用着将近两千个汉字。

训诂学

训诂原本属于小学，即文字学中专讲字义的一部分，后来因为有学者专门研究训诂，于是渐渐独立成为一门学科。“诂”可理解为“古言”；训与顺同音，顺着语义去解释。训诂就是用通行的话解释古代语言文字或方言字义。训诂的任务可分三个方面，第一，以今语解释古语；第二，以雅言（官方标准语）解释方言；第三，以俗语解释文言。

《尔雅》是周代的字书，为古代训诂学的权威著作。其中《释诂》一篇，是以时下的语言解释古语；《释言》一篇，是以雅言解释方言；《释训》一篇，是以通用语解释文言。后世仿照《尔雅》的著作有《小尔雅》、《广雅》（两书多谈同声字的互训）、《骈雅》（主要搜罗复音词）等。汉代儒家学者的训诂工作，主要是为群经诸子作注解。训诂专书有扬雄的《方言》、班固等作的《白虎通》、刘熙的《释名》、许慎的《说文解字》。

《说文解字》一书，兼论字形、字义、字音三项，而能够沟通三方面的关系，是文字学者珍视的第一部古典名著。有段玉裁、佳馥、朱骏声、王筠等注解本，近代藏书家丁福保辑各家注解而成《说文解字诂林》六十八册，较为全面。刘熙的《释名》以字音解释字义，有清朝江声及毕沅的疏证。《白虎通》本是解释典礼的书，但也注重字义的解释，有近代陈立的疏证。唐人的训诂之学表现于义疏，义疏是对汉人的经注再作解释，现在所谓《十三经注疏》，是合并了汉注与唐疏。

注疏的规律是：注服从经，疏服从注。宋代的训诂常常自由发挥，很少依据古说来解释，如朱熹说“中心为忠，如心为恕”，未免望文生义；又常引佛学经典上的话，如“虚灵不昧”、“明性复初”、“常惺惺”等来解释儒家经典；也引用俗语，如“工夫”、“东西”等来解释的。

训诂学以清代为最精，最重要的著作是王引之的《经传释词》及俞樾的《古书疑义举例》。阮元的《经籍纂诂》，搜集材料很多，可说是集大成的训诂学书。王引之的父亲王念孙也精于训诂，著《广雅疏证》，王引之的《经义述闻》也与训诂有关。近代学者刘师培著有《古书疑义举例补》，杨树达著《古书疑义举例续补》，又根据王引之的《经传释词》而作《词诠》，对训诂学颇有新的贡献。

清朝末年，学者章太炎受到西方语言理论的影响，他在《论语言文字之学》一文中说：“合此三者（按：指文字 、训诂、声韵），乃成语言文字之学。此固非童占毕所能尽者。然犹名小学，则以袭用古称，便于指示。其实当名语言文字之学，方为确切。此种学问，仅艺文志附入六艺。今日言小学者，皆似以此为经学之附属品。实则小学之用，非专以通经而已。”章太炎将“小学”易名为“语言文字之学”，标志着汉语言文字学学科观念的产生。在学科观念的支配下，章太炎撰《文始》一书，这是具有现代科学意义的中国第一部语源学专著。

文法学

“文法”即“文言语法”之意。在二十世纪上半叶，所谓“文法”也就是“语法”，如黎锦熙的《新著国语文法》、吕叔湘的《中国文法要略》等。因为文法一词不仅指书面语言，而且也包括口头语言，加之“文法”易与“文章作法”相混，学界便逐渐改称“语法”。不过一般研究文言文，仍用“文法学”这一旧称。

王引之的《经传释词》，旨在发现古代语文中语词（虚字）的使用例子及古人说话的词气，词气表现的方式就是文法，所以王引之的著作可说是中国文法学的萌芽。此外，刘淇也是文法的先驱，著有《助字辨略》。助字即全部虚字的总称，刘淇将助字分成三十类，比王引之的总结更系统。

一八九八年，晚清外交官、著名学者马建忠仿照西方“葛郎玛”（grammar，即文法）著《马氏文通》，成就中国第一部文法学专著。用西文的文法形式解释中国古书的文法，虽然有些牵强，且全引古人文章而不说及当下的通用语言，但过去所谓只可意会不可言传的古文奥妙，由此变得平常易懂了。马建忠把汉字分为实词、虚词、叹词。实词又分为名词、代词、动词、形容词、副词。虚词分为介词、连词、语气词、叹词的概念。

文法现象与语言同时产生，但文法的研究则大大地落后于文字。从学术的传统看，文法学是训诂学的一个分支，但马建忠以后的文法学，受西方文法学影响较多，自胡适提倡白话文以来的新文学运动，确立了现代汉语的语言范本。

过去宋代的训诂家对于文字已有虚实的分别，宋以前则以“名”与“词”相对举，刘熙《释名》不涉及虚字，许慎《说文解字》解释虚字，都称为词。《尔雅》除解释各类名物之外，还有《释诂》、《释言》、《释训》等篇，所包括的字，也有不同的文法性质。由此可知，古代训诂学中早已包含有文法的研究。

文法学也是读古书所必须掌握的基础。马建忠以后，研究古文法的有章士钊、陈承泽、杨树达、王力等，章著《中等国文典》，陈著《国文法草创》，杨著《马氏文通刊误》、《高等国文法》、《词诠》等书，王著有《中国文法学初探》，陈、王二人的著作最为突出。

《国文法草创》反对《马氏文通》中“字无定类”的观点，主张根据词的本用定类，不能以修辞上的特例作为语法上的通例，不能以例外否定规律。又创动词的“致动”、“意动”两个术语，为后来所沿用。《中国文法学初探》倡言抛弃模仿，运用西方语言学理论工具，从汉语的现实中寻求语言规律。

方言学

方言研究也属于训诂学。如《尔雅》释言，就是将方言解释作为训诂的一部分。西汉末年扬雄撰写的《方言》一书，是我国最早记录语言内部词汇差异的专著。不过扬雄不是为读懂古书而作，而是搜集当时各地方言互相比较，互相贯通，以便能了解当时人们的著作和谈论。到清代杭世骏作《续方言》，章太炎作《新方言》，专为当代人能够读懂古书而作。他们从古文字中寻求现代俗语的语源，从现代俗语中寻求古代文字的读音，这样做，一方面使人们通过现代俗语而了解古文字的意义，另一方面使人们能用适当的古字来书写现在的俗语。

方言学作为现代语言学的分支，开始于十九世纪后半叶德国学者 G. 温克尔对国内各地德语的差异所做的调查。二十世纪初，瑞士人 J. 吉耶龙对法国及邻接的法语区进行了法语内部差异的调查。在这两项调查的基础上，逐步形成了方言地理学的传统。

汉语方言俗称地方话，只通行于一定的地域。现代汉语各方言大都是经历了漫长的演变过程而逐渐形成的。形成汉语方言的要素很多，有属于社会、历史、地理方面的因素，如人口的迁移，山川地理的阻隔等；也有属于语言本身的要素，如语言发展的不平衡性，不同语言的相互接触、相互影响等。

方言虽只在一定地域通行，本身却有完整的系统。方言都具有语音结构系统、词汇结构系统和语法结构系统，能够满足本地区社会交际的需要。同一个民族的各种地方方言是这个民族的共同语，一般总是表现出“同中有异，异中有同”的语言特点。一般情况下，民族共同语总是在一个方言的基础上发展起来的。现代汉民族共同语言是“以北京语音为标准音，以北方话为基础方言，以典范的现代白话文著作为语法规范的普通话”。现代汉语方言大致上分成八种。

第一，北方方言，以北京话为代表，为现代汉民族共同语的基础。北方方言分布地域最广，包括长江以北汉族居住的地区，长江以南镇江至九江的沿江地带，以及湖北（东南一带除外）、四川、贵州、云南大部分和广西、湖南的西北部。

第二，吴方言，以上海话为代表，分布地区在江苏省长江以南镇江以东（镇江不在内）和浙江省大部分。因此也称江南话或江浙话。

第三，湘方言，也称湖南话，以长沙话为代表。分布在湖南省大部分地区。

第四，赣方言，又叫江西话，以南昌话为代表，分布在江西省大部分地区，东北沿江地带和南部除外。

第五，客家方言，以广东梅县话为代表。分布在广东、福建、台湾、江西、广西、湖南、四川等省，其中以广东东部和北部、福建西部、江西南部和广西东部为主。

第六，闽北方言，以福州话为代表。分布在福建省北部和台湾省的一小部分。华侨及华裔也有说闽北方言的。

第七，闽南方言，以厦门话为代表。分布在福建南部，台湾大部分和广东东部潮汕地区以及海南岛的一部分。华侨和华裔中说闽南方言的很多。

第八，粤方言，也叫广东话，以广州话为代表。分布在广东、广西两省，又是香港和澳门同胞使用的方言，华侨和华裔中的很多人也使用。

语言并不仅仅是一种工具，它还是人类文化的载体和重要组成部分。方言是一种独特的民族文化，它传承千年，有着丰厚的文化底蕴。每种语言都能表达出使用者所处族群的世界观、思维方式、社会特性以及文化、历史等，都是人类珍贵的无形遗产。

字与音的分离

汉字不是拼音文字，形声字的声符不够精密，字音的改变不容易看出，但从有韵的文字可以略加推测。例如《诗经》的《邶风·击鼓》篇用“于林之下”和“爰居爰处”押韵；《凯风》篇用“在浚之下”和“母氏劳苦”押韵；《大雅·绵》篇用“至于岐下”和“率西水浒”押韵。由此可知，“下”字在周时是和“处”、“苦”、“浒”同韵的。

唐宋时代的《广韵》，将“下”字编入马韵，胡雅切，可见它的音已发生变化。又如《诗经·关雎》篇“寤寐思服”和“求之不得”及“辗转反侧”押韵；《楚辞·离骚》拿“非时俗之所服”与“依彭咸之遗则”

押韵；但《广韵》“服”字在屋韵，房六切。也是字音的转变。

字音大致是随着语言变迁，改变之后不可能回复古音，这是自然的趋势。懂得古代的字音，又可以明白古字的同音通假，这可说是有助于训诂。懂得古字的读音，读古代诗歌韵文，也较为音调谐和。所以了解字音的变迁，是有些必要的。

汉字读音，必然会随着语言的变化而变化，不过有些字音，口头语言上并没有发生改变，但文字却变了，如“之”、“夫”字，其古音和“的”、“吧”字的发音相近，只因为文字上把“之”、“夫”读变了音，所以另用“的”、“吧”来代替。

据专门研究古音的钱大昕推定，古时候没有 zh、ch、sh、f 等声母，凡轻唇音读着像重唇音，望读茫，冯读凭，扶服读匍匐。舌叶音读如舌尖音，直读特，沈读潭，陈读田。

大约到中古时期，轻唇音与舌叶音发生，有一部分重唇音与舌尖音的字，在口语上变为轻唇音和舌叶音，另有一部分还没有变，如“之”、“夫”。在古音没有大的变化时，有人创造“反切”这一方法为字注音，即拿两个字拼合来注第三字的音。反切的上一字代表声母，如果后来反切第一字的语音变了，所注字的读音即使在口语上没有变化，文字上的读音却跟着改变了，因为古时的知识分子对书本上的文字注音是非常尊重的，这样就造成了语音和字音的不一致。渐渐的，文字的读音和语音隔离，人们便不知道口语中的“的”、“吧”等音就是“之”、“夫”等字的口语读法了。

语言和文字分家，是我国古书不易读的最大原因，不但因此古书难读，便是现代文言文也不是普通大众短时间里所能掌握的。

声韵学

在一般大众看来，声韵学是一门很玄奥、很艰深的学问。了解到它的实质就会发现，它既不玄奥神秘，也不是高不可攀，而是跟我们的常识有紧密联系的一种学问。

声韵学就是研究发音（声）、收音（韵）的原理，以及声的分类，韵的分部。进而探讨因时间的迁移，现代发音与古时发音的不同；地域的南北差异，造成的南音、北音的差别，然后确定某一字的发音。这一系统性的知识，就是声韵学。

声韵学也称音韵学，本是小学的一部分，后来独立而成专门科学。因为汉字不是拼音的，而中国古代研究汉字读音的声韵学仍用汉字作为表音的工具，所以非常容易弄混，令常人觉得很玄奥。过去《康熙字典》上所附的等韵表，即便是读书人，多数也是看不懂的。造成这种情况的原因，主要是过去我国没有适当的表音符号，用汉字作表音符号，极不精密。

现在，除国内发明的注音符号外，有英文字母和万国音标作为辅助，这比汉字注音明晰便利得多。对发音部位的分析，现代语音学也更为精确而通俗易懂。

每个字的音，可以分为发声、收声两部分，发声为“声”，可以用声母代表，收声为“韵”，可以用韵母代表。声母的音，在通过声门（喉咙后），被阻于口腔内，因其被阻的部分而形成种种不同的音，如双唇阻形成 b、p、m，唇齿阻形成 v、f，齿龈舌尖阻形成 d、t、n、l，舌根软腭阻形成 g、k、n、g、h，舌面硬腭阻形成 j、q、h、x，舌头硬腭阻形成 zh、ch、sh、r，舌齿阻形成 z、c、s，另有接近硬腭的卷舌音 er，列入韵母。

韵母的音，在口腔内是不受阻碍的，由口的开合、舌的升降而形成种种不同的音，如i、u、ü、a、o、e、ê 等，是单韵母，可合为ai，合为ei，合aou为ao，合eou为ou，这都是复合韵母，还有带声韵母，如an、en、ang、eng，都是带了鼻声n收声的。

以上是现代的汉字注音。古音及现代闽粤方言的音，比较复杂，如带声韵母还有带m、p、t或k的，这些复杂内容都是声韵学研究的对象。

我国古今声韵的变迁，根据董同龢的《中国语音史》，大致可分以下几个时期。

第一时期，上古音，即周秦汉数朝，依据《诗经》的用韵和谐声字来研究这一时代的语音系统。近三百余年开始有学者研究，称古韵之学。

第二时期，中古音，就是魏晋至唐宋诸朝，以隋唐为中心。这时代的音韵研究，即所谓广韵之学，一般以隋朝陆法言的《切韵》作参照。

第三时期，近古音，即宋代，以宋末黄公绍《古今韵会举要》为依据，是研究中古至近代音韵变化的桥梁。

第四时期，近代音。元明以来，通行的口语音韵以北方为标准，比中古音韵简单些，当时通俗文学“北曲”用韵采取口语的标准，而不用与口语分离的广韵，于是有周德清所著的代表北方音的《中原音韵》一书产生，到清朝又有《五方元音》，所分韵目，渐渐和国语注音符号相接近。这时期的音韵与现代音十分相近了，这时的音韵学主要研究怎样用声母和韵母来拼切字音，使反切更精密而有规律，这就是等韵之学。

第五时期，现代音，现代标准普通话的语音。

声母和韵母

在古代，声母往往称为“字母”，是唐朝末年守温和尚参照梵文创造的，共三十六个。这一套声母所代表的音，比现在的汉字注音复杂，但较魏晋隋唐间的音简单。六朝时期，反切中所包含的声母有四十一个。现在汉字注音声母是二十四个，其中 j、q、g、n、x 还可以合并为 g、k、ng、h。守温声母是：

牙音	见（g 或 j）、溪（k 或 q）、群、疑（ng 或 gn）
舌头音	端（d）、透（t）、定、泥
舌上音	知、澈、澄、娘
重唇音	帮（b）、滂（p）、并、明（m）
轻唇音	非、敷（f）、奉、微（v）
齿头音	精（z）、清（c）、从、心（s）、邪
正齿音	照（zh）、穿（ch）、床、审（sh）、禅
喉音	影、晓（h 或 x）、喻、匣
半舌音	来（l）
半齿音	日（r）

据清朝陈澧的考订，六朝隋唐间的声母，在上述三十六声母基础上，又有“于”、“神”、“庄”、“初”、“山”五个声母，组成广韵四十一声母，排列如下：

深喉音	影、喻、于
浅喉音	见、溪、群、晓、匣、疑
舌音	端、透、定、来、泥 知、澈、澄、娘 照、穿、神、审、禅、日
齿音	精、清、从、心、邪 庄、初、床、山
唇音	帮、滂、并、明 非、敷、奉、微

四十一声母中，影、于、知、澈、澄、庄、初、床、山、敷十个声母，现代人已不作声母来读字了，其余的音都还能用，因为有些音还存在于现在的方言中，例如群、定等浊音声母，江南一带的方言中还有。

韵母的产生在声母以前，也是受了印度的影响。隋朝陆法言的《切韵》是第一部有价值的专论韵母的著作，后来《唐韵》及宋代的《广韵》都是在它的基础上创作的。《广韵》列举的韵母有二百〇六个，一则因为过去语音本来就复杂，二则书中对每个复合韵母带声韵母，平上去入的每个声调都标注一个特殊的名称，所以数量很多。到南宋时的平水韵，韵部合并为一百〇七个，明时的《洪武正韵》合并为七十六个。等韵学家将其归纳于十五韵摄，每一韵摄分开、齐、合、撮四呼，以拼音符号来举例子，就是凡 a、e 等单韵母以及 an、en、ang、eng 等带声韵母，前面不加 i、o、ü 三母的，都是开口呼，加 i 母的叫齐齿呼，加 o 母的叫合口呼，加 ü 母的叫撮口呼。

现在以拼音符号代替韵摄，将《广韵》韵目（以平声的为代表）列在下面，以表明中古音韵向近代的进化：

i：脂、支、微、之、齐、祭、废

u：模、虞

ü：鱼、虞

a：麻

e：歌、戈

ê：麻（该韵中车、遮、者、蛇等字）

ei：灰

ai：佳、皆、咍、泰、夬

ao：萧、宵、肴、豪

ou：尤、侯、幽

an：元、寒、桓、删、山、先、仙、覃、谈、盐、添、咸、衔、严、凡

ang：江、阳、唐

en：真、谆、臻、文、殷、魂、痕、侵

eng：东、冬、钟、庚、耕、清、蒸、登

r：支、脂、之（诸韵中儿、耳二诸字）

双声叠韵

声母相同的，称双声，如“参差”就是双声字，因为声母都是 c；韵母相同的，称叠韵，例如“螳螂”同属 ang 韵，都是叠韵字。双声字，声韵学家称为同母之字，训诂学家称为一声之转。叠韵字，声韵学家称为同韵之字，训诂学家称为音近之字。

读古书要注意双声叠韵的现象，因为古书上的人名、物名以及复音的形容词、动词等，多为双声字或叠韵字，例如“灭明”、“蒹葭”、“蜘蛛”、“忸怩”、“踟蹰”都是双声字；“皋陶”、“窈窕”、“辗转”、“优游”、“逍遥”都是叠韵字。另外，双声叠韵的字，意义相同或相近的很多，所谓转注或假借字，常常可以从双声叠韵的关系上去观察。例如“粤”与“于”，“复”与“返”都是可以互训的双声同义字；“乾”与“健”，“坤”与“顺”，“离”与“丽”，“考”与“老”，都是叠韵同义字，以上都是转注。还有双声假借字，如借“乃”为“仍”——仍的本义是“因”，乃的本义是“曳辞之难”，就是转折连词，仍从乃得声，可知古时乃仍双声，所以借乃表示“因”义。有叠韵假借字，如《易经》借“羊”为“祥”。了解双声叠韵跟字义相通的联系，对阅读理解古书很有帮助。

反切

反切是汉字的注音方法，发明的年代大约在汉朝，正式应用是从东汉孙叔然的《尔雅音义》开始。

在发明反切注音之前，人们以“直音法”注音，就是用同音字注音。这种方法遇到没有同音字的就无法实施了，所以有人发明了反切法，合两个字来拼成一个字的音。这一方法最初叫“反”，后来称“切”，再后来合而为反切了。反切的规则是上一字与所注的字为双声，下一字则为叠韵，例如“都，东姑反”，都东双声，都姑叠韵。

但反切用的字和拼音用的字母不同，不是代表音素的，是代表音节的，因此很多不能连读二字而成一音，清代的陈澧《切韵考》说：“连续二字成一音，诚为直捷；然上字必用支、鱼、歌、麻诸韵字，下字必用喉音字，支、鱼、歌、麻、韵无收音，而喉音直出，其上不收，其下直接，故可相连而成一音，否则中有窒碍，不能相迕矣，然必拘此法，或所当用者有音无字，或虽有字而隐僻难识，此亦必穷之术也。”反切的这一缺点，直到国语注音符号产生，才得到解决。例如“东”的注音是ㄉㄨㄥ（dong），“姑”是ㄍㄨ（gu），以“东”、“姑”切“都”，则“都”的音成了ㄉㄨㄥㄍㄨ（dong gu），中有韵母ㄨㄥ（ong）及声母ㄍ（g）的干扰，现在取“东”的声母ㄉ（d）和“姑”的韵母ㄨ（u）相切，得了ㄉㄨ（du），便毫无问题了。而且注音符号的数目很少，也很明确，不像双声叠韵字的漫无限制，如都字又可用多姑切、大孤切等。

四声

单音字太多的语言，常常要靠声调的抑扬高低来分别同音字。我国自汉以前，字的声调就有长短的分别，例如《春秋公羊传》庄公二十八年的何休注，解释“伐”字，说“伐人者为客，读伐长言之，见伐者为主，读伐短言之”，即系用长短音区分主动被动的意义。到南北朝齐梁之间，周颙著《四声切韵》，沈约撰《四声韵谱》，于是字的声调又有平上去入四种分别。除四声说外，又有五声说—将平声分阴阳两类，七声说——平去入都分阴阳，八声说—四声都分阴阳，现在粤语还有九声的分别——入声有三种。就实用的角度来说，读六朝以后的诗文词曲，懂得四声已足够。

平上去入的主要区别是：第一，平声长，上去较短，入声最促，所以上去入统称仄声。第二，平声始终如一，没有升降。上声由低升高，去声由高降低；入声短，无所谓升降。唐《元和韵话》评论说：平声哀而安，上声厉而举，去声清而远，入声直而促。而阴阳或清浊的分别，是阴清较低，阳浊较高。

古音学

古音学萌芽于宋朝，在清朝得到发展。清初顾炎武所作的《音论》、《诗本音》、《易晋》、《唐韵正》、《古音表》，称为“音学五书”。他根据古代韵文推定古字的本音，不认同以前叶韵改读的讲法。江慎修作《古韵标准》，段玉裁作《六书音均表》，戴震作《声类表》，孔广森作《诗声类》，王念孙也有古韵分部的研究。近代的章太炎作《成均图》（“均”即“韵”字），其门徒黄侃继承他的研究，将古韵分为二十八部。

关于古韵的学说，还有近代汪荣宝的歌戈鱼虞模古韵归麻说。

古代声母的研究，清代钱大昕提出“古音类隔之说不可信”及“古无轻唇音”两大主张，以证明古时缺知、彻、澄、非、敷、奉、微等纽。“纽”是用来代表声母标准发音的字，“类隔”是指古音反切，可用声音相似而不同类的字为纽，例如“方”应为府良切，也可作傅良切。钱大昕认为古人读音不大精密正确，会把不同音的字当作同音，由此造成误读，而有些字的音找不出相似的，因此无法用类隔的方式标注。章太炎又作《古音娘日二纽归泥说》，黄季刚再由《广韵》的三十二古本韵考订，所得的最后结论是古纽十九个。

古纽即影（喻于）、见、溪、晓、匣、疑、端（知照）、透（彻穿审）、定（澄神禅）、来、泥（娘日）、精（庄）、清（初）、从（床）、心（山斜）、帮（非）、滂（敷）、并（奉）、明（微）——括号内声母是应合并的。

古韵是歌戈、灰、齐、模、侯、豪、萧、咍（以上阴声）、寒桓、先、痕魂、青、唐、东、冬、登、覃、添（以上阳声，在阴声后面加 n、ng、m 收音）、曷末、屑、没、锡、铎、屋、沃、德、台、帖（以上入声，即在阴声后面加 t、k、p 收音），其中歌戈、曷末、寒桓、痕魂四部，兼有开口呼和合口呼，《广韵》分成八部。此外，古音没有四声的分别。

金石学

金石者，往古人类之遗文，或一切有意识之作品，赖金石或其他物质以直接流传至于今日者，皆是也。以此种材料做客观的研究以贡献于史学者，谓之金石学。

——马衡 曾任北京大学研究所国学门考古学研究室主任

宋代以前的金石研究

了解古代的文化，不仅要读古书，还要研究古物。古代先民的器物，反映着古代社会生活状况，绘画、刻印文字等记录，也反映了时人的思想。中国古代对于文物的研究，主要集中在商代以后的铜器和碑石，因而渐有“金石之学”的产生。

“金”是指商周的青铜器，“石”是指秦汉以来的纪功碑、墓志、佛教的摩崖石刻，特别是上面的文字铭刻及拓片。广义上的金石学还包括竹简、甲骨、玉器、砖瓦、封泥、兵符、冥器等文物。中国古代的金石学是考古学的前身，偏重于著录和考证文字资料，以达到证经补史的目的。

金石上刻的文字，可以用来考证古代发生的事件，弥补正史书中的缺失和错误，特别是商彝周鼎，这些古代祭祀用的礼器上所划的文字，是研究古文字与古史的重要依据，而且，这些器物的材料和印刻在上面的花纹式样，也都具有时代性。

金石学的萌芽可以上溯到东周甚或更早的时代,根据《荀子》和《论语》的记述,孔子曾于太庙中对欹器发生疑问。韩非子的《十过》也有对尧、舜、禹及商代饮食用具的描述。司马迁在《史记·自序》中记录了自己在访学途中采访文物古迹的事情。西晋时出土有大批的竹简。北魏郦道元的《水经注》记载有古代城址、陵墓、寺庙、碑碣等遗迹。唐朝初年，周秦时代的石鼓在陕西凤翔出土，当时就有不少文人学者对石鼓文进行过研究。

金石的研究从一开始就与经史之学密切相关。许慎《说文解字》所引用的“古文”，主要是战国的金石文字。郑玄注群经，所谓“古文经”主要依据战国时期写的简牍。从郑玄注《周礼·考工记》中的记载看，郑玄当时已根据先秦金石文物来对古代典章和名物制度进行阐释了。

从春秋战国时期到隋唐五代，尽管已有一些学者根据金石文字考证历史，但还没有金石学的专著问世，也没有形成专门的学科。

宋代的金石学

宋朝以后,出土了很多铜器,拓印精美的金石文字成为文人雅士的风尚。由于理学的发展，人们向往先秦礼制，因而对作为礼乐制度的重要标志的青铜——钟鼎彝器尤为热衷，搜罗金石文物蔚然成风。金石学逐渐成为专门的学问。这一时期，金石学著作层出不穷，较为著名的有欧阳修的《集古录》、赵明诚的《金石录》、吕大临的《考古图》、王黼等的《博古图录》、薛尚功的《历代钟鼎彝器款识法帖》、王俅的《啸堂集古录》、王厚之的《钟鼎款识》。这些著作大多以收载钟鼎彝器的图画像与款识为主。

欧阳修是金石学的开创者，他的学生曾巩的《金石录》提出了“金石”这一定义。欧阳修的《集古录》是中国现存最早的金石学著作，共十卷，成书于宋嘉祐八年（公元一〇六三年）。欧阳修曾自称“吾家藏书一万卷，集录三代以来金石遗文一千卷”，《集古录》就是他对家藏金石铭刻拓本所作题跋的汇集，收录了四百多篇周秦至五代的金石文字跋尾，其中碑刻跋尾占绝大多数，铜器铭文二十多篇。跋尾内容多偏重于史事评论，其主要目的是补正史的遗缺和错误。因跋尾是随题随录，没有一定次序，所以《集古录》只有卷帙次第而未按拓本的时代先后排列。后世刻本对原书次序进行了调整，将拓本按时代先后排列，并在每条标题下注明原来卷帙的次序。

著名女词人李清照的丈夫赵明诚，所著《金石录》三十卷，收录了上古至隋唐五代时期的古器物，以时间为序，分门别类载录。无论是钟、鼎、甗、鬲、盘、彝、尊、敦上的款识，还是刻在石碑上的名人或隐士的事迹，赵明诚对这些金石文字作者都作了校正，并一一品评。李清照在《金石录后序》中除介绍所藏金石书画的聚散经过及成书过程外，还回忆了她与丈夫庸常生活的点滴，抒发了悼念亡夫、追思故物的心情。文章读来缠绵悱恻，哀婉凄绝，历代读者无不为之动容。李清照以文学家的才思和金石学家的涵蕴写出如此篇章，不但其文行天下，而且还使得《金石录》一书在金石学界格外特出，影响更远及文学界。

吕大临的《考古图》对所收录器物都精细地摹绘图形、款识，记录尺寸、容量、重量等，并尽可能地注明出土地和收藏处。所录器物的出土地可考者计九十多件。出自陕西的占半数以上。编者还能根据器物的形制、文字和出土地推断年代。尽管年代结论有待商榷，但它的正确之处及学术价值仍不容怀疑，不失为我国最早而有系统的古器物图录，在著录古器物的体例上也有开创性的功绩。

宋代学者在金石考古方面的主要成就，一是收录古物，使原来的奇器珍玩成为学术研究的对象。二是创造了传拓文字和绘制图形的方法，根据拓本刻本印刻在石头上，以求长久流传。用画图描绘每种器物的形状体制，说明尺寸、轻重，及出土地点、收藏者，款识则摹写文字。第三，肯定了古代器物的名称。如钟、鼎、鬲、甗、敦、尊、壶等，都是古器自载其名称，宋人以此定名的。

清代的金石学

由宋至清代，虽然搜集和研究金石的人不少，但文物多在古董商手中，或成为富贵人家的玩物摆件；文人学士收藏金石多为赏鉴金石文字的美感，以作为书法或篆刻临摹的样例，很少用来做学术研究。直到清代乾嘉两朝，考证学者辈出，考证学盛行的同时，带动了金石文字研究更深层次的发展。王鸣盛等考据学者，正式提出金石之学这一名称。

清代以后，受乾嘉学派的影响，金石学进入鼎盛时期。乾隆年间，根据皇宫所藏古物，御纂了《西清古鉴》等书，推动了金石研究的复兴。其后有《考工创物小记》、《积古斋钟鼎彝器款识》、《捃古录金文》、《斋集古录》、《缀遗斋彝器款识考识》、《寰宇访碑录》、《金石萃编》、《古泉汇》、《金石索》等书，都是较有成就的金石学著作。这一时期，对铜镜、兵符、砖瓦、封泥等开始有专门的研究、鉴别，考释水平也显著提高。

清末民初，金石学研究范围又包括新发现的甲骨和简牍，并扩及冥器和各种杂器。罗振玉和王国维是此时的集大成的学者。金石研究开始向考古学过渡。

孙诒让、容庚、邹安、陈宝琛、王国维、罗振玉等学者，各有新的考证。关于金石的著作，容庚的《宝蕴楼彝器图录》、陈宝琛的《澄秋馆吉金图》、罗振玉的《殷文存》、邹安的《周金文存》、王国维的《金文著录表》等，都十分著名，《金文著录表》将过去各金石学家的收获做了详备的记载，便于检阅。根据金石研究所出的考证著作，如孙诒让的《古籀余论》、吴大澄的《说文古籀补》、郭沫若的《殷周青铜器铭文研究》等，都有新的发现。

在金石学方面的著作中，保存了许多有价值的古代铭刻资料，有的书籍辑录了器物的画像及名称和用途，所以金石学的著作还具有一定的史料价值。王国维根据金文所作的《古诸侯称王说》等文，都是史学上的重要著作。

在今天，我们诸多的文史学科中都存在金石学的影子，比如历史学、文字学、古文献学、古器物鉴定学、书法篆刻学等。因此，可以说金石学是一门综合学科，把许多学科从中心到边缘联系在了一起。

近代考古学

金石的研究作为专门学科形成于宋代，鼎盛于清代乾嘉时期。直至清末西学东渐，近代考古学由西方传入中国，金石学不再作为独立学科，而纳入了考古学的范畴。

以田野调查发掘为基础的近代考古学，在中国兴起比较晚。十九世纪末到二十世纪二三十年代，一些帝国主义国家派遣探险家、考察队，潜入中国边疆地区活动。二十世纪二十年代后期，中国学术机关开始进行周口店、殷墟等遗址的发掘，标志着中国考古学的诞生。

一八九八年至一八九九年，河南安阳县西北小屯村掘出无数龟甲兽骨的破片，上面刻着古文字，内容都是殷代王室占卜的记录，因安阳曾是殷都，这些甲骨文字也被称为殷墟文字。

在这之前，已有当地农民发现这些甲骨，但只作为中医药材“龙骨”研粉使用。在十九世纪末，有潍县古董商人范某将甲骨运到京城，辗转到了《老残游记》的作者刘鹗手中。刘鹗继续搜集进而拓印《铁云藏龟》

一书发行，甲骨文才渐渐引起世人注意。一九〇二年，罗振玉在刘鹗处得见龟骨，也继续搜集，并探知甲骨出自安阳小屯，便直接派人过去采集，收获了两三万片，由此整理拓印了《殷虚书契前编》、《殷虚书契菁华》、《铁云藏龟之余》、《殷虚书契后编》等书，十分精美。一九一六年，罗振玉亲访小屯，并于龟甲之外，搜集各种器物，即便是破烂的石刀石斧，也非常重视，并编印了《殷虚古器物图录》一书。他这种见解超越了过去的古物研究者，可说是中国近代考古学的先驱。

在国家组织系统地挖掘研究之前，已有相当部分的甲骨遭到破坏或被私人挖掘而不幸流逝。发现甲骨文之前，由于药铺老板拒收刻画痕迹的龙骨，小屯村的村民就用小刀将上面的痕迹刮掉，以六文钱一斤的价格卖给药铺。甲骨文被发现后，金石学家、古董商人、外国人开始大量搜购。这些非科学的挖掘，往往只取甲骨，而忽略甲骨埋藏的情况，使所出甲骨的价值大失。据不完全统计，从一八八九年到一九二八年，私人挖掘出土的甲骨就达十万片以上。

一九二八年十月及第二年四月，董作宾、李济等教授又在安阳进行了有计划的发掘，又发现了三百多片卜辞及玉器、石器、陶器、铜器等文物，出版了《安阳发掘报告》，所得材料，受到当时的中央研究院历史语言研究所的高度重视，进行了精密地研究讨论。至此，殷墟文字即甲骨文，被认定为汉字之源，传布于天下。

周口店距离北京五十公里。一九二一年，瑞典考古学家安特生，以北京政府农商部地质调查所顾问的身份，被调到此处考察。在一石灰涧里，他偶然发现了一片带刃的石英，但该地并不产石英。安特生推测这片石英是从别处带来的，且凭借它那锋利的刃口，完全可能用来切割兽肉。这一发现引起了多名学者的研究兴趣，也由此拉开了周口店遗址发掘的大幕。中外的一些学者陆续来此探查发掘，竟发现了大批化石，其中有二十五种是一种猿人的骨骼，因此定名为“北京人”。

一九二九年，中国古生物学家裴文中在此发现原始人类牙齿、骨骼和一块完整的头盖骨，成为北京猿人第一个头盖骨的发现者，并找到了“北京人”生活、狩猎及使用火的遗迹，证实五十万年以前北京地区已有人类活动。在中国考古学的分期里，以北京人时期为最早，属于前旧石器时代，又称前周口店时期。

甲骨学

甲骨文因镌刻在龟甲与兽骨上而得名。甲骨研究除古文字本身的研究，甲骨卜辞中记载的上古历史和文化也是甲骨学的研究范畴，涉及了古文字学、历史学、考古学、历史文化学、历史文献学、文化人类学等多个学科。

我国文字学向来以许慎的《说文解字》为准则，金石之学产生后，也有一些学者引用金文来订正书中的错误。殷墟所出的十五万片甲骨文中，有单字五千多个，其中已经识别的有两千五百多字。用甲骨文和金文做比较研究，不但可以纠正《说文解字》的错误，还能追溯汉字的字源。

观察甲骨文字可知，原始文字凹而下陷，模仿鸟兽的足迹。行文读法，或左、或右、或下、或上，没有一定的规则。甲骨文中的象形文字，一字有多种写法，笔画各异。有些甲骨文与金文完全一样，如甲、乙、丙、丁、戊、己、庚、辛、壬、癸等字。有些金文不能识别，得甲骨文字而后明了。如将甲骨文、金文、篆文、隶书排列来观察，可看出汉字逐渐演变的痕迹。

研究甲骨文从清代孙诒让开始，以罗振玉、王国维为最著名。其次则是郭沫若、商承祚、徐中舒、罗福成、唐兰、徐水梁、吴其昌等。甲骨文的专门研究著作，有王国维的《海宁王忠悫公遗书全集》，罗振玉的《殷虚书契考释》，郭沫若的《甲骨文释》，都非常有名。相较而言，商承祚的《殷虚文字类编》比较浅易。他们的研究，渐由文字学而走向史学方面，如王国维的《殷卜辞中所见先公先王考》及《续考》、《殷周制度论》等。

殷墟挖掘前，我国有文字记载的历史是从春秋战国开始。春秋战国以前，所谓三皇五帝、尧舜禹汤的历史，完全是后人追记的传说，其真相不易明了。自从甲骨文出土，殷商史的一部分传说才得到了文字记载的证明。而殷周青铜器如钟鼎盘盂之类，及铜制的兵器如戈戟之类，又证明了当时是青铜器时代。

现已挖掘的殷墟甲骨文，其内容记载了盘庚迁殷至纣王间两百七十年的卜辞。商代社会有三大特点：信史、饮酒、敬鬼神。也因为如此，这些决定渔捞、征伐、农业等事务的龟甲才能在后世重见天日，成为研究中国上古历史文化的重要资料。

古籍

文化建设，首先要有文化的积累。现在的青年人读古书已经有些吃力了，也不知道去哪里找。后人再做古籍整理，肯定要比我们花费更多工夫。在这方面，我们这一辈人还有一些优势。我们多做一些工作，后人就能省些事。

——任继愈　哲学家、宗教学家，曾任北京大学哲学系教授

抄本与刻本

隋唐时期出现了雕版印刷术，到了宋代，版刻印刷进入大发展。唐以前的书籍全靠手抄流传。手抄本的时代可分为两个阶段，一个是周秦汉的简册时代，一个是隋唐的卷轴时代。

简册时代的书，用竹笔蘸漆写在简（竹片）或牍（木片）上，或者用刀子刻在上面。《史记》称萧何是刀笔吏，原因就在这里。当简或牍积累到一定的量，为方便阅读和查找，便用绳子或皮革的带子编连起来，成为“册”，也称为“策”。《说文解字》序有“著于竹帛”的话，大约因当时蒙恬已发明兔毛笔的缘故，秦汉间的漆书也会写在缣帛上，不过直到西汉末年，竹简仍然是主要的书写材料。所谓“汗简”，就是去掉竹汁，“杀青”就是去除竹子上的青皮，这是制作竹简的两道工序，以利于书写和竹简的长期保存。

至今，我国的图书文章仍以册、篇、卷为计量单位，这几个名词都来自竹帛并行的时代。通常，一策就是一编，也为一篇。《汉书·艺文志》上的书有的分篇，有的分卷。“卷”被认为是缣帛书的计量单位，因为缣帛是可以卷藏的。章学诚在《文史通义·篇卷》中说：“向歆著录，多以篇卷为计，大约篇从竹简，卷从缣帛，因物定名，非有他义也。而缣素为书，后于竹简，故周秦称篇，入汉始有卷也。”现在不少学者赞同这一说法，根据之一就是古代书目中计量文献，卷大于篇的居多，也有卷等于篇的。因缣帛的容量大于竹简，所以，刘向、刘歆等人编书时，合数篇为一卷。

据西安灞桥工地的考古发现，西汉时期已出现用麻类纤维制作的纸。《后汉书》上记载，东汉宦官蔡伦因缣贵简重，不便于实用，就发明了用树皮麻头破布制造的纸，于是书籍比从前轻便而价廉了许多。但直到东汉末年，纸并未普及使用。魏晋时有了松烟墨及凹心砚，文房四宝齐备，于是到了隋唐，藏书机关完全没有竹木的简册，而书籍经典尽是卷轴的了。卷轴就是将书页卷在木轴上。

敦煌南有鸣沙山，其山麓三界寺旁的莫高窟，有上千个石窟，四壁都是佛像，世称千佛洞。一九〇〇年，寺中道士在清扫时不小心弄破了墙壁，发现壁内有一藏书室，自汉至五代的书籍碑版及手抄本，贮藏极多，包括汉武帝时木简漆书，唐懿宗时版刻印本，五代刻印本及其他写本，是现存的至为宝贵的古书原物。

一九〇七年，匈牙利人斯坦因听说，前往收买，运回欧洲，现藏于伦敦博物馆。法国人伯希和又来搜寻一批，运回巴黎博物馆。后经当时政府取缔，并收集残余保存起来，这才没有全部流失国外。有人从巴黎、伦敦抄回一些通俗文学，印行《敦煌零拾》及《考古学零简》等书。敦煌附近沙漠地带又发现了汉简，王国维据此著有《流沙坠简》等书。此后西北各地又陆续发现古代竹木简书。

自印刷发明后，手抄本的古书常常作为校正印本错误的参照，所以十分宝贵。清乾隆修《四库全书》，因卷帙浩繁未曾付印，仅抄写七份，分存七处藏书楼。

刻本以宋版书最为珍贵，但宋版不止一种，其中也有错漏较多的。其次元刻的书也较被重视，清代武英殿版及私人刻本，有名的也不少。一些藏书家专门搜集善本书，因而发生版本之学。

其实版本的正确性是相较而言的，无论什么版本，经过数千年的传写与翻印，错漏在所难免，不过是有多少不同或错多错少的分别而已。现在许多善本书都有影印本发行，已能满足普通读者的需要。

校雠学

校雠学有广义和狭义的分别。广义的校雠学，包括校勘学、版本学及目录学三部分的内容，主要工作是搜集图书，辨别真伪，考订误谬，厘定部次，装潢保存，即整理书籍的专门事业，有一部分工作和现代的图书馆学比较相像。狭义的校雠学即校勘学，就是比对勘误书籍文字以求正确，改正古书在传写中产生的错误，尽可能恢复古书的文字原貌。

刘向《别录》上说："雠校，一人读书，校其上下，得谬误，为校；一人持本，一人读书，若怨家相对，为雠。"校雠的意义因此而得。梁代以后，校雠称"校勘"，同一本书用不同版本相互核对，比勘其文字、篇章的异同，以正讹误，主要任务包含订正误字、脱字、衍字、叠字、重文、缺字、偏旁、错简、颠倒、混淆、妄加、妄删、误改、误读等十四类。

公认为校雠学的先驱者是刘向、刘歆父子。汉成帝时，派使者陈农到民间搜求遗书，命光禄大夫刘向校勘经、传、诸子、诗赋，步兵校尉任宏校勘兵书，太史令尹咸校勘术数，侍医李柱国校勘方技。刘向死后，他的儿子刘歆继承了这项事业，继续整理群书，最后编定了一部目录书《七略》。

刘氏父子校书的方法十分严谨精密。第一，根据书的不同版本互相对勘，改正错误，补充遗漏，删除重复；第二，没有篇名、书名的古籍，他们会根据内容给书分篇，加篇名和书名；第三，为每本书撰写内容提要和书评性质的文字，并叙述学术源流派别等。后来唐朝的陆德明，宋朝岳珂、周必大、彭叔夏，对校雠学都有所贡献，周、彭校刻《文苑英华》一千卷，方法尤为高明。

清代朴学盛行时，校雠学成为了重要部门，包括考订文字及事实、辑补佚文等工作。成绩卓著的有顾炎武的《九经误字》，齐召南的《注疏考征》，阮元的《十三经注疏校刊记》，王引之的《经义述闻》，俞樾的《群经平议》、《诸子平议》等，这些书都是由校书所得的材料编成。此外，以校雠著名的还有戴震、卢文弨、丁杰、顾千里等。

辑佚及辨伪是校雠学最为重要的贡献。所谓辑佚就是将已经失传的古书恢复起来的工作，所用方法是从许多别的书里面将引用的文字一点一滴地摘抄出来，再加以整理编辑，这样辑成的本子虽然不能和原书完全符合，但至少可恢复原书的一部分。从事辑佚工作著名者如宋朝的王应麟、陶宗仪，清朝的马国翰、黄奭、洪颐煊等。马国翰的《玉函山房辑佚书》，经部四百五十三种，史部八种，子部一百七十三种。黄奭的《逸书考》（也称《汉学堂丛书》），经解一百一十二种，纬书七十二种，子史八十四种，又《通德堂经解》十七种。洪颐煊的《经典集林》，内佚书三十六种。严可均辑刻《全上古三代秦汉三国六朝文》七百四十六卷。清代辑佚书对于清末今文学派的兴起大有帮助，因为久已失传的《三家诗》等今文家著作，已有辑佚本。

辨伪是辨别古书中伪托的作品。有些古书全部系后人伪托的，例如《伪古文尚书》；有些古书是经后人掺入了一部分文字进去或修改过的，例如司马迁在扬雄以前，而《史记》中竟提到扬雄。经部伪书还有《孔安国尚书传》、《郑玄孝经注》、《孙奭孟子疏》以及《汉魏丛书》中的《子贡诗传》等。史部有《越绝书》、《飞燕外传》、《汉武内传》等。子部有《吴子》、《文子》、《列子》等。辨伪的方法有很多，最重要的是思想、事实、文字时代性的辨别，其次是别的典籍的旁证，篇章语句的分析等。关于辨伪书的名著，首推清阎若璩的《古文尚书疏证》，所提证据达一百二十八条之多。清姚际恒《古今伪书考》，罗列了各种伪书。

章句学

“章”的本义是乐曲的末段，引申开来，凡是文意表达尽了的，都可称章。“句”的原义是在文字可停顿的地方，用钩状记号作个识别。《说文解字》上有“√”、“•”两字，都是古人点句的符号。所谓章句之学，最初是指给文字分段落、加标点这两件事。但古书流传久了，文意不能单凭符号就可以指明。有些在传写时甚至把符号省掉，应分行的，为了省地方没有分，文字的意思就更难弄清楚了，于是又不得不附加说明，因此章句之学的内容，又类似给文字作注释了。西汉时，除受重视的经书有各家的章句外，法律类书籍也有不同的章句。不过当时的章句之学烦琐附会，五个字的古文，能作两三万字的解释说明，所以有章句鄙儒的称号。

传写过程中，将古书的章句弄错的情况很普遍，如将前后文颠倒、遗漏，注释混入正文等。作注解的也常常将章句弄错，有的将应属下文的连在上文，有的把当读断的地方连读下去。例如《论语》：“末之思也，夫何远之有？”“夫”字应属上；《孟子》：“圣人既竭目力焉，继之以规矩准绳，以为方圆平直，不可胜用也”，焉字作“于是”解，应属下。朱熹注的《大学》、《中庸》，称“朱熹章句”，原因是他不参照汉代的原本，而只依据自己的理解来重新划分段落和文句。

标点符号失传以后的古书，行文上多注意用文字代符号，如用“曰”、“所谓”代引号，用“云云”代省略号。公文中为求规范，用“令开”、“等因”当引号。

版本学

版本学本是校雠学的一部分，每一书搜集众本，比较其好歹，分别介绍并做评判，就是它的任务。

这门学问萌芽于西汉，当时的刘向父子为校理群书广集众本。所依据的，内有来自皇家内廷、秘府的藏书，外有来自太常、太史、博士所藏，和他自己的藏书及某些官员的书等各种不同的本子。他们在根据书籍的不同传本进行校理、写为定本的基础上，又撰写了揭示原书内容和著者学术思想等方面情况的“叙录”，这正说明校订图书时对各种不同传本的研究与利用的重要性，也说明对图书各种本子的研究、辨识与校勘工作、书目工作的关系。

宋朝岳珂刊九经三传，所根据版本二十三种，由专家反复参订，这也是为校雠而研究版本。至无锡尤袤氏《遂初堂书目》创一书兼载数版本的形式，凡讲目录学的也得研究版本了。

到了清代，版本学发展而成专门的学问，名家不少，如黄丕烈、顾广圻、丁丙、陆心源、莫友芝、叶昌炽、缪荃荪、叶德辉等。重要书籍有叶昌炽的《藏书纪事诗》，叙述藏书的掌故；江标所辑的《宋元本行格表》，讲版式；钱泰吉《曝书杂记》、莫友芝《宋元旧书经眼录》、董丕烈《士礼居藏书题跋记》、丁丙《善本书室藏书志》、陆心源《丽宋楼藏书志》、叶德辉《书林清话》等，讲各种书的版本。罗振玉《鸣沙石室秘录》，则专门讲述敦煌石窟的古书版本。

版本学通过广泛搜集不同版本，可以刊误纠谬，为校勘提供基础，避免谬种流传贻误后学。它还可以比较优劣，选择善本以指导阅读；对于大量的伪作，可以通过版本学的手段加以识别，这不仅有利于学术，且有利于珍本书作为文物的鉴别。另外，对于不同版本图书的制成情况和发展演变过程的考察分析，还可以探求当时文化的发展情况。所以说，版本学研究对于学术文化的发展，具有不可估量的价值。

目录学

目录学原本是校雠学的一部分，以后才独立起来。章实斋《校雠通义》认为目录不过是校雠的结果，没有独立成为一科的价值，但图书编目，包含书籍分类标准、排列等问题，没有掌握专门的学术源流及修学知识，便无法合理地解决目录问题以方便学者的参考。

我国目录学的创始者是刘歆。刘歆继承父亲刘向的事业，将群书分成六类，每类作一说明，然后将书目排列，称为一略，在六略之外另编一种提要，名叫《辑略》，书的总目称为《七略》。班固的《汉书·艺文志》参照《七略》的形制，也分成六类，每类作一说明，相当于一篇学术源流考。

这种于书名、卷数、著者的记载之外另加图书内容说明或提要的体例，成了后世编书目的模板。清代编纂《四库全书》，光书目提要就有二百卷，每部及每类有总的说明、每书有单本提要。

《汉书·艺文志》对古籍作了系统介绍，是研究国学者的必备参考。有古文家顾实的讲疏本可读。如果要了解汉以后的古书籍，可翻阅《四库全书书目提要》各类的说明文字，另有《四库简明目录》，更为简易。国学书太多，经典的寥寥。我们没有博览群书的可能和必要，所以读目录提要，是最好的方法。

清末张之洞著《书目答问》,介绍了两千多种自己认为重要的国学典籍。胡适、梁启超也曾各开一个最低限度的国学书目。这都是给初学者用的。张所列数目众多，胡、梁相对书目少，胡偏重文学，梁偏重史书。

考证学

考证学的产生，原来是为了解释古书，包括文字的训诂，错误的更正，及古代史实的推理等。在古书中，以考证经书为主，所以解经的方法很多，如以经证经，以史证经，以子证经，以汉人文赋证经，以《说文解字》证经，以汉碑证经等，因证经而引发子、史群书的研究，考证的范围就日益扩大了。考证学对于书籍本身的贡献，就是校雠、辑佚、辨伪等事。

考证学范围虽大，简单说来，就是把一大堆摸不着头绪的片段材料，一点一滴地从多方面下功夫整理。考证学者的读书方法，总是把许多书互相比较对勘，可以说他们读书的同时就是校书，他们的著作就是校书的报告，正如王鸣盛《十七史商榷》序所说："独处一室，覃精史事，既校始读，亦随读随校，购借善本，再三雠勘，又搜罗偏霸杂史，稗官野乘，山经地志，谱谍簿录，以及诸子百家，小说笔记，诗文别集，释老异教，旁及于钟鼎彝器之款识；山林冢墓，祠庙伽蓝，碑碣断阙之文，尽取以供佐证；参伍错综，比物连类，以互相检照，所谓考其典制事迹之实也。"专门考证的事业，不是一般读者所能做的，但对于专家考证的成果，应当知道如何利用；同时在一定的范围之内，也可以采用他们的比较读法。

图书的分类

我国图书的分类，在汉代是六分法，隋唐至清朝基本是四分法。刘歆和班固把图书分为六艺（经传）、诸子、兵家、诗赋、术数、方技六大类。西晋的荀勖改分为甲、乙、丙、丁四部。目录学家们认为，图书分类可以表示学术源流，我们试就六分法变为四分法这一点，来看一看学术变迁大势。

六分法反映汉代以前的学术情况。六分法的具体分类是：六艺下分易、书、诗、礼、乐、春秋、论语、孝经、小学等九类，这九个小类实际上是汉代人最重视的儒家六经、传记和有助理解经典文字的学问；诸子下分儒家、道家、阴阳家、法家、名家、墨家、纵横家、杂家、农家（以上九家称九流）、小说家等十类，是流行于战国时代的主要学术派别，即所谓“九流十家”。诗赋未分小类；兵家下分权谋、形势、阴阳、技巧等类；术数下分天文、历谱、五行、蓍龟、杂占、形法等类；方技下分医经、经方、房中、神仙等类。

如将六艺和诸子这两个大类相加起来，共有十九个小类，已占《汉书·艺文志》所有小类总数的一半，可见儒家经典和诸子学说，的确是先秦至汉代学术的核心内容。

随着后世政治、社会、文化以至学术环境的变迁，六分法逐渐变得不合时宜。在先秦时代，史学著作不甚发达，与史学有关的书籍，在《汉书·艺文志》中被归入六艺之下的春秋类；汉代以前没有发展出清晰的文学观念，包含了“屈原赋之属”、“陆贾赋之属”、“歌诗”等几个小类的诗赋类，只是因为要避免六艺下分的诗类书籍数目太多而另立的一个图书类别。但从西汉末年到魏晋时代的两百多年间，史学有很大发展，文学创作也日益增多。在汉代以后，在学术上统治者实行罢黜百家，独尊儒术，政治上国家大抵处于统一、稳定的局面，这令子书、兵书的数目不增反减。由此，这六分法的体系已经不再适用于汉以后的书籍种类，需要一个全新的图书分类方法来统括后代图书。

根据史书记载，西晋的荀勖在三国魏人郑默所著的《魏中经簿》的基础上，编成《中经新簿》，将图书分为甲、乙、丙、丁四大类，其中甲部包括六艺、小学，乙部包括古诸子家、近世子家、兵书、兵家、术数，丙部包括史记、旧事、皇览簿、杂事，丁部包括诗赋、图赞、汲冢书。这种四部分类法，影响了其后各朝各代的图书分类，《隋书·经籍志》也分四部，并确定经、史、子、集的名称。清代编修的《四库全书》，即采用经史子集四部法，四部之下再分四十三类。因而在中国书籍史上，四分法占有特殊地位。

原来的六艺类分成了经、史两大类。大概因为尊重六艺为经，又有许多经师作注疏，六艺就改称为经部，仍居首位；又因史书逐渐增加，不能再附在春秋家后面，于是就另辟了史部。原来的兵家、术数、方技都并入子部，原来的诗赋类改称集部，内容包括古文、骈文、词曲之类。四部之中，子部包含了如哲学、社会科学、自然科学、艺术、应用技术等科目，但子部的书反而不及其他三部的多，某种意义上，这反映了中国学术的倒退。另外，《四库全书凡例》说："以阐圣学明王道为主，不以百氏杂学为重"，也反映了编目者主观上有着轻视儒家以外各家学术的心理，所以科学、艺术都没有独立作为一部，甚至取消了墨家、名家等类，一并归入杂家。

近代的五四运动前后，输入了欧美各国的图书分类法，其中影响最大的是美国杜威完全用号码代替部类的"十进分类法"：0 总类、1 哲学、2 宗教、3 社会科学、4 语文、5 自然科学、6 应用技术、7 艺术、8 文学、

9 史地。

这些大类之下再分小类，小类之下再分类的话，则将号码增加位数，通常为三位，除类码外，还有著者号码附在下面。图书插架时按号码排列，寻找起来就不困难。这一时期，图书出版家王云五发起中外图书统一编目，过去经、史、子、集的分类被打破，各种旧书都按照性质归入新的类属。例如经部的易经、四书归入哲学；诗经归入文学；三礼、尚书、春秋都归入史地；小学归入语文。子部中的艺术，归入艺术类；术数、释家归入宗教类；道家一部分入哲学，一部分入宗教；杂家按性质分别归入哲学等类；天文、算法归入自然科学；法家、兵家归入社会科学；医家、农家，归入应用技术。而子部中的类书及史部中的目录，归入总类。子部中的小说及集部诸书归入文学。这一目录编制法，纠正了过去将国学与现代学术对立的观念。

中华人民共和国成立后，出版了《中国图书馆图书分类法》，首先将所有图书总分为哲学、社会科学、自然科学三大部类，进而分为马克思主义、列宁主义、毛泽东思想，哲学，社会科学，自然科学、综合性图书五个基本部类。然后在五个基本部类的基础上编制二十二大类：A 马克思主义、列宁主义、毛泽东思想，B 哲学，C 社会科学总论，D 政治，E 军事，F 经济，G 文化、科学、教育、体育，H 语言、文字，I 文学，J 艺术，K 历史、地理，N 自然科学总论，O 数理科学和化学，P 天文学、地球科学，Q 生物科学，R 医药、卫生，S 农业、林业，T 工业技术，U 交通运输，V 航空、宇宙飞行，X 环境科学，Z 综合性图书。大类下再分小类，共约四万个类目。

类书及丛书

类书是和辞典相类似的工具书，编制方法是把各种学术的材料汇集到一本书中，按性质分门别类，或按照标题文字的笔画或声韵，依次排列，以便检查。过去有若干失传的书，幸而有类书的引用而保存了零星片段的内容，因此有一些类书更增加了它们的重要性。宋以前类书流传后世而可考见的古籍佚文大体有三种。第一，《艺文类聚》一百卷，唐欧阳询撰。第二，《初学记》三十卷，唐徐坚等奉敕撰。第三，《太平御览》一千卷，分五十五门，宋李昉等奉敕撰，成于太宗太平兴国八年，引秦汉以来的书籍，多至一千六百九十余种，这些书到清朝还能得见的不到十分之二。

明成祖时敕修的《永乐大典》是清《四库全书》的蓝本——《四库全书》另一部分的来源是抄录或购买民间藏书，从其体例看，也是类书，它将每种书全文割裂，分韵排列，例如《易经》先列“蒙”卦，《诗经》先列“大东”篇，《周礼》先列“冬官”为首，其中所采用的古书善本，有些到后世也不传的。清康熙时所编《古今图书集成》也是类书体裁，所引用的古书，因为受到类目的限制，很多都不是全文记载。同时期敕撰的《佩文韵府》，是分韵排列的类书。

丛书是将多种书集合在一起刻印的。原书全文贯串，不加割裂、颠倒及删削，便于阅读。这跟用来方便检索的类书不同。丛书也有保存古书的作用，因为有些书内容少，单行本不容易保存，只有编入丛书，才易于流传。唐宋人所谓的丛书，实际上多是文集或笔记，只有宋代左圭所辑《百川学海》是有名的一部丛书。

一般的丛书，都是古今人著述合刻，也有少数丛书，是一人著作合刻的。前一种丛书，张之洞《书目答问》中举出五十七部，如《汉魏丛书》、《清武英殿聚珍版丛书》、《玉函山房丛书》、《律逮秘书》、《学海堂经解》、《粤雅堂丛书》、《平津馆丛书》等，认为这些丛书保存了有关经史实学的古书，且校刊精当。第二种丛书，张之洞也举出五十部与考订经史有关的，如《亭林遗书》、《船山遗书》、《东壁遗书》之类。

中国古籍过去流传日本而本国反失传的也不少，清末黎庶昌、杨守敬从日本收回一部分，影印为《古逸丛书》。日本人天瀑山人刊《逸存丛书》，其中都是中国已失传的书。

就《四库全书》的体例看，也是一部丛书，不过特别庞大而已，但没有包括当时全国一切的书，有触忌讳或认为无用处的书不收或仅存目录。阮元编有《四库未收书目》。《四库全书》总编纂人是纪昀，分编戴震、邵晋涵等三百六十人。共三万六千册。抄写员一千五百人，经九年后抄成七部，分存北京（两部）、奉天、热河、扬州、镇江、杭州等处。一九二〇年赠予法国一部，太平军战争时毁去两部，英法联军之战毁去一部。

《道藏》也是一部丛书，是道家诸书的总刻，其中所收，除儒家书《易经》等外，其他周秦诸子也多收入，且多系古本，清代学者多根据《道藏》本以校正通行的子书。

佛学

> 中国佛教，虽根源译典，而义理发挥，在于本土撰述。注疏论著，表现我国僧人对于佛理之契会，各有主张，遂成支派。……如天台宗、禅宗，盖可谓纯粹之中国佛教也。
>
> ——汤用彤 哲学史家、佛教史家，曾任北京大学教授、校长

初期的佛教

“佛”是佛陀（Buhda）的简称，原义是“大觉”，兼有自觉及觉他的意义。在印度，从来一切觉者，都称为佛，到释迦牟尼出生，集过去一切佛的大成，为未来一切佛所崇仰，而成为佛教的教祖。

印度有四大等级，第一等是婆罗门族，即僧侣。第二等是王族。第三等是农商。第四等是贱族。释迦出身于王族，反对婆罗门教，于是成立了佛教。“释迦”是他的姓氏，汉文意思是“能仁”，“牟尼”是出家后的名号，意思是“寂默”。释迦大约在公元前五六二年至前五五二年间生于古印度迦毗罗卫国，父名净饭王，母名摩耶夫人。释迦摩尼俗名乔达摩悉达多，曾纳三妃，生一子。青年时因为目睹世间的生老病死及无常诸苦，于是下定决心寻找解脱苦难的道路。

释迦在一个深夜毅然出了城，剃去须发，去寻找永恒的寂乐。国王无可奈何，只好派了五人随从他。苦行者乔达摩和侍者们在恒河流域行脚六

年，参访了许多宗教界的名师，研习他们的理论和方法，修炼最严格的苦行，但都不能解决他的问题。于是他决定自己寻求真正的解脱之道。

他独自坐在尼连禅河边苦行六年，在菩提迦耶遇牧羊女供羊乳，发大誓愿，在一棵毕钵罗树下静坐，经过七天七夜的苦思冥想，战胜了种种烦恼魔障，度过最后一个繁星缀空的夜晚，终于在黎明时睹启明星而豁然开朗，彻悟了人生无尽苦恼的根源和解脱轮回的方法。年十九出家修苦行，至三十五岁得悟。本来他不想传此圣道，后来怜悯众生之苦，动了大善之念，于是决定普度众生。他先为五个跟随他苦修的侍者说苦集灭道四谛，从此就有了由佛、法、僧组成的佛教。之后在四十余年中不停地为各阶层的人们说法，最后大行大愿圆满，享寿八十示寂于拘尸那罗。

释迦弟子很多，最著名的是舍利弗、目犍连、大迦叶、阿那律、须菩提、富楼那、迦旃延、优婆离、罗睺罗、阿难陀十大弟子。佛寂灭后百年，佛徒内部相争，分东西两派。当佛生时及其寂灭后两百年间，佛教传播的区域只在恒河流域，大多是富商、与商人来往频繁的王族及一些想脱离婆罗门教的人。

大约在公元前三五〇年至公元一五〇年间，是原始佛教思想生长的时期。当时的印度社会，正处于奴隶制向封建制过渡的时期。代表这一时期佛教思想的经典是《阿含经》。

《阿含经》的思想颇为复杂，除了解脱哲学外，还夹杂有万有灵魂论、图腾主义、祖先崇拜等原始的宗教要素。其解脱哲学是：

第一，认定生存是苦恼（无常观），力求解脱，争取“无老无死无忧愁戚无秽污无上安稳涅槃”，涅槃即圆寂，追求一种永寂不动的精神境界。

第二，注重宗教的实践，而非形而上学的思辨。

第三，以“诸行无常，诸法无我”、“因爱生苦”、“无我（无爱）即无苦”为根本思想。“诸行无常，诸法无我”大意是一切生存的事物都随时生灭变迁，没有永恒性，而永恒存在的实体——我，也是没有的。“因爱生苦”意思是爱即我的永恒欲望，有欲望即生烦恼。“无我即无苦”——没有欲望就无所谓烦恼了。

第四，“老死”的苦恼有一系列条件——十二因缘，最后为“无明”，意思是无知，不明白佛理。佛教主旨是断灭无明，解脱烦恼，而达到无上安稳的涅槃。

第五，“诸法无我”，就是说现实的我之中没有常一主宰的我（灵魂），死后才能进入涅槃，即脱离轮回，不再投胎为人或变成别的东西，如此才能达到永恒的我的存在。

第六，有时又认为“一切诸法均为实有”，这个“法”包括事物或思想等一切存在而言。综上所述，可知原始佛教思想是主观唯心论，认定精神等我可以永存，同时又掺杂了物心二元论，认为诸法也为实有。

佛教的中国化

印度的阿育王在位时期，佛教逐渐传播到印度以外，如缅甸、锡兰、阿富汗等地。阿育王以后三四百年，佛教渐渐盛行于上述各地及中国地区，印度本地的佛教反而衰败了。

公元二三世纪，龙树比丘提倡诸法皆空的观念，成为大乘空教的始祖。四五世纪之间，无著及其弟子先后阐扬大乘佛法，而创立唯识宗。到了六七世纪，陈那革新佛教逻辑学“因明学”，护法著《成唯识论》来发展无著、世亲的教义，其弟子戒贤继承他的衣钵，而和他们对抗的则有继承龙树理念的法辨及其弟子智光。

初唐中国的玄奘法师到西域，对以上两派理论都有研究。同时期到中国传播佛教的，有菩提达摩、真谛、达摩笈多、法藏（贤首大师）等。公元八世纪，印度佛教衰微，此时到达中国传教的有善无畏、金刚智、不空、实义难陀等人。中国的义净法师游学印度，滞留在南海诸国，回国后多有弘法讲学。

佛教东移，分两条道路，一条是北方路线，经新疆一带进入中国。一条是南方路线，由印度、缅甸、暹罗、安南等地进入中国。后来又由中国传到朝鲜和日本。佛教传入中国，大概是在东汉明帝时期。公元六五年，明帝遣使到印度求佛经，结果得到了佛像经卷，还与释迦摩腾一同归国。在此后的两三百年间，印度及西域佛教家，到中国学汉文、传教、做佛经翻译的，不在少数。从南北朝到隋唐五代，佛教思想支配了中国学术界。

当南北朝对立的时期，北方国家利用佛教对抗南朝，于是中国儒家曾和道家联手进行反佛运动。如梁朝范缜著《神灭论》、刘勰著《灭惑论》、宋朝顾欢著《夷夏论》，引发了佛教徒的诸多辩驳。另一方面，一般学佛的人多用老、庄、《周易》的思想来解释佛教教理，即以外典（非佛教的经典）说明内典（佛教的经典），称为“格义”。

“格义”是佛教中国化的开始。但凡民族接收外来的文化，常常拿固有的民族文化做基础，这就是佛教所以中国化的理由。中国人讲佛学的时候所加入的中国思想倾向，可以归纳为几点。

第一，中国古代哲学都以为在个人主观之外，还有客观的外界存在，而佛学认为外界虚妄不实，即空。中国人认为这种说法太奇怪，讲佛学者就讲佛学所谓的“空”另加解释，使外界“不真空”。

第二，中国儒家主张在“自强不息”之中求人格的最高境界，而富于出世色彩的庄子也并非以全然不活动的人为理想中的真人、至人，因此中国人对佛的境界，也认为并非永寂不动。佛“不为世染”，也“不为寂滞”，所谓“寂而恒照，照而恒寂”。

第三，因印度种族等级很严格，所以印度佛学说有一种人没有佛性，而中国人却说“人皆可以为尧舜”，所以讲佛学时，人人都有佛性。佛教中有轮回的思想，认为今生修行的成就可作为来世修行的根基，如此历劫修行，最终可成佛。而中国人却说即在此生中“顿悟可成佛”。

上述种种情况，在印度佛教徒中也可能有，但到了中国得以发扬光大。如前所说的龙树一派的“诸法皆空”论，因其近于老庄的思想，所以中国人比较容易接受，而无著、世亲的“万法唯识”论跟中国思想不太匹配，因而没有引起很大的反响。佛教中国化的发展，后来产生了禅宗、天台宗、华严宗等宗派。

公元五八一年，杨坚于北方灭北周而建立隋朝，公元五八九年南下灭陈，中国复归统一。当历史由南北朝步入隋唐之时，中国佛教也进入了最辉煌的时期。

隋朝统一中国以后，佛教综合南北体系，形成了统一的特色。隋文帝生于佛寺，养于佛寺，称帝后大力提倡佛教，广建寺庙，并颁诏保护佛教。隋炀帝也笃好佛教，在扬州时设“千僧斋”，并请陈朝高僧智顗大师为其授菩萨戒，智顗授予他一个“总持菩萨”的法号。即位后，隋炀帝诏令天下州郡行道千日，总度千僧，亲制愿文，自称菩萨戒弟子，在扬州造弘善寺，使江苏地区的佛教有所恢复。

这一时期，智顗大师正式创建了中国最早的佛教宗派——天台宗。由于它形成于浙江天台山，故得名。天台宗的教义主要依据《法华经》，因而也称法华宗。智顗著有《摩诃止观》一书，应是中国佛教第一部佛学导论或概论的巨著。按佛教的说法，其理论也来源于大乘空宗一系。天台宗的教义以“止观并重”、“定慧双修”为最高要求，这也是智顗完成南北佛教统一任务的具体表现。智顗“一念三千”学说，是对其止观理论的进一步发挥。

由于隋炀帝的暴政，隋朝只存在了三十八年。公元六一八年，唐朝建立。

唐朝存在的近三百年间，是中国历史上政治、经济、文化都相当繁荣发达、对全人类具有较大贡献的历史时期。

唐代很重视对佛教的整顿和利用。高祖武德二年（公元六一九年），在京师聚集十大高僧，立十大德，管理一般僧尼。太宗继位，重兴译经事业，度僧三千人，在旧战场各地建造寺院。

从武后到玄宗，佛教得到了空前发展，达于极盛，寺院之数比唐初增加一半。在这一时期发生了中国文化史和佛教史上意义重大的一件事，那就是玄奘法师自印度留学归国，太宗为其设立译场，汇集国内学僧与文人名士数千人参与佛经的翻译工作。

玄奘翻译而得的学说，基本反映了公元五世纪以后印度佛学的全貌。当时印度那烂陀寺等处的佛学已分为因明、对法、戒律、中观和瑜伽等五科。

因明科方面，译出《理门》和《入正理论》，树立了在论议基础上的佛家逻辑轨范；

法科、声闻乘方面以《俱舍》为中心，包括《俱舍》以前根本的“一身六足”和《婆沙》等论，以及其后发展的《顺正理》、《显宗》等论，玄奘都原原本本地传译了出来；

大乘对法译出了《集论》和其注书《杂集论》，此二集显示对法经不同于瑜伽论的特点，并指示大小对法相通的途径；

戒律科方面，翻译传播了大乘唯一的《瑜伽菩萨戒》，并辑出《受戒羯磨》作为实行的规范；

中观科方面，特别译出护法的《广百论释》，反映出瑜伽是贯通中观的成就；

瑜伽科方面，则有“一本（《瑜伽》）十支（《显扬》、《庄严》等）”，差不多全部译出。

可以说那烂陀寺最盛时期所传承的佛学精华，基本上都由玄奘大师译传于中土了。在这时期，随着大量印度佛经论著的翻译、传播和弘扬，中国佛教的思想理论获得了创造性的发展，各个宗派先后兴起。除净土宗、天台宗外，具较大影响的还有律宗、三论宗、禅宗、华严宗、法相宗和密宗。

传入中国的宗派

中国接受佛教思想的历程，可分为三个阶段，第一阶段是东汉至魏晋，纯粹翻译。第二阶段是六朝时期，主要是格义理解。第三阶段是隋唐时期，这时印度旧有佛教各宗在中国已有新的发展，同时中国自身也创立了新宗，形成了中国佛教特有的一套哲学。隋唐前后佛教各宗在中国发展的情形如下表：

宗派	印度远祖	中国完成时代及完成或开创者	中印发展状况比较
毗昙宗	马鸣、坚慧、龙树	陈，杜顺大师	在印度为独立宗派，在中国六朝而后，即行衰落。
俱舍宗	世亲菩萨	唐，玄奘	在印度为独立宗派，在中国研究亦盛，但仅供他派作参考。
成实宗	诃梨跋摩	东晋，鸠摩罗什	在印度为独立宗派，在中国研究亦盛，但仅供他派作参考。
三论宗	龙树、提婆	隋，吉藏嘉祥大师	印度有而不盛，在中国极盛。
四论宗	龙树、提婆		在印度为独立宗派,在中国转化为天台。
禅宗		唐，慧能	印度所无，中国独创，极盛。
涅槃宗	世亲菩萨		在印度为独立宗派,在中国转化为天台。
天台宗		隋，智顗智者大师	印度所无，中国独创，极盛。
地论宗	世亲		印度为独立宗派，在中国转化为华严。
华严宗		唐，法藏贤首大师	印度所无，中国独创，极盛。
摄论宗	无著、世亲		印度为独立宗派，在中国融入法相。
法相宗	无著、世亲	唐，玄奘、窥基	印度、中国均极盛。
净土宗	马鸣、龙树、世亲	唐，善导大师	印度极盛，中国次盛。
戒律宗	昙无德	唐，道宣	印度极盛，中国次盛。
密宗	龙树、龙智	唐，善无畏、金刚智	印度极盛，中国次盛。

表里所列的十五宗派中，四论、涅槃、地论、摄论四个宗派在印度影响很大，到了中国则失去了其独立地位，影响甚微。毗昙宗在六朝时期较为流行。其余十个宗派，在隋唐时期流传甚广，不过俱舍、成实二宗的地位比较次要。

传自印度的大乘佛教

大乘佛教亦称“大乘教”，略称“大乘”，梵文音译“摩诃衍那”、“摩诃衍”等。因自称能运载无量众生从生死大河之此岸到达菩提涅槃之彼岸，成就佛果而得名。

大乘的体系形成较晚，直到公元二世纪，马鸣菩萨为大乘佛教系统的形成奠定了坚实基础。公元三世纪，龙树菩萨著《中论》、《大智度论》等论典，广弘大乘法教，使大乘佛教系统真正形成。从印度本土传入中国的大乘（即北传佛教）教派，主要是三论宗、法相宗、戒律宗、净土宗及密宗。

三论宗

三论宗，渊源于古印度大乘佛教的中观宗（又称大乘空宗），创始人为隋唐间的吉藏。以龙树所著的《中论》、《十二门论》及其弟子提婆所著的《百论》为主要经典，故名“三论宗”。又因为它主张“诸法性空”，故也称“法性宗”。三论在六朝时由鸠摩罗什译成中文，隋代嘉祥大师作疏，此后三论宗开始盛行。吉藏的弟子慧感、慧颐在长江下游颇有影响。另一弟子明法师于江南茅山弘扬三论，终身不出。明法师的知名弟子法敏擅三论，通大乘，他于贞观元年（公元六二七年）在丹阳（安徽当涂县）讲《华严经》、《涅槃经》，影响很大。三论宗的思想，是一面批评外道

（不知法我二空之理的叫外道）及小乘佛教，一面阐明大乘正义，即“空”的原理。这一宗派的思想源于般若部诸经。

法相宗

法相宗又称唯识宗，所依据典籍有六经十一部论，以《解深密经》、《瑜伽论》、《唯识三十论》最为重要。中国僧人所作的著述，以玄奘法师的《成唯实论》、窥基的《成唯实论述记》及《因明大疏》为代表。唐初的玄奘法师经过系统的学习，将之传入国内，由他和其弟子窥基所宣讲，他们常住长安（陕西西安）慈恩寺，所以又称慈恩宗，成为唐初最重要的佛教宗派。因为这个宗派集中分析了世界上各种物质和精神的现象，提出“万法唯识”的基本观点，主张宇宙万有，都是心之所变，认为一切现象都是“识”所变现出来的。就它的前一点说，叫作法相宗；就后一点说，叫作唯识宗。法相宗把“识”分为八种，即眼识、耳识、鼻识、舌识、身识、意识、末那识、阿赖耶识，合称八识。以阿赖耶识（第八识）为根本建立整个体系。“转识成智、舍染归净”是法相宗的理论宗旨，也是其修行实践的根本目的。法相宗本质上是纯粹的主观唯心论。其观点与西方的主观唯心论存在差别。西方的主观唯心论认为一切外物都是感觉印象的集合；而唯识论认为，宇宙万有在前六识感觉经验之外，又在第八识之中，不离识而存在。由于法相宗许多说法不合中国社会人情，且论证烦琐，经院气较足，故在社会上不太流行，在唐代流传了几十年就遭到冷落，逐渐湮灭不闻了。

戒律宗

戒律宗，即律宗。佛教信徒所遵守的戒条就是戒律。戒律的解释，因宗派而不同，但律宗通常所说的律，还是指小乘的戒律。这种戒律全本译成中文的有《十诵律》、《四分律》、《僧祇律》、《五分律》等四种，而以《四分律》最为通行。《四分律》又分三派，其代表人物是：一、终南山的道宣律师；相州日光寺的法砺律师；洛阳西太原寺的怀素律师。以道宣派势力最盛，因道宣常年住终南山，故又称南山律宗。道宣援引法相宗的教理来解释《四分律》，因而该宗在哲学上无独立的意义。宣门下弘景的弟子鉴真在扬州大明寺继承了南山宗系统，颇具影响。此宗注重佛教信徒在意识、言行以及衣食坐卧等各方面履行种种规定，制定了中国佛教的受戒仪制。

净土宗

净土宗，因教人信奉念佛法门，发菩提心，往生极乐世界，清净佛土，因而得名。念佛缘因出于《起信论》，后来龙树、天亲也提到过念佛。中国开宗，起于东晋的慧远大师，他曾在庐山结莲社。魏时的昙鸾继承其衣钵，为了学长生之术而结识了来华僧人菩提留支，留支授其净土教义。唐时的道绰及善导又继承昙鸾，提倡专修净土法门。此宗哲学上也属于主观唯心论，宗教性质浓厚，其主张念佛，认为菩提心的“称念”可以解脱罪恶，往生净土。重要经典有《无量寿经》、《阿弥陀经》、《观无量寿经》，称为“净土三经”。中国僧人的著作有昙鸾的《往生论注》，道绰的《安极集》及善导的《观无量寿经疏》等。

密宗

密宗，又称真言宗，唐开元后始传入中国。此宗原分《大日经》与《金刚顶经》两派。《大日经》派善无畏东来，传道于中国一行禅师。《金刚顶经》派有印度人金刚智及其弟子不空来华，后传至惠果，将两派合而为一。密宗在唐代曾经得到王公贵族的爱好。此宗行道作法，灌顶传授，过于神秘离奇，明朝时被禁止传授。公元八世纪至十一世纪间，印度密教传入中国西藏地区，与原来的苯教结合，形成了西藏密教的传统，称“藏密”。从哲学上来说，密宗也属于唯心论，认定主观与客观、心与物是一体的，不但众生均具佛性，就是我们的肉体手足，也是佛陀的肉体手足。

大乘思想根源于某些早期部派，但有许多理论创造，如不仅讲人无我，而且讲法无我；强调菩萨理想胜过阿罗汉，宣称人皆具菩提心可以成佛，倡导慈悲众生，力主以功德回向他人。

所谓“菩萨”，全称为“菩提萨埵”，“菩提”意为觉悟，“萨埵”意为有情，合起来讲就是自利利他。自己觉悟了，看到世上众生还在苦难里，就再回来普度众生，也就是牺牲自我，利益一切众生，佛家称之为“大乘”。古人有诗云“不俗即仙骨，多情乃佛心”，便是说世界上最多情的乃是菩萨。

菩萨是大乘佛教的理想，其基本前提是发菩提心，立誓愿要为众生利益不入涅槃，履行艰苦的十波罗蜜修行：布施、善德、出离、智慧、精进、忍辱、诚实、决意、慈爱和平等。历经十地，“十地”即指十个菩萨行的重要阶位，在佛典中，不同的经论，往往对十地的内容有不同的描述。大乘佛教初期的十地包括：初发心、治地、应行、生贵、修成、正心、不退转、童真、法王子、灌顶。前六地仍属初发意的预备阶段，七地以上虽有缺陷，但已具佛性而不退转，第十地则至于来生成佛的候补阶次了。

大乘佛教提倡身入世而心出世，以济世救众生为基础，牺牲自我而救人，绝对的自发自觉的救世心肠：同体之慈，无缘之悲。这种以与世无争的出世心情，毫无条件而入世救众生的自愿，正如后世佛教所用的标记莲花一样。莲花是纯净无污的“圣洁”之花，但它却不生长在高原山顶之上，而是在秽污烂泥中开花结果。

中国独创的大乘宗派

自汉代传入佛教，中国才开始有佛经的大量翻译。当时的两位著名译经者安世高和支娄迦谶，前者译出大量小乘经典，后者译出大量大乘经典，在社会上都有相当的影响。因此在中国，大小乘佛教几乎是同时传入。然而，就佛教以后在中国发展的情况看，主要是大乘佛教的发展。小乘佛教虽也出现过一些学派和学者，但没有得到进一步的发展，小乘佛教的各种经典、教理和戒律等，多作为参考。

大乘佛教在中国得到了创造性的发展。东晋时期大乘空宗般若学受到当时玄学的影响，在社会上十分流行，对般若“性空说”的解释，有“六家七宗”之多。东晋名僧僧肇，著《物不迁论》、《不真空论》等评述了各家理论的得失，对以龙树为代表的大乘中观学派的思想作了通俗、准确的阐发。这一学派发展到隋代，形成了以吉藏为代表的“三论宗”，以龙树的《中论》、《十二门论》和提婆的《百论》为所依经典，基本上继承了印度大乘中观学（空宗）的思想。

唐初著名学僧玄奘西行求法，回国后大力弘扬无著、世亲的思想，译出《唯识三十论》以及护法、难陀等十家解释“唯识”义的《成唯识论》一书，其大弟子窥基又著《成唯识论述记》等，从而创立了唯识宗，基本上继承的是印度大乘瑜伽行派（有宗）的思想。

除此之外，陈、隋之际形成的天台宗和唐代中期创立的华严宗，已不能简单地归类于印度大乘某一教派之中。华严宗的理论吸收了大乘各学派的说法，甚至包括中国道教、儒家等思想因素，成为具有中国特色的佛教宗派。当然，如果就天台宗以《妙法莲华经》为所依经典说，可以说空宗色彩稍强些。华严宗以《华严经》为所依经典，所以有宗色彩稍多些。

在唐代中期形成的禅宗等宗派，是印度佛教所未有，完全是由中国佛教徒所独创的大乘佛教宗派。他们具有通俗、简明的教理，广泛的融合性和适应性，因此在中国封建社会中具有深远的影响。

天台宗

天台宗，萌芽于北齐朝，当时的慧文大师读龙树的《中论》，有所感悟，立“一心三观”法门，传授给南岳慧恩禅师，慧恩又传给天台智者大师。智者大师名智顗，隋朝人，诵读《妙法莲华经》而得领悟，创作了《法华玄义》、《法华文句》、《摩诃止观》三书，成为天台宗的创始人。他的弟子章安大师著有《涅槃经疏》，唐朝的湛然也有重要著作。此外还流传着一部《大乘止观法门》，作者不详，颇能代表天台宗的哲学。

天台宗大致是以三论宗、四论宗及涅槃宗所根据的理论及龙树的《大智度论》为主，以《法华经》为本经，对《大品般若经》也引用《法华经》解释，所以又称“法华宗”。天台宗认为自性本具有善恶等因，所以生出了各种因缘果。其他宗派专主性善，这也是天台宗与其他宗派大不同之处。

华严宗

华严宗，以阐扬《华严经》而得名，创始者是杜顺禅师，中间经历了智俨、法藏而完善。又因武则天赐号其实际创始人法藏为“贤首”，后人称法藏为贤首大师，故又称为贤首宗。另因该宗发挥“法界缘起”的思想为宗旨，也称为法界宗。其后有四祖澄观（清凉大师），五祖宗密。宗密原本属于禅宗。后转宗华严，称圭峰禅师。华严宗经典以《华严经》为主，并依据世亲的《十地论》。重要的著作有杜顺的《法界观》，智俨的《搜玄记》，法藏的《华严探玄记》、《金狮子章》、《大乘起信论义记》，澄观的《华严疏钞》，宗密的《原人论》。法藏是华严宗思想的主要代表人物，主要著作有《华严经义海百门》、《华严金狮子章》、《华严经探玄记》、

《华严经旨归》等。“法界缘起”论是法藏思想的核心，也是华严宗的思想基础，它主要是以“理”与“事”之间的关系为中心加以阐述的。华严宗立一恒常不变的真心为一切现象之根本，其学说是一种客观的唯心论，天台宗也相类似，与法相宗的主观唯心论不同。华严宗认为，对宇宙间一切事物和现象，由浅入深或由不同的角度而有四种不同，可分为四法界：事法界、理法界、理事无碍法界、事事无碍法界。华严宗将佛教理论体系和表述方式都进一步中国化，代表了中国佛教哲学思维的最高水平，许多思想对后来宋明理学有着重要影响。

禅宗

禅宗，禅即梵语“禅那”的音译，义为坐禅或静虑。该宗传述的历史，说此宗直接受释迦佛的心传，“以心传心，不立文字”，至第十二祖菩提达摩于梁武帝时传入中国，是为中华初祖。传至五祖弘忍，分为南北二宗，北宗以神秀为六祖，南宗以慧能为六祖。南宗更强调顿悟成佛的修行方法，慧能弟子神会以其所学攻击北宗，轰动了朝廷，使得南宗成为禅宗的正统。禅宗不立文字，著作很少，今所传者有《六祖坛经》、敦煌本《神会语录》，及慧能之弟石头希迁所著《参同契》一篇。禅宗修行，以“无念”为主，所根据的教义主要是大乘的法相宗。禅宗的观点与中国思想的统系较为接近，唐以后更为盛行。

佛教宗派的形成，可以说是佛教中国化的主要标志之一。在南北朝时期，传入中国的佛教就出现了众多的学派，但是还没有形成自己的思想体系。随着寺院经济的发展和佛教巩固自己宗教势力的需要，由南北朝的佛教学派进而形成了佛教宗派。佛教宗派不同于学派，它具有自己独特的宗教理论体系、宗教轨范制度，有独立的寺院经济、势力范围，每宗都有自己的传法世系，继承其学说和寺院财产。

小乘佛教

“乘”，即车辆、乘载，也有“道路”的意思。学佛法者乘之行道以达到彼岸，“乘”是佛法传统的代称。

小乘与大乘的形成，是由于公元前一〇〇年左右，原始佛教发生了分裂，形成上座部与大众部两个系统，上座部系统是小乘佛教，大众部系统是大乘佛教。小乘佛教，原是大乘佛教对以前原始佛教和部派佛教的贬称，意指采用劣小的交通工具驰向涅槃的彼岸，不强调救济世人，只专心致力于自己的修行。现今学术界沿用已无贬义。

小乘梵文音译“希那衍那”，亦称“二乘”，即“声闻乘”和“缘觉乘”。现代大乘佛教徒也用来称呼南传上座部佛教。其主要经典是后来在各部派中形成的经、律、论三藏。

小乘佛教在中国曾相当流行，中国最早流行的禅数学以及此后的毗昙学、成实学、俱舍学等，均属小乘类。中国的律学和唐代创始的律宗，都是以小乘律本为依据。现在的小乘佛教主要流行于斯里兰卡、泰国、缅甸、老挝、柬埔寨等南亚及东南亚各国，他们自称“上座部佛教”，不接受“小乘”的称号。中国云南上座部佛教也属于这个系统。

原始佛教认为，世间充满了痛苦，一切事物都是变化无常的。作为其基本教义的四谛，其中苦谛是佛教的出发点——人生在世，必然逃脱不了痛苦。集谛说明产生苦的根源——人的欲望。灭谛说明如何消除苦——关键在于消除欲望。道谛则给出了修行的途径和方法，从而达到绝对宁静、永远超脱的境界。

小乘佛教坚持这一最初教义，认为释迦牟尼是最初顿悟的人，不是神，只是已经涅槃的伟大导师，因而每人应将释迦的教导应用到自己的生活中。释迦的教导，是一种生活的艺术：如何对内活得安详和谐，如何对外产生安详和谐的气氛，使别人也活得安详和谐。

释迦给出了三条教导。第一步就是遵守道德，即戒律：不杀生，不偷盗，不淫邪，不妄语，不饮酒。

众生都想过道德的生活，然而因三毒五蕴所生的烦恼，使他们还无法控制自己的心灵，所以第二步的修行就是禅定，以控制自己的心灵。掌握了自己的心灵，就可以奉行道德准则，适当地奉行戒律。

释迦之所以成佛，是因为他了解到，尽管人们可以实现控制自己的心灵以过着道德的生活，但在其心灵深处仍存在着不净的情结，随时可能呈现出来并不断击败他们。

因此，第三步修行就是发展自己的智慧——般若。每个人可以深入自己的心灵深处，将根植在内心不净的情结拔除，如此就可以过上健康的生活、和谐的生活、道德的生活。

这就是小乘佛教所秉持的戒、定、慧三学，其修行以“禅那”为主，就是坐禅或静虑，是从《大学》的知、止、定、静、安、虑、得的取义而来。

禅那包括瑜伽与观慧，是一种变化气质、锻炼身心的方法。这与中国佛教禅宗的禅又有异同。禅那的方法，有从一心一德的信仰坚定入手；有从生理的安那般那（调理出入呼吸）入手；有从洗心休息入手；有从心理的观念意思入手；有从念诵秘文入手。方式各样，不一而足，统名为四禅八定。

通过这些修行方法，是否真的可以解脱诸苦，摆脱生死轮回，从大乘佛学的观点来看，都是很大的问题。同时，禅那的境界，释迦也曾说过，这是一种共法。所谓共法，并不是佛法所独有的，凡普通世俗的人，与其他宗教、异派学术的人，只要深明学理，努力修行，都可以做到一定境界，却不是普世的法则。

只求自己修行自了，等同于逃避世间的自私隐士，是一种彻底个人自由的实行者。后起的中国禅宗，把这样的人称为“担板汉”或“自了汉”。所谓“担板汉”，就是担着一个板子走路，只来看板子的这一边，不去看板子的另一面；只看到空的清净的一面，而烦恼的苦痛的一面，他拿板子一隔，不去看，不敢碰，眼不见心不烦。

当然，能做到这样的“小乘”也是不易，能毅然决然挑起那副板子，需要选择的明智和担当的勇气，知道烦恼之为害甚深又害怕被烦恼侵蚀，知道人世纷扰没完没了牵牵绊绊，一不小心就深陷其中。如果可以，一切软弱的人，一切摇摆不定的人，一切思前想后的人，一切愿意弃恶向善的人都可以双手合十，乞求菩萨送他一张板，一张“担板汉”的板，担了起来，只看到阳光明媚、清净和谐，因而归于喜乐平安。这样，也是好的。

佛教与儒学

六朝时代，学佛者多援引儒、道两家经典解释佛经，同时反佛者则强调儒、道思想与佛家思想是对立的。到了唐朝，这种情况依然继续着，不过佛学在哲学上已经掌握了思想界的支配权。

儒家虽然在政治及伦理方面排佛，但在哲学思想上潜移默化地受到佛家影响，甚至于不自觉地用佛学来解释儒经。道家哲学则已不为人所注意，人们更注重当时所流传的后汉张道陵所创的道教及葛洪的修仙之术，宗教迷信的成分很大。

当时排佛的学者有韩愈及李翱。韩愈的思想体现在《原道》、《原性》、《原人》、《谏迎佛骨表》、《与孟尚书书》等文章中，阐扬仁义道德，推崇孟子，引用《大学》，提倡道统思想，成为了宋代儒家学术思想的先驱。李翱的思想以他的《复性书》三篇为代表。韩愈、李翱的人性论，有着佛家的思想，特别是“性善情恶”说。所谓性，如同佛教所谓“本心”，唯识宗所谓“慧”；所谓情，如同佛教所谓“无明烦恼”，唯识宗所谓“智”。李翱所谓“灭情复性”，如同佛教断灭无明烦恼求返本心，或存慧去智的主张。因此清代学者章太炎说他们表面上不肯承认，实际上是相信佛理的。

唐朝另有两个思想家，柳宗元与吕才，比较有独到的见解。《柳宗元文集》中所载《送元十八山人南游序》、《天说》、《封建论》、《曹溪第六祖赐谥大鉴禅师碑》、《南岳大明寺律和尚碑》、《送僧浩初序》等文，可为其思想的代表。柳宗元驳斥宗教神话，反对君权神授说，接近于无神论与唯物论，另一方面，认为孔子之道与佛道相结合，降低了孔子学说的尊严，成了佛教唯心论的宣传手段。吕才也是一个无神论者，但没有著作传世，仅在《旧唐书》本传中有些片段记载。

佛教徒方面有一个宗密，对于佛教各宗思想及儒、佛两家思想的比较，颇有研究，他把他的研究结果，写成了《原人论》，这论中有许多见解，又给予宋儒以影响。宗密首先指儒、道两家的万物自然变化论为“迷执”，认为它不能解释人何以秉无知之气而有知的缘故。其次将佛教思想按由浅到深的层次分为五等：

第一，人天教——讲业执及持戒生天（免再堕尘世），但未能说出造业的是谁，受报的是谁；第二，小乘教——以色、心二法为世界人生的根本，即心物二元论，此宗说世界经历成、住、坏、空四劫，周而复始。宗密将它比附儒、道两家学说。后来邵雍、朱熹等儒家学者的宇宙发生论，又受了宗密的暗示；第三，大乘法相宗，即唯识宗，此宗所立之阿赖耶识，永不间断，比小乘教所说的心（思虑之心，可间断）进了一步；第四，大乘破相教，即大乘空宗，认为唯识之识是虚妄。宗密认为，以上这四宗都“偏浅”。另有一乘显性教，才算诠释了佛教的根本教义。一乘显性教是大乘性宗，以本觉真心为一切根本，这也是天台、华严所秉承的。同时，宗密认为，儒、道及佛教中前四宗所持的观点也是真理的一部分，所以将它们综合起来讨论，这部分内容在《原人论》有《会通本末》一章专门论述。

因明学

因明是古印度的逻辑学。因明与声明（语言文字学）、工巧明（工艺历算学）、医方明（医学）、内明（各学派自己的学说，对佛教而言则指佛学）合称“五明”，是古印度的五门学科。因，指推理的根据因由。明，指显明、知识、学问。印度古时以因明教儿童。释迦幼年时，曾从婆罗门学习因明。

在佛教中，因明学作为诠释本门教派教义的说明方法，在与其他各派，甚至是大小乘之间的辩论中广为应用，因而也是佛教的论理学。《解深密经》最能表现释迦的论理思想。其后有龙树的《方便心论》、无著的《瑜伽师地论》、世亲的《如实论》，都谈到因明学，但理论上没有创新。直到陈那首创三支因明法，比较简明易懂，成为后人常用的法则。

陈那是印度瑜伽行派后期的理论家，因明学的集大成者。他原为南印度婆罗门，精通传统婆罗门学说。皈依佛教后，从犊子部论师诵习小乘经论，因答师问惹怒了上师，被逐出师门。转而投世亲门下，改修大乘，研讨有宗；通弥勒之瑜伽，善长正理之因明。他对婆罗门传统的正理论进行了根本性改革，创立了佛教新因明的逻辑体系。印度佛教逻辑史上将陈那以前的印度逻辑学说称为古因明，将陈那之后的逻辑学说称为新因明。

因明的目的，在于宣传教义，驳斥异己的学说，让大众理解和接受。建立正面的主张，称为“能立”。驳斥反面的主张，称为“能破”。反面的言论，称“似立”及“似破”，表示它似是而非。又因悟他以自悟为本，而讲现量智与比量智。现量智是不依赖语言文字而直接证知的方式，也就是通常所说的直觉。比量智是依赖文字语言推论而知。不正确的直证与推论，称为“似现”及“似比”。能立的论式分“宗”、“因”、“喻”三支，与亚里士多德的三段论式相似，兹将两式列下以资比较：

三段论式：

一、大前提（同喻体）——凡炭素物皆可燃

二、小前提（因）——金刚石为炭素物

三、结论（宗）——故金刚石可燃

因明论式：

一、宗（结论）——金刚石可燃

二、因（小前提）——炭素物故

三、喻：1. 同喻体——若炭素物见彼可燃，如薪油等（同喻依）

2. 异喻体——若不可燃见非炭素物，如冰雪等（异喻依）

因明将断案（结论）放在前面，作为立言的规则，因为向他人宣传教义，首先要提出本门的观点主张，然后加以证明。三段论法是纯粹演绎法，而因明还包含了归纳法，因为“同喻体”之下还有“同喻依”为实证，还有“异喻体”及“异喻依”来佐助。

唯识论中的心理学

我们认为，世界是物质决定意识，佛法则认为，是心生则种种法生，心灭则种种法灭，佛法就是要实证这点。这就是唯识观。佛教唯识论包含着丰富的心理学内容，但唯识心理学的基本范畴，既有与现代心理学范畴相通的一面，也有与后者不同之处。

如如来藏宗的心理学，即《楞伽经》与《大乘起信论》所讲的，以一心分为“真如”、“生灭”二门。真如是真心，即如来藏心的实体，是不生不灭、不增不减，无有差别的。生灭之心有差别相，差别由妄念而生。若离妄念，而观“无念”，则为真如。真如生灭本非二物，由觉、不觉而生分别。此真如门约相当于心理学上的“本体界”，生灭门相当于“现象界”。

又如般若宗的心理学，即天台宗所讲的“一心三观”法门。三观是空观、假观、中观。空观破见思惑，证一切智，成般若德；假观破尘沙惑，证道种智，成解脱德；中观破无明惑，证一切种智，成法身德。总而言之，般若宗对心理现象不重分析，认为一切心行（心理活动）都是虚妄。

法相宗的心理学对心理现象分析十分详细，类似于心理学上的内省法。内省法也称自我观察法，通常要求试验对象将自己的心理活动报告出来，通过分析报告资料得出某种心理学的结论。

按照唯识论的分析，心法有八种：一、眼识，二、耳识，三、鼻识，四、舌识，五、身识，六、意识，七、末那识，八、阿赖耶识。

前五识是依眼、耳、鼻、舌或身感知出来的知识。至第六识，与心理学上所说的“意识”略同。

第六识又分两种：第一，独头意识，离开五官感觉之后单独形成的，类似于心理学上所说的“想象”；第二，同时意识，依托前五识之一或与第六识共同作用。人们所能觉察到的识一般是第六识，如各种思想、感情等心理作用，这都是第六识的功用。但要了解和区分色、声、香、味、触五尘境，非同时意识不可。

第七识末那识，就是一个执着于自我的识体，它是我执的最后根源，它会执着于第八识，阿赖耶识里所见到、所听到的，它会以为是“我”，产生我执。所以末那识又名“我爱执识”，意即它执着于第八识里所贮存一切的种子内容都视为“我”，这基本上是一种我执的作用，由此而形成烦恼的根本。

第八识阿赖耶识，阿赖耶的意思是“藏”，储存之意，所以又名“藏识”。阿赖耶识有如计算机的记忆库一样，会储存所有数据，包括过去生中所有善、恶、业力以及所发生过、遭遇过、造作过的所有数据。它是一切业力寄托的所在，也是前七识所有的根本。前七识所输入于阿赖耶识中的各种数据，会犹如种子一样保存其中。这样，客观世界虽在同时六识之外，但仍在第八识之中，不离识而存在。所以说“万法唯识”。

上述种种可知，佛教的心理分析“八识”精密而复杂，对一般受众而言过于专深。因此在玄奘圆寂后，唯识宗逐渐衰微。因唐疏失传，无可依据，清末的佛学家杨仁山由日本取回多部唐疏，如《唯识述记》等，唯识宗得以复兴。近代学者如章太炎、太虚法师等，都是根据唯识学说讲解佛学。章太炎认为研究佛学，仍需有儒学辅助。著名历史学家吕思勉也认为，首先要懂得西方哲学，然后研究佛学，才能免于堕入迷信。

理学

理学家将“天理”和“人欲”对立起来，进而以天理遏制人欲，约束带有自我色彩、个人色彩的情感欲求。理学将传统儒学的先义后利发展成为片面的重义轻利观念。应该看到，理学强调通过道德自觉达到理想人格的建树，也强化了中华民族注重气节和德操、注重社会责任与历史使命的文化性格。

——张岱年 曾任北京大学哲学系教授

宋明理学的产生

宋明理学，即为两宋至明代的儒学。

隋唐时佛家思想的勃兴，使儒家也受了影响。如韩愈、李翱等，一方面吸收佛家理论，另一方面又辟佛，这一现象预示了新儒学的产生——理学。

宋代开始建立的理学，虽然属于儒学范畴，但同时借鉴了道家甚至是道教和佛学的思想，特别是运用在宇宙论与心性论方面，而这两方面又老早是儒、释、道三家混合的所在。如晋王弼拿道家的思想来解释《易经》，道教是阴阳家借道家之名创造的，同时用儒家部分经典——主要是《易经》附会道家学说。佛教中的“格义”，是拿《老子》、《庄子》及《周易》解释佛经。这些相互掺杂的现象，为宋明理学的形成提供了前提条件。宋明理学，将儒、释、道三家的思想融会贯通之处整理成了同一体系。

另一方面，汉唐的训诂注疏学十分烦琐乏味，一些有独立思想的儒学者想谋求新的学术研究途径。宋时的范仲淹、欧阳修、司马光、苏轼、王安石等，都是留心政治、拿经史的义理来研究解决实际问题。宋初的胡安定、孙明复、石守道三个学者，讲求经世致用之学，开一代学风。安定设立经义和治事二斋，依据学生的才能、兴趣志向施教。经义是“明体”的，治事是“达用”的。经义主要学习六经；治事分为治民、讲武、堰水（水利）和历算等科。凡入治事斋的学生每人选一个主科，同时加选一个副科。另外还附设小学。这种大胆尝试，使学生能领悟圣人经典义理，又能学到实际应用的本领，胜任行政、军事、水利等专门性工作。这可说是当时的新教育。在这种教育影响之下，出了不少的学术人才。这成为理学产生的另一前提。

宋时的手工业和商业已有相当发展，货币流通范围扩大，甚至开始使用纸币。经济活跃的同时，民间文化事业也得到促进，如印刷术的进一步完善，书籍数量的增加，官学之外又有民间自由讲学的书院，分布各地。除印刷术外，罗盘针及火药的发明也在宋朝。这样一种欣欣向荣的历史大环境下诞生新的哲学思想——理学，也非偶然了。

北宋嘉祐治平年间（一〇五六年——一〇六七年），儒学发展形成了王安石荆公学派、司马光温公学派、苏轼的蜀学等派。

此后兼容性理而著名的有周敦颐（濂溪先生）的濂学、张载的关学、二程（程颢、程颐）兄弟的洛学。后来洛学由大儒学家朱熹发扬光大，在福建创立闽学，成为居正统之位的程朱理学。濂、洛、关、闽四学派，人称理学四派。

理学实际创始人是周敦颐、邵雍、张载、二程兄弟（程颢、程颐），南宋朱熹而集大成，建立了一套较为完整的客观唯心主义体系。提出“理”先于天地而存在，主张“即物而穷其理”。与朱熹一派相对的，是陆九渊的主观唯心主义，主张“宇宙便是吾心”。

到了明代，王阳明进一步发展陆九渊的学说，认为“心外无物”、“心外无理”，心之“灵明”是宇宙万物的根源。主张“明体心”、“致良知”。

此外，北宋张载提出的气一元论，与二程截然不同。明代王廷相及清初的王夫之、颜元等，对程朱学派、陆王学派都持反对态度。戴震著《孟子字义疏征》，得出“理存于欲”，指出“后儒以理杀人”，对理学作了有力批判。

濂学：周敦颐

周敦颐，字茂叔，道州人，人称濂溪先生，著有《太极图说》、《通书》，是学术界公认的理学开山鼻祖。

周敦颐取道士讲修炼的太极图来解释《易经》,形成了一种宇宙产生论。他认为，宇宙的产生是由无极而太极，太极动静而生阴阳五行，阴阳五行化生万物。依据太极宇宙论，周敦颐又导出“主静，立人极”的人生哲学，以“寂然不动”的佛教理论来解释《中庸》的“诚”，主张“无思”、“无欲”的修养方法，在他的《通书》中，道德论与政治论都是以“诚”为根本。

与周敦颐同时代的邵雍，字尧夫，卒谥康节，世称康节先生，著有《皇极经世书》、《观物篇》、《伊川击壤集》、《渔樵问答》等书，以象数之学著称。

周敦颐的太极图是象学，但他讲象不讲数，邵雍则二者兼顾。史书记载，邵雍的象数之学从易学家李之才，而之才又得之于陈抟老祖。邵雍学说包括：第一，先天学，即唯心论的宇宙观，认为万事万物生于心，心为太极。之所以称为先天学，是因邵雍认为《易经》卦说所说的八卦方位是周文王的后天八卦，而他自己由道家得来的《先天图》所表示的八卦方位是伏羲的先天八卦。除《先天图》，邵雍还制作了许多易学图，如《六十四卦次序图》、《六十四卦圆图方位图》等。他认为天地万物的运转生灭的奥妙都包含在图中。第二，经世论，由阴阳五行而产生的世运之说——实际上已抛弃五行而采取佛家水、风、地、火四大种及成、住、坏、空四大劫的思想。由世运之说而产生王霸之分。第三，性说。邵雍主张性善论，认为性是无我的，性是物我无差别的境界，能以物观物而不以我观物，以我观物是“情”，情偏而暗，性公而明。

关学：张载

张载，字子厚，长安人，世称横渠先生，代表作有《正蒙》、《经学理窟》及《易说》。其中《正蒙》最为重要。《蒙》是《周易》的一个卦名，该卦彖辞中有“蒙以养正”语。蒙，即蒙昧未明；正，即订正。意思是从蒙童起就要加以培养。张载说：“养其蒙使正者，圣人之功也。”书名由此而来。《正蒙》中的《太和篇》讨论道体——世界的本源、本体、规律或原理，《诚明篇》讨论性体——本性与气质，《太心篇》讨论心体——思想。

他的理学观点可分为下面两部分。

第一，太虚论。这是他的宇宙论，他认为宇宙本体是太虚一元之气，“太虚”又名“太和”，万事万物都由它生，而万物死灭时，仍散为太虚，太虚即气，并不是绝对空虚。

张载的“太虚”包含一与多、有与无的统一性，由此而产生的万物遵循一定的转换规律。比如《正蒙·太和篇》中说：“有象斯有对，对必反其为；有反斯有仇，仇必和而解。”一切现象都有对立的两方面，两者的运动方向必然相反。相反就相仇，相仇即斗争，斗争的结果必然归于调和。

这也是中国传统哲学的思维方式。

其他如“物无孤立之理”、“动非自外”、“两不立则一不可见”、“天下之物，无两个有相似者”、“金铁有时而腐，山岳有时而摧，凡有形之物即易坏”、“无常乃所以为常”等话，都体现着事物间相互联系转换的法则。张载还研究各种自然现象，对寒暑、潮汐、日食、月食、风雨、雷霆以及动植物等，都有自己的认识。总而言之，张载的气一元论属于唯物主义。

第二，性说及天人合一观。横渠讲性，分天地之性与气质之性两种，天地之性是指整个气而言，气质之性是对个体而言。天人合一观，在《西铭》一文中有深刻的体现，如他的名句“为天地立心，为生民立命，为往圣继绝学，为万世开太平”，即是天人合一的唯心论，被当代哲学家冯友兰概括为“横渠四句”。为社会建立信仰体系，为民众奠定命运根基，为前圣接继思想学术，为万世开拓太平事业。这四句话涉及精神价值、生命意义、学统传承、社会理想等多方面的内容，最能显示儒者的襟怀，也最能体现儒者的器识与宏愿，也可以看作张载一生抱负和理想的概括。

洛学：程颢、程颐

周敦颐、邵雍、张载都是理学的开创者，而河南的程颢、程颐兄弟，一起创立了“天理”学说。“理”因此成为二程哲学的核心，宋明理学得以真正确立。

程氏兄弟所谓的“理”，既是指自然的普遍法则，也是指人类社会的常规原则，适用于自然、社会和一切具体事物。这就把儒家传统的“天人合一”思想，用“天人一理”的形式表达了出来，中国上古哲学中“天”

所具有的无上地位，开始用“理”来代替，这也是程氏兄弟对中国哲学的一大贡献。

程颢，字伯淳，人称明道先生。程颐，字正叔，比程颐小一岁，曾在伊水居住，故人称伊川先生。两兄弟拜周敦颐为师，与邵雍为友，而张载则是二人的叔父。程颢没有专门的学术著作，他的讲学语录和一些书信诗文，被后人与程颐的著作合编在一起而为《二程遗书》。以前人们认为两者是一家之学，没有分别。相对而言，程颢比程颐更注重个人内心的体验。近年有研究认为，程颢是唯心一元论者，他的学说是陆九渊“心学”的源头；程颐是心物二元论者，他的学说是后世朱熹理学的源头。

程颢对“性”与“仁”作了详细的阐释，认为万物都受乾元一气而生，有生就有了性。性即气，气即性；仁就是元气，也是性，不过性在元气静止的时候体现，仁则是在元气运动转换的时候显现。仁者，是与天地万物一体的，义、礼、智、信都是仁的表现形态，明白了这个道理，就要以诚敬之心去实践它。这也是孟子“万物皆备于我”的道理：天地万物我都能积极主动去思考和认知，那么天地万物也就皆为我所有了。

此外，程颢确立了“理”在道学上的至高地位。理是宇宙万有的普遍法则，是由主观方面“推”出来而属于客观的范畴。程氏的“理”说，与张载的“气”说，是理学重要的两个立论点。

程颢还区分了人心与道心。道心指心的本性。道即天理，心被欲望蒙蔽时，就忘了天理。道心即元气，修养就是为了去除道心的邪恶，因而这是道心一元论。

程颐的思想与哥哥不同，主要有五个要点。

第一，秉持理、气二元论的宇宙观。认为阴阳是气，推动阴阳转换的原则是道，道即理。气是形而下者，理是形而上者。

第二，认为动静、阴阳、善恶等对立方，相反又相需。这一观念有科学的一面，但他又说“形”由“心”生，“理”是实体。

第三，格物致知。“格者，至也”，穷究事物的原理法则，进而总结掌握其理。“耳目能视听而不能远者，气有限耳，心则无远近也”，认识事物的关键在于“心”。心“与天地合其德，与日月合其明，非在外也”，故致知重“内感”而不重外部事物。

第四，知行合一。程颐较为注重“知”，与王阳明的以行为主不同。阳明是直觉主义，程颐是主知主义。

第五，性即理。性即理，所以叫理性。理性善，但气有清浊之分，所以由此聚合而生的人也贤愚不齐。

第六，居敬致和。个人涵养在敬，即心思专一地探究万物的法则道理，就可达到人事和顺的境界。居敬与致和并重，不同于程颢的专存诚敬的修养方式。

另外，程颐的教育主张和思想对后世教育影响很大。在学习方法上，他强调求其意，“凡看文字，先须晓其文义，然后可求其意，未有文义不晓而见意者也”；主张读书要思考，“不深思则不能造其学”。后世在他讲学的地方设立书院，如河南嵩阳书院、伊川书院等，以为纪念。

闽学：朱熹

朱熹，字晦庵，徽州婺源人。父亲朱松因逆权相秦桧的意旨反对与金国和议，被贬为福建延平尤溪县尉，罢官后寓居在此，生朱熹。因此，宋学中有濂、洛、关、闽四大学派，朱熹为闽派。濂指周敦颐，洛指二程，关指张载。

朱熹曾在闽、浙、赣一带做知府、知州官，又曾任枢密院编修。当时民众生活困苦，国家又面临外侮，一些进步人士反对和议，积极主张改善民生。朱熹便是其中最为突出的人物。他发表主战论，又主张限制土地兼并，创立协调农村经济的社仓制度。

前有周、邵、程、张留下的丰富哲学遗产；二程兄弟之后，有谢良佐、杨时、吕大临、胡宏、李侗、张拭继承讲学，其中谢、杨被誉为程门二杰。朱熹受教于李侗，同时又是杨时的弟子。可以说前人的成就为朱熹开创理学巅峰奠定了稳固的基础。

朱熹生平著述约二三十种，最重要的是《大学中庸章句》、《论语孟子集注》、《诗集传》、《易本义》、《小学》(修身之书)、《近思录》、《通鉴纲目》、《河南程氏遗书》等。他的理学思想，主要反映在后人编纂的《朱子语类》、《朱子语录》、《朱子文集》、《朱子书节要》等书中。

朱熹的学说可归纳为以下几点。

第一，持理气二元论的宇宙论。朱熹集从前各理学家的学说于一体，以周敦颐的太极图说做构架，把邵雍所讲的数、张载所说的气和二程所说形上形下及理气的区别融合其中。他提出，有形有象的事物是“器”，即所谓“形而下者”。器的形成原理就是“道”，道是“形而上者”。“无极而太极”，就是无形而有理。世间万物，不管是天然形成的，还是人为造成的，都有其道理。这个道理，在物没有产生之前就已然存在了。

太极是世间万物之理的总和，也是世间万物的最高标准。太极包含在每一样事物当中。理是生物之本——相当于希腊哲学中的“形式”，气是生物之具——相当于希腊哲学中的“材料”。万事万物的生成，都遵循这一理；后来有了性，必然存了气，才有了形。阴阳错综变化而不失条绪，便是理。但气若不结聚，理便无所依附了。

第二，理在气先。朱熹认为，理和气本没有先后可言，然而要想推其从何而来，必然是先有其理。哲学家冯友兰说，理就逻辑而言，是不受时空限制而恒定不变的，好比尚未有船和车之时，生成船和车的原理已先存在。而发明船和车，不过是发现了造船车的原理而依照原理做出实际的东西，即船、车概念的实例罢了。这可以说是朱熹学说的精辟诠释。

第三，理全气偏。朱熹认为，理是完全的，但具体的事物所禀受的气，则总是偏而不全的。人与物之性，即人与物所秉承的真理，没有不正确的，即性无不正确。然而人与物所禀之气，有清有浊，有多有少，有偏有正，有通有塞。得气之正且通的就成为人，偏而塞的为物。就人而言，禀气清明的为圣人，浑浊的为愚人。由此看出，朱熹的心性说，认为性是心之理，理与气合，才有心之灵明。心又包含情与才，情是心之动，才是心之力，情过于泛滥流露的，则为欲。性是天理，即“道心”。欲是人欲，即“人心”，也称为私欲。因此他倡导去人欲、存天理。

第四，格物致知。朱熹的修养方法大体可分为两个方面：格物致知与居敬养心。格物致知，即探究事物的规律和原理，明白世间的一切道理，如此才能使人心不受欲望的蒙蔽而常保清明。要达到这一目的，要点在读书。他认为，万物之理本已具备在人心中，这一点也反映了“万物皆备于我”的观点。居敬，并非闭目静坐，不接触任何事物。而是节律自持，收敛身心，不使放纵。同时他也教人静坐以使心思专一。白天接触事物思考而得的，夜晚须有所涵养巩固。人长存敬之心，欲自然会收敛。

政治上，朱熹认为夏、商、周三代之治，是完全合乎天理的。汉唐之治，虽暗含合乎天理之处，可主要还是人的私欲的推动，这就是王与霸的分别。因而治国之本，还是在于修养。朱熹的格物致知理论，归根结底是一种修养法，附带有科学精神在内。因为他认定理存在于万物之中，必须认识探究才能明白掌握。他的违背科学之处，在于一方面认定万物之理客观存在，另一方面又认定万物之理具备于人心之中，误认圣人可以“生而知之”。因此，有些人认为他是心物二元论者，又有些人认为他是唯心论者。如果说他是唯心的，他的“即物穷理”又不合于唯心论，所以陆王学派的人常攻击其理论。

陆学：陆九渊

陆九渊，字子静，书斋名“存”，人称存斋先生。他曾在贵溪龙虎山建茅舍讲学，因为其山形如象，自号象山翁，所以又得称象山先生、陆象山。与同时代的理学家朱熹齐名，史称“朱陆”。

陆九渊官位并不显要，学术上也无师承，他融合了孟子“万物皆备于我”和“良知”、“良能”的观点以及佛教禅宗“心生”、“心灭”等论点，提出“心即理”的哲学命题，形成了理学新的学派——心学。明代王阳明发展了他的学说，成为中国哲学史上著名的陆王学派，对近代中国理学产生深远影响，被后人称为“陆子”。

陆九从小好学，善于思考。三四岁时，曾向父亲发问“天地何所穷际”，父亲笑而不语。长到十三岁上，有一天读书读到宇宙二字，解读说：“四方上下曰宇，往古来今曰宙。”忽然对自己儿时思考的问题若有所悟：原来“无穷”便是如此啊！人与天地万物都在无穷之中。他从“宇宙”二字中悟得人生之道：“宇宙内事乃己分内事，己分内事乃宇宙内事。”得出自己的观念：“宇宙便是吾心，吾心即是宇宙。”创“心即理”说。

陆九渊认为，穷理不必向事物上去求，而要向自己的本心求索，本心即善。所谓格物，只求尽心。做学问，只是除去蒙在此心上的物欲之蔽，或意见之蔽，而恢复其本体。

对宇宙无穷与对本心广大的顿悟，使陆九渊达到了一种新的人生境界。正像他此后在《语录》中说的：“人须是闲时大纲思量：宇宙之间，如此广阔，吾身立于其中，须大做一个人。”这就是“先立乎其大者”，就是“知本”。

他提倡安坐瞑目的修养方法，以认识自己的本心，如此自然明理。因而，朱熹发展了《中庸》上“道同学”三字，陆九渊则发展了“尊德性”三字。用现在的哲学来说，陆的学说是主观唯心论，因为他认定宇宙万物都在人心中，观点注重“思”而不注重“学”。陆九渊一生著述不多，现存《象山先生全集》三十六卷。

陆九渊曾受人邀请，在鹅湖与朱熹碰面，讨论理学的问题，辩论十分激烈，意见无法统一。最后朱熹说道：“人各有所见，不如取决于后世”，结束了这次面谈，后来二人通过书信往来继续辩论。所谓“朱陆异同”，是学术史上的一个重要问题。

鹅湖争论的焦点在于为学的流程。朱熹主张首先博览世界而后归纳总结，陆九渊则主张先发现自己的本心而后博览，结果朱熹认为他简略空疏，他则觉得对方支离琐碎。后来通信的重点集中在太极阴阳等问题上。朱熹认为阴阳为形而下之器，阴阳之理应为形而上之道，陆九渊认为阴阳即道；朱熹认为太极是无形的理，故有“无极而太极”之说。陆九渊认为“无极”是叠床架屋，宇宙只有一个理；他又说孔子并非“多学而识之”者，朱熹则说孔子“好古敏求”，未尝不多学，只不过其中有“一以贯之”之处。

综上所述，可知朱熹较为注重归纳法，陆九渊则是纯粹演绎法。朱学注重经验，陆学注重直觉。陆九渊不承认理之外有气，显然是主张唯心一元论。

陆九渊之后，继承其学说的有他的门徒杨简等人。杨简，号慈湖，著有《己易启蔽》，他的唯心论学说比陆九渊的更透彻，不承认有“道”与“器”的分别，或“形上”与“形下”的分别，认为“天地我之天地，变化我之变化，非他物也”。同时又融入佛家思想，主张一切都由意念转。除杨简外，还有袁燮和舒璘继承其思想。

浙东学派

南宋学术，除了朱陆两派，还有浙东的事功派，反对空谈性命的理学，主张研究经世致用的实学。浙派又分三派：

金华派，以吕祖谦为代表，所著《左氏博议》较有名。吕祖谦偏于史学，也研究过性理之学，思想接近陆派，重视良知及自身的省悟。

永嘉派，以陈傅良为代表，永嘉人叶适继承发扬。叶适善于批评古今学术，对古书正伪和道统之辨多有研究。当时理学派的性理太极说出于《易系辞》，叶适考证《系辞》不一定是出于孔子，所以周敦颐、张载和二程的学说恐怕与佛学更近一些。著作主要有《水心文集》。

永康派，以陈亮为代表。他认为治国之道，上古的夏商周未必行的就是天道，汉唐的治理未必就是人欲所纵。朱熹批评说这是“义利双行，王霸并用”。所谓功利派，以永康、永嘉两派为代表。这一学派可说是理学的批评派。

宋末至明初理学

宋朝理学至朱熹已发展到最高峰，形成了一套完备的体系。陆九渊的慈湖派则还未成气候，不能与朱学抗衡。因此宋末明初，还是朱学占优势的时期。宋朝继承朱学的，除朱熹门人蔡元定、蔡沈、黄干、陈淳等人，还有间接继承朱学的魏了翁及真德秀。但魏了翁的思想是绝对唯心论。元朝理学家许衡、刘因、赵复、吴澄属于程朱学派，赵偕、郑玉属于象山派，但吴澄、郑玉都主张调和朱陆之争。明代理学，在王阳明以前，有河东、崇仁、白沙等学派。河东的代表人物是薛瑄，崇仁的代表人物是吴与弼及他的弟子胡居仁，都属程朱派。白沙的代表人物是陈献章及弟子湛若水，属象山派，对后世崛起的王阳明的学术思想不无影响。

王阳明之学

王阳明，本名守仁，浙江余姚人，曾在阳明洞建筑书屋聚众讲学，因而被称为阳明先生，其学派是姚江学派。谥号文成，因而后人又称王文成公。

十八岁时，王阳明与夫人诸氏返回余姚，行船路过江西广信时拜访了理学家娄谅，娄谅向他讲述了“格物致知”之学，王阳明听得十分入迷，之后他遍读朱熹的著作，思考宋儒所谓“物有表里精粗，一草一木皆具至理”的学问。为了实践朱熹的“格物致知”，他下决心穷竹之理，“格”了七天七夜的竹子未有发现，却因此病倒。从此，王阳明对格物之学产生了极大怀疑。这就是中国哲学史上“守仁格竹”的典故。

至三十七岁时，王阳明因得罪宦官刘瑾，被贬到贵州龙场驿。一天夜晚忽然大悟：天下事理无穷无尽，一样样地追究根底不现实，探求“理”不应在事物上，而要从自己内心去寻找。“理”在人“心”，“理”化生宇宙天地万物，故人心自秉其精要。“圣人之道，吾性自足”——人人都具备成为圣人的能力，这样的能力蕴含于本心之中，向内心需求真理已足够，无须借外物。于是提出“心即理”、“知行合一”、“致良知”三种学说，以良知说为根本。王阳明的著作，有《王文成公全书》三十八卷，前三卷的《传习录》是门徒们记录他日常讲学整理而成，也是王阳明哲学思想的精华所在。

“心即理”继承了陆九渊的主张。王阳明说“心外无理，心外无事”——

心的本体就是天理，事物虽千差万别，理在人心，心即理。反对程朱一派通过事物追求“至理”的“格物致知”之法。

“知行合一”在“心即理”的基础上推演而来。想求理于本心，只有知行合一才可穷天下事理。在知与行的关系上，强调要知，更要行，知中有行，行中有知，二者互为表里，不可分离。知必然要表现为行，不行则不能算真知。“知是行之始，行是知之成”；“夫人必有欲食之心，然后知食，欲食之心即是意，即是行之始矣”；“未有知而不行者；知而不行，只是未知”；“知之真切笃实处即是行，行之明觉精察处即是知”……我们常说“我知道这件事情应该这样做，但是……”——王阳明告诉我们，知道而不去做，等于不知道。坚定地把“但是”去掉，去做你觉得应该的事情。

“致良知”，是将《大学·致知》与《孟子·良知》结合在一起，“知是心之本体，心自然会知……此便是良知……常人不能无私意障碍，所以须用致知格物之功，胜私复礼，即心之良知，更无障碍”。例如，身边的同事在用一个错误的方法干活，你知道正确的方法，本可以告诉他，但此人跟你有过争执；不告诉他，也跟你没关系。王阳明告诉我们，此时要选择告诉他正确的方法——做决定，永远选择更接近善良的那一个。

王阳明的“心即理”、“致良知”、“知行合一”都在强调道德的自觉和主宰性。他说：“知是理之灵处，就其主宰处说便谓之心，就其禀赋处说便谓之性。”人心能够知晓行为的善恶，也能自觉地去为善，这就是本心的“明觉”，这是对程颢思想的发展。正因为人心的本质是理，并且人能自觉到这种道德意识，所以人不需通过外物去认识本心之理，外物之理只是人心的表现。格致的功夫不是去认识外物，而是去掉本心的私欲。

作为心学集大成者，王阳明与孔子——儒学创始人、孟子——儒学集大成者、朱熹——理学集大成者四人并称孔、孟、朱、王。他的学术思想传至中国以外的日本、朝鲜半岛、东南亚等国与地区，产生了重要而深远的影响。集立功、立德、立言于一身。

朱熹的哲学中包含有唯心主义的成分，王阳明将他著作中的这一部分言论搜集起来，编辑成《朱子晚年定论》一书，强调这是朱熹晚年成熟的见解，以证明其与自己的思想是一致的。与王阳明同时代的罗钦顺在《困学记》中点出王阳明《朱子晚年定论》的曲解，指出朱熹一派与陆九渊一派实质不同。

王阳明的学说后来分为左右两派。右派以王畿为代表，引入佛教禅宗的思想，主张无念无知，达到生死轮回的解脱；认为儒、释、老三教可以融合，儒家排斥异端是不合理的。左派以王艮为代表，有所谓“淮南格物说”，认为已心正则天下国家亦正。他将哲学常识化以求实用，活跃于民间。他的门徒颜山农、何心隐都有游侠风，心隐因反对权臣严嵩而被害。左派的思想至李贽而达到极点，他曾写文章批评儒家，斥责以“正名分”为中心的礼教害人，认为世间是非本无定论。李贽被视作礼教罪人，著作数次被焚，本身被诬下狱，自刎而死。

实际上，李贽崇尚儒家学说，但反对把程朱理学作为评判是非的唯一标准，强调为社稷民生着想、关心百姓生活才是“真道学”；提倡个性自由、官民平等和男女平等，这在社会价值导向上是有积极意义的。

清初理学的批判

清朝学风，最初因陆王派不读经典，只空谈冥想，而展开对它的批评和修正，发展到后来，整个宋明理学都被贴上虚无不实的标签，被彻底批判，由此产生了实用派与考证派（所谓汉学）。这就是所谓由程朱与陆王之争，演变成汉学与宋学之争。当时秉程朱之学而攻击王学的，有陆世仪、陆陇其等；虽属程朱派而自己另有建树的，有顾炎武、王夫之等；虽属陆王派而对王学有所修正的，有孙奇逢、李颙、黄宗羲等。攻击理学的，一方面认为理学无用于政治，以致“武人俗士”专权，“夷狄寇盗之祸”四起，“天下鱼烂河决，生民涂炭”；另一方面批判理学的研究方法不实际，理学家虽主张实行夏商周的王道政治，然而根本从记载中无从考见三代政治的真相。由前一种批判产生了实用主义派，由后一种产生了考证派，顾炎武的学术兼有以上所述的两个特点，可视作清代学术的奠基人。

顾炎武与黄宗羲、王夫之并称明末清初三大儒。本名绛，字忠清，江苏昆山人；因为仰慕文天祥学生王炎午的为人，改名炎武，字宁人，也自署蒋山佣，有反清复明之志，并参加昆山抗清义军，兵败后游历北方各省，通观形势，阴结豪杰，晚年定居陕西华阴，以待时机。世人尊称亭林先生。

顾炎武青年时就发愤为经世致用之学，学问渊博，国家典制、郡邑掌故、天文地理、兵农经史、音韵训诂，都有研究。晚年治经重考证，开清代朴学风气。其学以博学于文，行已有耻为主，合学与行、治学与经世为一。主要著作有《日知录》、《天下郡国利病书》、《音学五书》。客观实证主义与经世救时的实用主义，是他思想的主要特点。“天下兴亡，匹夫有责”及“经学即理学”两句名言即出自他口。

王夫之，字而农，一号姜斋，湖南衡阳人，因晚年隐居湘西石船山，被称为船山先生。著作有七十余种之多，后有邓显鹤集为《船山遗书》，其中《读通鉴论》、《宋论》、《俟解》、《诗文集》有单行本。王夫之十分推崇张载和朱熹，反对王阳明，从本体论与方法论的角度批评王阳明的“恍惚空明之见”，比顾炎武等更为深刻。

王夫之认为，先有“器”而后有“道”；反对“以见闻觉知所不能及为无有”的说法，认为有无不过是聚散隐显的变化，而太虚不变；太极本体只有动，静也是一种动；体用一源，不可离“用”而另立一“体”；

心不能离身而存，己不能绝物。这些见解，比宋明的理学家们都要深刻。近代学者李石岑在《中国哲学十讲》中评价说：“船山在中国哲学上的地位，我看比朱晦庵、王阳明还要高，也比颜习斋、戴东原诸人来得重要。”

孙奇逢字启泰，号钟元，晚年讲学于辉县夏峰村二十余年，从者众，世称夏峰先生。明亡，清廷屡召不仕，人称孙征君。因为要补救王阳明之学的“虚病”，生平著作大半是文献考证和资料记载，没有哲学上的专著。

李颙字中孚，号二曲。陕西周至人。因为“周至”的古字在《汉书》中解释为山曲和水曲，所以世称二曲先生。出身贫农，借书苦学，遍读经史诸子以及释道之书。曾讲学江南。学说颇有平民色彩，主张兼取朱、陆两派之长，认为“朱之教人，循循有序”，“中正平实，极便初学”；“陆之教人，一洗支离锢蔽之陋，在儒者中最为儆切”（《二曲集》卷四）其长。哲学思想也属于实用主义，与孙奇逢相似。

黄宗羲，字太冲，一字德冰，号南雷，别号梨洲老人，学者称梨洲先生。生平因奔走国难，备尝艰苦，著作重要者有《宋元学案》、《明儒学案》、《明夷待访录》、《南雷文定》等。他的哲学思想属于王阳明的主观唯心论，但作了实用主义的修正，主张把“致良知于事事物物”的“致”字作“行”字解，摒弃静坐参悟求见本体的虚妄。他的政治理想主要集中在《明夷待访录》一书，从“民本”的立场抨击了君主专制制度者，包含着明确的民主主义精神。当时卢梭《民约论》还未出现，而黄宗羲已有此卓越思想，因而被誉为“中国思想启蒙之父”。

理学批判的最高峰

顾炎武、王夫之、黄宗羲、李颙等人，只针对王阳明一派的理学进行批判与修正，至颜元、李塨谷及戴震，则连程朱学派一起反对，特别是颜李一派，连汉学的考据与宋明理学一并否定。

颜元，原字易直，更字浑然，号习斋，一生以行医、教学为业，生平很少离开他所住的乡村。他的学术思想有一个变化发展的过程。二十四岁时，他“深喜陆、王，手抄《要语》一册”；二十六岁时，才开始明白程朱理学的要点；三十四岁时，“因司周公之六德、六行、六艺，孔子之四教，正学；静坐读书，乃程朱陆王为禅学、俗学所浸淫，非正务也”。自此之后，他力主恢复尧舜周孔之道，猛烈抨击程朱陆王的学说，从原来笃信理学变成批判理学的代表。

颜元反对著书，因而著述很少，仅有《存学》、《存性》、《存治》、《存人》四本简短的小册子。《存学》讨论了孔子以前的教学方法，主张习行六艺，反对静坐与读书。《存性》主要阐明他的哲学观点，尊崇孟子的性善论，反对宋儒理学的变化气质论。《存治》发表他的政治主张，如行均田、复选举、重武事等。《存人》是批判佛教。此外，其门徒也编纂了几种书，一并收在《颜李遗书》中。

颜元反对“正其谊不谋其利，明其道不计其功”的观念。主张“习事见理”，不但“口中讲说，纸上敷衍”，还要“手格其物，而后知至”。他不赞成宋儒只靠读书去探究事理的做法，主张动手实验求得真知。但他所要实验的对象是古代儒经上所记载的古代制度，而不是眼前的事物。他还反对宋儒“理善气恶”的说法，认为理即气之理，理善则气亦善，气恶则理亦恶，仍尊崇孟子的性善论。

李塨谷是颜元的弟子，名塨，字刚主，生平交游甚广，以弘扬普及师说为己任。著作比较多，在颜元“习事见理”的观点基础之上，他又强调“理在事中”，道理出于实事，反对理学家“理在事上”、“理在事先”的观点。因师傅颜元主张实行古代制度，李塨谷就从事考古，这减弱了其学派的实践精神。

继颜李派而起的理学批判者是戴震。戴震，一字东原，二字慎修，号杲溪。其著作《原善》、《孟子字义疏证》专论义理之学。戴震对宋理学的批判堪比颜李派；本体论思想接近王夫之；讲求科学的方法论，这一点比顾炎武更进一步；考证学的研究以阐明哲学体系为目的，所谓“深通训诂，将以明道”。

戴震认为，宇宙本体是阴阳五行的生化流转。“形而上者谓之道，形而下者谓之器”——对于这两句话，戴震的理解是“形而上”即“形以前”，阴阳未成形质叫作道，已成形质叫作器。水、火、金、木、土，有形质可见的是形而下，五行之气则是形而上。因此，他反对程朱的理气二元论。在他看来，老、庄、释“分形神为二本”，宋儒“别理气为二本”，观点是相似的，都以无形无迹的事物为“实有”或“得于天”，以有形有迹的事物（形或气）为“虚幻”或“私”，前者以神为形的主宰，后者以理为气的主宰。他认为，“理”只是气化流转的必然规律，不在事物之外，而是客观地存在于事物之中，因而可“察尽其实”，不应主观地“心出一意以可否之”。基于这种认识论，戴震在伦理学上主张感觉论的道德起源论，认为人类求生存的欲望是道德产生的根源，反对宋理学“去人欲而存天理”的说法。他说“理者存乎欲者也”，“欲之失为私”，“君子亦无私而已矣，不贵无欲”。朱熹说心具众理，陆九渊、王阳明说心即理，都违反了“理是客观的”这一命题，戴震区分了“理”和“意见”，认为理是客观的，公的；意见是主观的，私的。他觉得宋儒常常以意见为理，因而导致“以理杀人”。但他又说“人之材得天地之全能，通天地之全德”，可见其思想未彻底独立，所以不能与朱熹、王阳明相匹敌而形成另一体系的建立。

新理学的产生

戴震之后的所谓正统派汉学家都不讲义理之学。咸丰以后，重臣曾国藩颇有不满意汉学而推崇宋学的意思，但他对理学未有促进作用。晚清今文学派大行其道，宋学更为沉寂。今文学派多围绕政治方面做文章，很少论及性理天道的问题，不过谭嗣同的《仁学》谈到了宇宙本体，确是理学问题。谭嗣同将科学知识与儒、佛、道三家学说融合在一起，建立天人合一的"仁"的本体，这同陆王学派的思想很相像，但他的思想属于唯物主义。

近代发表《新理学》的冯友兰，成为重振理学的一个榜样人物，被誉为"现代新儒家"。掌握现代科学知识，对西方哲学有着系统研究，同时又继承宋学传统并延伸发展的，冯友兰可算是第一人。他对程朱学派作了相当的修正。他的宇宙观仍是理气二元论，理是形式，气是质料。理属于真际，属于逻辑的，即形而上的世界，不受时空的限制。气属于实际，即形而下的世界，是在时空中的。处于时空中的实际事物，不只是气，而是由气依照理变化形成的。"理"世界是不变的，时刻变化着的是实际世界。这实际世界要按照那"理"来变化，但又不是完全实现了那"理"。"理"是多样的，每一样事物有其所以然之理。其"理"是包含矛盾的，如冯友兰所说，事物依照理而有各类之性，有各个体之性，但个体之性与类之性可以有冲突。他修正了朱子"物物有一太极"的说法，认为"太极"是一切理的总和，一物只能有一极，即一种标准或极限。同时也修正了朱子"心具众理"的观点，他认为理是客观的范畴，一心不可能具众理。

冯友兰的理学，不谈各种具体的理——各种事物之理只能由各专门的科学去研究，只谈抽象之理，对于"两仪"、"四象"也作了新的解释，对历史、革命、道德等的阐释，都结合时势的因素。他认为圣人的境界是与万物一体的，圣人以“宇宙底心”为心，也可说是“为天地立心”，换句话说，就是“无私”、“无我”。

冯友兰的《中国哲学史》、《新理学》、《新事论》、《新世训》、《新原人》、《新原道》、《新知言》，构成了他的“新理学”体系。这些著作也为中国哲学史的学科建设做出了重大贡献。

韵文

> 我认为若讲中国文化，讲思想与哲学，有些处不如讲文学更好些。在中国文学中也已包括了儒道佛诸派思想，而且连作家的全人格都在里边了。
>
> ——钱穆 历史学家，曾任北京大学历史系教授

文学的范围与类别

中国古代所说的文学，与现在所说的文学有所不同。如《论语·先进》中记载，孔门四科有德行、言语、政治、文学。当时的文学包含了礼和乐，范围很大。孔子说："兴于诗，立于礼，成于乐。"诗、礼、乐三件事是相互联系在一起的。现今，我们只把诗算作文学。

相对而言，古时所说的词章之学与现在所谓文学的意思大致相同。虽然讲词章之学的偏重形式，但包含了真正的文学作品。四库书中，文学一般都在集部，但集部中并非都是文学作品。比如一种文集里不光有文学作品，还会收录议论文、考据文、应酬文等文章，所以集部里的书不光是文学，还有大部分文字是史学、哲学或日常应用文。集部之外，也会有文学作品的存在，比如被归在经部的《诗经》，实际上是部文学书。在现代文学中占重要地位的小说，过去属于子部，而且只收录笔记琐闻，《水浒》、《红楼梦》等白话小说则排除在外。戏曲也不列入文学正宗。总的来说，很多现代被视为文学的作品，以前并不归入文学类。

古时对文学的分类很繁杂，如《昭明文选》把诗文分成三十七类，诗一类又分二十二子目，古今诗体按题目分为二十余类；按作者分为五十多类……有关文学的知识，我们将分韵文与非韵文两部分来讲述。韵文是要求使用同韵母的字作句字结尾，以求押韵的文体，与散文（不要求押韵的文体）相对，如诗歌、赋、词、曲等。

诗歌总集

集部的书有总集与别集的分别。但凡收录多名作家的作品，叫总集，只收录一人作品的，叫别集或专集。《诗经》是我国最早的一部诗总集，这部作品在中国文学史上的地位，相当于希腊荷马的《奥德赛》与《伊利亚特》。

人类最初的文学形式就是诗歌，其他文学形式基本都是从诗歌发展而来的。《诗经》是中国最早的一部纯文学书，由《诗经》演变而为《离骚》，而后依次演变为汉朝的赋、六朝的骈文、唐朝的诗、宋朝的词、元代的曲等。

《诗经》分为风、雅、颂三部分。三部分中，风的文学价值最高。风是从民间采录的歌谣，收录了很多抒情诗及反映人民生活疾苦的作品。雅和颂，是当时朝中士大夫所写的，有些诗篇直接把作者的名字点出来了，如《小雅·巷伯》有“寺人孟子，作为此诗”，《大雅·崧高》及《烝民》都有“吉甫作诵”句。雅中的诗歌，有的是美丽的神话与传说，有的是社会动荡民不聊生苦痛的疾呼。其他则多为歌功颂德、夸耀国威的乐歌。这一部分的诗歌可算是叙事诗类的史诗。颂也包含史诗，如《商颂·玄鸟》篇。

《诗序》以风、雅、颂各部分的第一篇为代表作，称为“四始”。《国风》以《关雎》为始，《小雅》以《鹿鸣》为始，《大雅》以《文王》为始，《周颂》以《清庙》为始。《关雎》一篇很受孔子的推崇，说“《关雎》乐而不淫，哀而不伤”。整部《诗经》，孔子总结：“诗三百，一言以蔽之，思无邪。”

《国风》的开篇是《周南》和《召南》，诗歌的背景是春秋战国时代的楚国一代。据说一向蛮荒的南方国家受到文王的影响，而产生了如此温厚的歌谣，比其他国风更正派，所以列在前面，且有意把它们从国风中分出来另作一类，变成南、风、雅、颂。实际上，所谓“南”，就是南方乐歌，周与召大概是采集南方诗歌的两位负责人。《周南》和《召南》可算楚风一类。因此，《诗经》中并不完全都是北方文学。

楚辞

《楚辞》是中国汉族文学史上第一部浪漫主义诗歌总集，骚体类文章的总集。“楚辞”的名称，西汉初期已出现，至刘向编辑成集，东汉时王逸作了注本。《楚辞》包含了屈原、宋玉、景差、贾谊、东方朔等人的作品共十六篇，其中屈原是主要作者，其他作者不过是仿照他的文体创造，所以一并收录了。后王逸增入自己的作品《九思》，成十七篇，流传至今。

屈原是楚国人，与楚王同姓。楚怀王原本比较信任他，后来因为上官大夫们的谗言诽谤，被疏远放逐到湘沅地区——湘水与沅水一带。屈原看到楚国政治腐败，国势衰微，多次被秦国哄骗欺侮又无力反抗，将有亡国的危险，于是忧愤而作《离骚》。有关“离骚”二字的含义后世有很多说法，王逸认为是离别忧愁之意。屈原根据湘沅一带祀神的巫歌创作了《九歌》，同时还有《天问》、《九章》、《远游》、《卜居》、《渔父》等作品。

当楚国国都郢被秦兵攻破，既无力挽救楚国的危亡，又深感政治理想无法实现的屈原，最终投汨罗江而死。后世流传的端午节即为纪念这位才华横溢又忧国伤怀的伟大诗人。

无论形式还是内容，《楚辞》都和《诗经》不尽相同。形式上，《诗经》虽有三字、五字、六字、七字或九字一句的，主要还是四字句的最多，因此算是四言诗。《楚辞》则以六字句居多，而且长短参差，形式活泼。内容上，《诗经》的情感色彩温柔敦厚，《离骚》则奔放热烈。梁启超据此认为，光看《离骚》的文风及屈原投江的激进行为，就知道屈原的性格跟讲中庸之道的中国人不同。《诗经》中的神话比较少，《离骚》中有丰富的神话，如羲和、望舒、飞康、丰隆、宓妃、有娀、帙女等故事，这跟希腊的荷马诗很相似。如果拿祀神的《九歌》与《诗经》中的颂相比，后者所祀的神是祖先，前者所祀的东皇太一、湘夫人、山鬼、国殇，多是离奇怪诞的鬼神，屈原所歌唱的虽是神话，实际是现实深刻的反映。

《离骚》是屈原最重要的代表作，凡两千余字，是一篇伟大的抒情叙事诗。司马迁在《史记》中说："《国风》好色而不淫，《小雅》怨诽而不乱，若《离骚》者可谓兼之矣。"后世用来泛称文学的"风骚"一词，风指《诗经》中的《国风》，骚即《楚辞》中的《离骚》。继承屈原创作文体的诸作者中有一个宋玉，他所作的《九辩》以悲秋开始，情辞凄婉，也非常著名。

骚体文学包括楚歌和楚赋，它们有两个共同特点：一是以《楚辞》中作品为模拟范式，二是"兮"的大量运用；后者构成了骚赋有别于其他作品最明显的外在标志。不仅有项羽《垓下歌》、刘邦《大风歌》、汉武帝的《秋风辞》等帝王作品，整个两汉魏晋骚体都是《楚辞》的继承者。

《楚辞》对中国文学的发展有极其深广的影响，几乎每个文学领域，各个不同的体裁的文学都不同程度存在它的身影。郑振铎在《屈原作品在中国文学史上的影响》一文中给予《楚辞》极高的评价："像水银泻地，像丽日当空，像春天之于花卉，像火炬之于黑暗的无星之夜，永远在启发着、激动着无数的后代的作家们。”

赋

赋，源于《楚辞》及战国时代的策士文，是汉朝文学的代表形式。赋的形式在诗与文之间，班固说“赋者，古诗之流也”，又说“不歌而诵，谓之赋”，赋是一种能读不能唱的诗。赋的意义是“铺”、“敷”，所以敷陈叙事，铺展词采。

《汉书·艺文志》中将赋分为四种：屈赋、陆赋、荀赋、杂赋。屈赋即《楚辞》，如汉朝的贾谊、淮南王刘安的赋，特点是抒情。陆赋是汉时陆贾的赋，枚皋、朱建、严助、朱买臣、扬雄等人的赋也属此类，流传至今的只有扬雄的作品。这类赋是策士文的一种演变，偏重于辞令说理。荀赋即《荀子》中的《赋篇》，特点是咏物。杂赋所列书目全部失传，无法知道内容形式。从今天的观点看，只有屈赋一类可归于文学。

除《汉书》的记载外，还有很多作赋的名家，最出名的是司马相如，代表作有《子虚赋》、《上林赋》、《大人赋》、《长门赋》等，都跟宫廷生活有关。前两篇描写田猎，第三篇描写神仙，第四篇是替失宠的陈皇后抒写情思以感动皇帝。司马相如生性浪漫，有与年轻寡妇卓文君相恋的佳话，后来成为汉武帝的御用文人。东方朔，代表作有《七谏》、《答客难》，也是汉武帝的侍文之臣。

贾谊，是早期汉赋的代表作家，他的《吊屈原赋》、《鵩鸟赋》成为抒写抑郁不平之情的典范，最具个性。其他作家，如枚乘，代表作《七谏》；扬雄模仿司马相如的《甘泉》、《羽猎》、《长惭》等赋最出名；东汉班固的《两都赋》曾名动天下，此外有张衡的《西京赋》，传说写了十年，也很有名。著名才女蔡文姬之父蔡邕创作了很多赋，以《述行》、《短人》、《释海》等篇最佳。

汉代社会经济发达，无战乱之忧，君王们想以文字装饰太平，夸耀功德，并消遣娱乐，于是就用利禄功名奖励作文之人。所以，汉赋大体上是宫廷文学，内容无法与《楚辞》相比。形式上堆砌辞藻，铺张事物，作赋家多兼为字典编纂者，字典上的种种物名也尽数列上去，又喜欢用排偶句法，因而活泼有生气的文章少，笨拙冗长的为多。

因偏重形式，内容日益贫乏，魏晋以后再难出现好的赋，所以后世章太炎曾评价："自屈、宋以至鲍（照）、谢（灵运），赋道已极，庾信之作，去古愈远……赋之亡盖先于诗。"魏晋以后，赋日益向骈文方向发展，称为"骈赋"；唐代又由骈体转入律体，称"律赋"；宋代以散文形式写赋，称"文赋"。唐宋时期著名的赋有杜牧的《阿房宫赋》、欧阳修的《秋声赋》、苏轼的《前赤壁赋》。

虽然对于现代人来说，赋远不及诗、词、散文、小说那样脍炙人口。但在古代，特别在汉唐时，赋与诗比肩，从曹丕的"诗赋欲丽"和陆机的"诗缘情而绮靡，赋体物而浏亮"可窥一斑。汉唐时期，有只作赋而不写诗的文人，却几乎没有只作诗而不写赋的才子。建安以后乃至整个六朝时期，对赋的推崇甚于诗。赋与汉代的诗文一起，成就了汉代文学的灿烂与辉煌。

乐府

唐朝以前的诗被称为古体诗，唐时的诗被称为今体诗或近体诗。古体诗分为乐府和古诗两种。

乐府，本是掌管音乐的机关名称，最早设立于汉武帝时，以李延年为协律都尉，收集编纂民间音乐、整理改编与创作音乐，并进行演唱、演奏等活动。那些可唱出来的诗，称为“乐府”，不能唱的诗，称为诗，即唐人称的“古诗”。汉代以前，诗乐不分，因为凡诗都能歌唱。汉时歌诗分离，民间的歌曲得以保存下来。此后，凡文人专门模仿创作的民歌，或模仿古乐府的形式创作但不能唱的诗，也称“乐府”，或“新乐府”。乐府双璧是《木兰诗》与《孔雀东南飞》。

早在汉武帝设立乐府之前，乐歌的形式已受皇家青睐，如汉高祖刘邦作《大风歌》，令家乡沛中上百儿童歌唱，高祖爱好“楚声”，他的《鸿鹄歌》及唐山夫人的《房中祠乐》都是楚声。武帝设立专署，命司马相如等增制十九章之歌，采集燕、代、秦、楚等地的民谣，用箜篌、横吹等外国乐器演奏，李延年根据胡曲创作新声，音乐风格大变，乐府诗开始风行。西汉至东汉初年是乐府的发展时期，东汉末年及建安（汉献帝年号）前后达到全盛阶段，建安之后模仿之作居多，隋唐时期逐渐衰落。

据宋代学者郑樵《通志·乐略》记载，汉时创作的歌曲有《短萧铙歌》、《相和歌》、《郊祀歌》等十余种，每种有若干曲。相和曲中有《薤露》、《蒿里》、《陌上桑》、《箜篌引》等，都是从民间收集，《陌上桑》与《箜篌引》的歌词，前者活泼诙谐，后者凄婉动人。《郊祀歌》是邹阳、司马相如等文人的作品。《短箫铙歌》是鼓吹曲，发声宏大，用于军队。东汉时乐府诗，如辛延年的《羽林郎》、繁饮的《定情诗》等，都属佳作。建安时期，魏武帝、魏文帝及曹植的乐府诗，如《短歌行》、《燕歌行》、《秋胡行》等，情感充沛，寓意深刻。南北朝时代，又有许多新创作的乐府歌曲。南朝流行《华山畿》、《子夜歌》等民歌，是柔婉的“清商乐”。北朝乐府偏向刚健的胡声，歌词质朴，有《琅琊王歌》、《折杨柳歌》、《捉搦歌》、《陇头流水歌》等。

宋朝郭茂倩编辑的《乐府诗集》，收录了汉魏到唐五代的乐府歌辞及先秦至唐末的歌谣，共五千多首。真正的汉魏乐府，可在其中领略到。

五言诗

汉魏六朝间的诗，多半是五字一句的，而建安时代，五言诗的创作特别丰富而优美，因《昭明文选》中多为五言诗，人们也称为“选体”。五言诗和乐府不无关系，如李延年《北方有佳人》、蔡邕的《饮弓长城窟行》、蔡文姬的《胡笳十八拍》，以及之前提到的《孔雀东南飞》、《羽林郎》、《陌上桑》等，基本都是五言。

五言诗始于何时，前人看法不一。有的认为汉代李陵与苏武的唱和诗是五言之祖，有的认为《古诗十九首》才是五言起源，而作者和创作年代都不可考。五言诗虽不能确定创于何人，而起源于西汉则是无疑的。东汉时，五言诗作家有班固、张衡、傅毅、徐淑、秦嘉夫妇、蔡文姬等。建安时期，曹操、曹丕、曹植三父子最为有名，以陈思王曹植的作品成就最高，著名代表作有《美女》、《七哀》、《名都》、《白马》、《驱车》、《弃妇》等。其次是号称“建安七子”的孔融、王粲、徐幹、陈琳、阮瑀、应玚、刘桢。这些诗人中佳作不多，陈琳的《饮马长城窟行》最为世人称道。同时代的诗除五言占主流外，也有四言诗，如曹操的《短歌行》，和七言诗，如曹丕的《燕歌行》。四言诗是《诗经》形式的延续，七言诗则是一种新的诗体创作。

建安时代的文风，由质朴渐入浮华，讲究音节与辞藻的华美，为六朝的唯美主义文风奠定了基础。继承建安风格的有阮籍和嵇康，前者以《咏怀诗》著名，他们是正始（魏主芳的年号）文学的中心人物，同时又是西晋“竹林七贤”（除他二人外，还有山涛、向秀、刘伶、阮咸、王戎）的先锋人物。西晋太康（武帝年号）时期的“三张”——张载、张亢、张协，二陆——陆机、陆云，二潘——潘岳、潘尼，一左——左思等，都不同程度继承了建安的传统，但专注对仗排偶的技巧，诗意日渐浅薄。南北朝时，淫艳之风大行。

东晋南北朝时期的诗，形式上仍继承汉魏，五言古体诗为主，其次是七言古体诗，“律诗”初见萌芽，诗风不似先前的质朴婉转，日趋艳丽浮华，只有东晋末年的陶潜与别家格外不同。

陶潜，字渊明，世称靖节先生，曾做过几年小官，后因厌烦官场辞官回家，从此隐居乡里以诗酒自娱，与周续之、刘遗民并称“浔阳三隐”，以田园生活为题材创作诗文，清新自然，不事雕琢，同时又怀有深情寄托。陶渊明的诗如《归田园居》、《读山海经》、《饮酒》、《咏荆轲》等，都为世人称道。词赋也很有名，代表作有《归去来兮辞》、《闲情赋》。

陶潜之后，有诗人谢灵运，他是东晋指挥淝水之战的著名大将谢玄的孙子，袭封康乐公，也喜欢歌咏自然，后人将他与陶潜并称，他为山水诗人，陶潜为田园诗人。唐时的孟浩然、王维、储光羲、韦应物、柳宗元等人，都学陶诗以歌咏自然风物。

谢灵运和颜延之、鲍照，都是宋元嘉（宋文帝年号）体的代表作家。谢灵运和弟弟谢惠连在当时的文坛名气不小，人称“大小谢”。也有人将他和南齐的谢朓并称“大小谢”。谢朓字玄晖，曾作宣城太守，是齐永明（齐武帝年号）体的代表者。齐武帝的第二个儿子竟陵王萧子良，爱好写诗，他所结交的诗人谢朓、任昉、沈约、陆倕、范云、萧琛、王融、萧衍等，号称“竟陵八友”。后来的皇帝梁武帝萧衍又收编了这八位诗友，因此有所谓“齐梁体”的名目。

梁代的君主都是文学家，梁武帝的三儿子萧纲——后来的简文帝，特别以艳诗著名，号称“宫体”。江淹、何逊、吴均等也是梁代的名诗人。此时诗的形式渐重声调格律，风格日益低俗，至陈代更甚，较著名的诗人有徐陵、阴铿、庾信等人。徐陵编选汉魏六朝的艳体诗十卷，名《玉台新咏》，于是有“玉台体”的名称。

北朝诗人不似南朝诗人那样众多，北魏的温子升、魏收、邢邵名声在外，以温邢并称，又有“大邢小魏”之号，南朝的庾信到北周任职，于是又有南徐北庾的说法。至隋统一南北，除隋炀帝杨广，还有诗人薛道衡、杨素、虞世基、王胄等名家，对徐陵、庾信有所继承，但诗风开始转变。不乏荡气回肠、情感豪迈的作品。

这一时期出现的女作家有苏蕙，擅于回文诗。民歌《子夜歌》的创作者是一位名叫子夜的女子。此外，谢道韫也是一位女诗人。

唐诗

唐朝是古体诗的黄金时代，诗人之多，诗文之优，其他时代无法相比。诗体形式多样，风格各异。在继承前人的基础上，还创造出了近体诗，产生了杜甫、李白两位诗坛中的巅峰人物。

近体诗，即律诗。律诗的特点是讲究平仄和对仗。分五言律、七言律两种，以八句为一首，每两句为一韵，首一句也有时叶韵，中间的四句必须做成两个对联，也有全部都对的。又有“绝句”的形式，即截取律诗的一半，有七绝、五绝两种。六朝时阴铿、何逊、徐陵都写过五言律，只是当时没有确定为一种格式，到唐朝沈佺期、宋之问才确定。唐代诗人所作的古体诗以五言、七言为主。两句为一韵，没有句数限制，也无平仄对偶的讲究，每句字数也可变动。

唐诗有初、盛、中、晚四个时期的分别。初唐期约一百年，代表诗人有王勃、杨炯、卢照邻、骆宾王，并称“四杰”；有沈佺期、宋之问等继承陈隋艳诗风格的；有陈子昂、张九龄主张质朴的，开盛唐诗文创作的先声。这一时期，确立了五言、七言律，出现了五言、七言绝，又有“排律”这样一种创作形式：扩大律诗的篇幅，增加对联句者十韵。诗的形式大大丰富了。

盛唐与中唐可合为一个时期来讲述。自开元、天宝（玄宗年号）以至大历（代宗）、元和（宪宗）、长庆（穆宗）这百余年，是唐诗的成熟期。除李白、杜甫，代表诗人有王维、孟浩然、高适、岑参、韦应物、韩愈、柳宗元、孟郊、贾岛、李贺、元稹、白居易等。王、孟、高、岑并称“四唐人”。

王维、孟浩然擅长歌咏自然，高适描写边塞战争生活入目三分，王昌龄、王之涣的边塞诗流传也很广，王昌龄有“诗夫子”的称号。韦应物、柳宗元的诗风格近于王维和孟浩然。韩愈、孟郊、贾岛、李贺这四人诗作别具一格，类似今日的另类作家，有批评家说“郊寒岛瘦，长吉（李贺）鬼才”。“元白”是中唐诗人中的斗士，白居易的讽喻诗浅白通俗，又刺中时弊，《秦中吟》及《新乐府》中的《新丰折臂翁》等都是脍炙人口的名篇。元稹的《连昌宫词》和白居易的《长恨歌》都是反映天宝史事的名作。除元白外，中唐诗人还有被权德舆称为“五言长城”的刘长卿，其名作《逢雪宿芙蓉山主人》选入今日的语文教材中。晚唐诗人以温庭筠、李商隐为代表，其名作都是艳诗，又有陆龟蒙、皮日休等人专作浅白的诗，世称“小杜”的杜牧，诗文创作艳中有豪气。宋初杨夫年等人模仿温、李的诗，称“西昆体”。温、李及另一诗人段成式都排行十六，因此他们的诗又称“三十六体”。韩偓擅写艳诗，称“香奁体”。至晚唐，唐诗开始衰落。

李白与杜甫两大诗人，各有其特殊的生活境况，其创作各自反映了一种时代的背景。李白是浪漫派，杜甫则是写实派。

李白字太白，贺知章称他为“谪仙人”，因此有“诗仙”的美誉。为人豪放不羁，颇有道家逍遥派的思想。活动于开元、天宝盛世，进阶成为食宫中俸禄的御用诗人，作品充满浪漫情调，不受形式拘束。他在沉香亭即兴赋《清平调》三章，歌咏杨贵妃，是有名的香艳诗。他又会写边塞风光，会拟古乐府，有些诗又充满了厌世观念，如《将进酒》，反映颓废的贵族生活。

杜甫字子美，号少陵，遭逢安史之乱，经历坎坷，他的思想不如李白的超脱，作品多深切反映现实，如《北征》、《述怀》、《三别》、《三吏》等，描写内战时期民众苦难的生活，《石壕吏》一篇尤为世人称颂。晚年定居成都，风格转为闲适，作品数量大增，怀着关心国计民生的热情，所写时事的诗尤为动人，因而人称他为“诗史”，又称“诗圣”。杜甫的诗文创作，无论形式或内容，都有很高的造诣。他的造诣，从学问修养与生活中来，而不是仅凭天赋。

唐之后的诗人也有很多，但为唐诗的旧形式所限，很少创新。以下讲讲几位重要的代表人物。

北宋的苏轼，字子瞻，号东坡居士。黄庭坚，字鲁直，号山谷，江西诗派之祖。南宋的陆游，号放翁，有诗集《剑南诗稿》。这几位是宋朝最有名的诗家。苏黄之前，有以梅花诗著名的林逋。著有《西昆酬唱集》的杨亿、刘筠等人。苏舜钦、梅尧臣的诗简淡尚古，一洗西昆体的浓艳。苏东坡诗学陶潜、李白，黄庭坚则学杜甫。黄与晁补之、秦观、张耒四人，被称为“苏门四学士”。师承黄庭坚的有陈师道、潘大临等。陆游的诗也从江西诗派演变而来，他与尤袤、范成大、杨万里合称南宋“中兴四大诗人”。四人中陆游的诗写实感强，饱含情感，民族意识强烈。陆游之后有“四灵”——徐灵晖、徐灵渊、翁灵舒、赵灵秀，及著有《沧浪诗话》、自号沧浪逋客的严羽。宋末有一派遗民诗——收集郑思肖、邓牧、谢翱及其他无名作者的诗合编为《谷音》，慷慨悲歌，情感真挚。

辽、金、元明数代，诗的创作无论是数量或质量大不如前，勉强可算诗家的有金国的元好问，元代与杨载、范㮋、揭傒斯合称四大家的虞集，著有《西湖竹枝词》的杨维桢，明朝的高启、以《白燕》诗著名的袁凯等。

清朝初期，有钱谦益、吴伟业，二人与龚鼎孳合称“江左三大家”；王士祯、施闰章、宋琬，查慎行、朱彝尊等，以主张诗贵神韵说的王士祯最著名。清中期有袁枚——提倡性灵说、赵翼、蒋士铨、沈德潜、翁方纲、黄景仁、厉鹗等。清末有号“同光派”的龚自珍、陈三立等，其诗重骨格而少灵韵，后有“南社”诗派，宣扬民族主义，内容充实：黄遵宪以新名词入诗，诗的形式也得到了解放。

词

词是可以歌唱出来并与乐器配合的韵文，不像诗歌那样整齐，文句长短不一，因而形式多样，比诗的体裁更丰富。当唐诗发展至巅峰，词这一新形式的文学也应运而生，成为宋代的文学主流。

词有种种词牌名，依据乐曲而定。唐代时，输入了中亚地区、印度及朝鲜等地的外国乐曲，融合而创制新乐曲，曲目日益丰富。文人中有喜好研究音乐的，将诗句变换以配合乐谱，在五言、七言绝句字间插的散声或插在句间的和声部分，填上实字，就叫作填词。这也是词产生的渊源，据说李白的《菩萨蛮》和《忆秦娥》是最开始出现的词。唐人跟风作词的不少，但都是短词，称为“小令”。那时诗与词还没有明确的划分，到晚唐及五代时才正式有“词”一说，赵崇祚收集词作五百多首，辑成《花间集》，是中国历史上第一部词选集。至宋代，小令、中词以外，又有长调，词体十分完备，作者众多，佳作迭出，成为词的全盛时代，明代的毛晋编《宋六十名家词》九十卷，搜集较为全面。

最初创作的词，多半是描写艳情或抒发哀怨，语句通俗，大概是由民间情歌改编，或模仿情歌而创作。后来宋人把篇幅加长，创制了长调，又有很多不懂声乐的文人来写词，把词风也改变了。宋代的词，形式上偏散文化，或非形象化（重议论），内容上则有豪放派的产生。

宋朝之后，虽然一般文人爱好填词，其中也有优秀的作品，但都不能与宋代词相比，并且渐渐与声乐分离，所谓依谱填词完全成了一种形式，但字数、平仄、韵脚依然是有限制的。

唐代诗人温庭筠，至晚唐才开始于诗外另有词的创作，是花间词派的重要作家之一。精通音律，词风浓绮艳丽，语言工炼，格调清俊，他的诗与李商隐齐名，有“温李”之称。

五代时著名词人颇多，以南唐后主李煜声名最响。李后主早期的创作多艳情，后期则为亡国怨叹之声，如“四十年来家国，三千里地山河……最是仓皇辞庙日，教坊犹奏别离歌，垂泪对宫娥”，“春花秋月何时了，往事知多少……”诸词，忧伤凄婉，最为世人激赏。南唐中主李璟，也作得一手好词，此外还有冯延巳。除南唐外，西蜀也是词人胜地，如前蜀的王建、王衍，后蜀的孟昶，都以国主兼作家身份，其他作家以韦庄最著名。

北宋词人可分为四个时期。小词（令词）时期，有晏殊、欧阳修、晏幾道等。慢词（长调）时期，有柳永、秦观等。慢词是柳永使用俚俗语言，依照新乐曲而作，后发展成“诗人词”，主要作者有苏轼、黄庭坚等。精于音律作曲的“乐府词”人，有周邦彦、李清照等。

南宋分两个时期。前期有朱希真、辛弃疾、陆游、刘过、刘克庄等，是近代所谓白话词派作者；后期的姜夔、高观国、吴文英、史达祖、蒋捷、王沂孙、周密、陈允平、张炎等，则是乐府词派。

风格上，宋代词人又分为婉约派（南派）与豪放派（北派），前者以姜夔为代表，后者以苏轼、辛弃疾为代表。柳永与苏轼的风格，也是哀婉与豪放的对比，时人评论说，柳永的“杨柳岸晓风残月”宜十七八少女吟唱，苏东坡的“大江东去”须关西大汉唱。辛弃疾军人而兼词人，多感时伤事之作，与苏东坡齐名，世称苏辛。

宋朝有两大女词人，一个是写“莫道不销魂，帘卷西风，人比黄花瘦”的李清照，号易安居士，著有《漱玉词》，一个是著有《断肠词》的朱淑真。北宋词人周邦彦，号清真，深通音律，他的《清真集》成为后人模仿的准则，南宋姜夔、吴文英、周密等也受周邦彦的影响，姜夔和周密善于化用典故、雕琢词句，因而有“典雅词派”之称。到了清代，词人尤为突出的是纳兰性德，他的词缠绵婉转，颇似南唐后主，著作有《饮水词》、《佩帽词》等。

散曲

词发展到南宋，完全成了少数文人的消遣品。因偏重形式的雕琢，不羁的文人们想要表达情感，常常感到束缚，因此到了元代，词衰落而曲盛行。

唐宋时期民间已有简单的歌舞表演和歌舞戏，金国产生了兼歌唱与说白一体的董解元《西厢》，元朝人把歌唱、说白与动作（舞）结合起来表演故事，便形成了戏剧。戏曲之外，还有散曲。戏曲是表演故事，散曲则是单纯的诗歌，比词更口语化。这种从大众文艺中衍生出的新诗歌形式，适应北方民族的音乐，又是仿照戏剧中唱词的体例而创作，形式活泼，深得不愿受词格约束的文人们的心。

散曲的代表作家有张可久、乔吉、关汉卿、白朴、马致远、郑光祖等。散曲创作大多清丽，马致远则作风豪放，一曲《天净沙·秋思》，非常著名。明清两朝，散曲作者也不少，但因逐渐偏重音律和辞藻，元曲的精髓便不能继续保持下去了。

非韵文

散文易学而难工，骈文难学而易工。

——王国维 新儒学代表，曾任北京大学研究所国学门通讯导师

散文与骈文

诗、赋、词、曲都是韵文，相对而言的非韵文，分为散文和骈文。

散文的句法，长短不一，比较接近口语的形式。骈文的句法，讲究排比齐整，字义虚实相对。如“老当益壮，宁知白首之心，穷且愈坚，不坠青云之志”，一双四字句及六字句，两两相对，这就是骈文，其他形式的普通文章都是散文。这个散文和现代所说的散文定义是不同的。

六朝盛行的骈文，由赋蜕变而来。骈是对偶的意思，骈文以四字句、六字句相间成文，所以又叫四六文。骈文的定义，骈文家们各有判定，认为骈文包括“骈字”、“骈句”、“骈意”等形式，不仅四六文而已。“骈字”即两字重叠而成的语汇，例如“窈窕”、“参差”、“苗条”、“流离”、“天天”等，或双声相重，或叠韵相重，或同字相重。如果不重叠，音节就不明显，读起来不悦耳。所谓“骈句”，不仅包括四六句，只要是排句，都包括其中了，如“城非不高也，池非不深也……”这也算骈句。至于“骈意”，则凡文字有几层意思，分几段排列写出的，都是骈意。

这样算来，不但韩、柳、欧、苏那些散文大家的文章脱不了骈文的范围，便是白话文也有许多是骈文了。这一定义过于宽泛。骈文虽不限于四六，但句法整齐、字义虚实相对这两个原则，必须具备，才算是骈文，如八股文、对联，都合于这两个原则，因此都是骈文。至于其他的骈句，就不能叫骈文。骈字和骈意，更不能算是骈文独有的特点。

骈文是六朝才产生的。周、秦、汉代的文字，不过是散文中间有排比的句法，或韵语，或连续数节文字的结构偶然相类似，这与后世的骈文不同。古代文书流传困难，常常要凭口耳相传，所以有可能把句子弄整齐些或做成韵语，以便记忆及传诵，但这种构造并无一定格式，绝不能和四六文或八股文相提并论。

自唐朝以来，散文被很多文人称为“古文”，这个名词也容易让人误会，因为今人看来，过去的文章，无论骈文、散文，都是古文。

了解了唐朝散文家们的文体革新运动，就不会误会了。唐朝承继六朝之后，骈文盛行，初期文学家如王勃等，都是骈文大家，中唐以后，刘知几作《史通》，陆贽上奏本，都是用骈体，所以，韩愈等想要改革当时的文风，就不得不提倡汉魏以前司马迁时代的写作形式了。

所谓“古文”运动，并不是复古，而是有积极的创新性。散文这一名词，过去和现在也不尽相同。现在的散文，指的是一种与诗歌、小说、戏剧并称的文学体裁，不包括小说，更不包括文学以外的议论文；而过去所谓散文，是包括这些文字以及非骈体的应酬文章。

周秦汉的散文

文学的产生从诗歌开始，因而汉以前的纯文学只有诗歌，至于散文，都是记事说理的实用文章，其中文辞优美的，算是杂文。梁代刘勰《文心雕龙》认为五经是后世各种文体的根源，北齐的颜之推也赞同这一观点，唐代的韩愈、柳宗元，清时的曾国藩，都推五经为古文范本。用现在的文学观点来看，五经中只有《诗经》是文学，其他或是史书，或是占卜书，其中又包含了一些民谣谚语、故事或小品文，可视为杂文一类。

经书以外谈哲理的诸子百家的著作，也被视为文学，特别是《庄子》，包含了许多的寓言，为人们所推崇。《战国策》收录了很多纵横家们的生平事迹，这些辩才们的文章，以议论的形式加入许多故事来说理，抑扬顿挫，算是策士文学，也是后世论说文的初祖。

历史文学中，《尚书》时代最古老，文体古奥，后改为之乎者也的文体，即改用当时口语的白话形式，可视为古代的文学革命。《尚书》以后，《左传》、《国语》是历史文学中的早期佳作，汉朝有西汉司马迁的《史记》和东汉班彪、班固、班昭接力完成的《汉书》。哲理文学除《庄子》外，记录孔子言行的《论语》颇有文学意味，还有《荀子》、《老子》、《孟子》等，也被后世推崇，不过《孟子》文体近于策士文，《荀子》则语言平实，较少文学特征。汉朝时，西汉的董仲舒、扬雄，东汉的王充都创作了很多哲学散文，其中扬雄的文章最有文学意味。

此时的策士文渐变成了辞赋与疏表议论文。如邹阳《上梁王书》，贾山的《至言》，贾谊的《治安策》、《过秦论》，晁错的《论政治书》，仍保留了一些周秦文章纵横捭阖的作风。董仲舒的《天人三策》，公孙宏的《贤良策》，主父偃的《谏伐匈奴书》，文风变得平实了许多。除以上提到的人外，西汉的散文家还有淮南王刘安、东方朔、刘向、刘歆等，著《史记》的司马迁为第一。后世归结其作品有三大特色：第一，情感丰富。第二，人物描写生动。第三，语言采用俗语方言，文辞不古奥。东汉散文家还有蔡邕，以班固影响最大。散文发展到东汉，形式渐趋齐整，内容不及西汉的生动，已见六朝文的端倪。

唐宋八大家

唐朝文学革新运动中，产生了两个文学名词：骈文和古文。

明时学者选出了所谓“唐宋古文八大家”即唐代的韩愈和柳宗元，宋代的欧阳修、王安石、曾巩、苏洵、苏轼、苏辙。

唐朝政治稳定以后，经济发展，社会事态趋于复杂，专讲形式之美而内容贫乏的骈文，已不能适应客观需要。当时佛学思想经典的大量输入，引起儒家的哲学兴趣，而经义注疏之学因政府提倡而兴起，呆板浮华的骈文已不能满足这些说理或解释的文字的需要了。古文运动因此应时而生。

古文运动的主帅是韩愈，字退之，世称昌黎先生，后世说他“文起八代之衰”，八代指东汉、魏、晋、宋、齐、梁、陈、隋。东汉至唐初，文学日渐偏于形式美，最后完全成为风云月露的文字游戏，不能观照现实。韩愈提倡古文，以“文以载道”的口号反驳唯美主义的文艺理论，以继承先秦、西汉的文学传统为号召。

韩愈的这一主张并不是复古。他所提出的“古文”，是从骈体解放出来的自由活泼的散体文字，这种形式的解放，北周时已有萌芽，如苏绰的《大诰》，文笔朴素。后来的隋文帝曾下诏禁止浮艳文字，提倡实录。唐初陈子昂、李华等也不满骈文，以散文形式创作。在这些前人的基础上，到了韩、柳所处的唐代，古文运动便成熟了。

韩愈的创作以议论文为主，纯文学作品不多。文风雄浑奔放，抒情散文《祭十二郎文》是代表作。柳宗元多作山水游记和寓言故事，如寓言《种树郭橐驼传》、《梓人传》、《三戒》等，都是很好的散文，精致隽永，大约受周秦时代《山海经》及《水经注》的一些影响。除他二人外，提倡古文的唐朝人物还有李翱、张籍、皇甫湜等。

宋朝第一散文作家是欧阳修，抒情代表作有《泷冈阡表》、《释惟俨文集序》、《苏氏文集序》、《江邻几文集序》、《梅圣俞诗集序》、《释秘演诗集序》、《岘山亭记》等。其他五大家，都是欧阳一手提拔的，但他们很少作文艺类的散文，其中苏轼的作品比较突出。“三苏”都擅长议论说理，有着策士文的风采。苏轼偏好研究《孟子》、《庄子》和《礼记·檀弓》，苏洵喜欢研究《战国策》和《韩非子》，著作当然受其影响。除这些人外，宋朝古文运动第一人是柳开，后有苏舜钦等。写得一手好文章的，还有司马光、范仲淹等人。宋朝还有程颐、朱熹等理家学的语录体，也是用白话写就，明朝王阳明的《传习录》就是仿的这种体裁。语录体原是佛家所创，古文家们觉得浅俗，不屑于应用。

明清古文家

宋明间的散文作者，只有金的元好问比较有名。明清时期的散文作者很多。明初有刘基、宋濂、王祎、方孝孺。稍后有“三杨”——杨士奇、杨荣、杨溥，所作文章称台阁体。台阁体过于平庸肤浅，因而有李东阳及李梦阳、何景明的两次复古运动，即所谓的“前后七子”，提出“文必秦汉，诗必盛唐”的口号。李东阳主张复唐宋的古，李梦阳与何景明主张复秦汉的古。这种复古，实为拟古，缺乏创新精神。后有唐顺之、茅坤、归有光继承之。

唐顺之编印《唐宋八大家文钞》，茅坤根据此书加以圈点评论。归有光评点《史记》，提倡所谓古文义法，替清朝的桐城派开了一条路。归有光等对前后七子的复古运动不加赞同。另有徐渭所作的文章别具一格，理学家王阳明也自成一家。后来又出现了所谓“公安派”和“竟陵派”。公安派的代表人物是公安人袁宏道及其兄袁宗道、弟袁中道，世称“三袁”，作风幽怪诡异，浅俗诙谐。竟陵人钟惺、谭元春认为公安体太浅俗，故意创造一种孤僻的文体，号竟陵体。民国时期的幽默派林语堂，以公安、竟陵的小品文为号召，形成一种文白夹杂的文体，插说俏皮话，受到时人的欢迎。

举世公认的明代散文代表人物是归有光，最擅长写家庭生活，代表作有《先妣事略》、《思子亭记》、《项脊轩志》、《见村楼记》、《野鹤题壁记》。

清朝初年有几个作家，如王猷定、魏禧、侯方域等，因有明朝亡国的伤痛，写作的散文较为动人。魏、侯二人与汪琬，世称“清初三家”。其次是钱谦益、吴伟业、龚鼎孳，号称“江左三大家”。此外还有彭士望、邵长蘅、施闰章、姜宸英、朱彝尊等，都有些文名。

清中期的文坛，为桐城派所独占。桐城派确立于姚鼐，源于方苞。方苞是安徽桐城人，讲求古文义法，散文平正温雅有条理，后来他的同乡刘大櫆、姚鼐将他的文风发扬光大，于是有“天下文章在桐城”的声誉。姚鼐是桐城派大师，文章以韩愈为初祖，认归有光和方苞为近世楷模。管同、梅曾亮、方东树、姚莹等，都是姚鼐在钟山书院讲学时的弟子，这些人都学习他的文章，并将所学传授给门徒或朋友，因而桐城派文人势力很盛。清末的曾国藩也学习桐城派文章，但略有变化，后来还有吴汝纶、黎庶昌、薛福成以及译著家严复、林纾等继承之。同一时期与桐城派相对抗的有“阳湖派”，以阳湖人恽敬为首，还有张惠言、李兆洛等，不过势力不如桐城派。这派也是受桐城派的影响而产生的，和桐城的主张没有差别，文章也大同小异。自清中期至民国初年，大部分散文作者都跟风桐城派，后期则受曾国藩的影响更多。

古文义法

所谓义法，在这里可以理解为作文的写法。桐城派讲古文义法，实际是受到唐宋人的理论，特别是明朝人评点古文的影响。方苞曾说：语录中之语，汉赋中板重字法，魏晋六朝人之藻丽俳语，诗歌中隽语，南北史佻巧语，皆不宜入古文。这是消极方面的义法。

姚鼐编了一部《古文辞类纂》，在序文中说："凡文之体类十三，而所以为文者八，曰神、理、气、味、格、律、声、色。神理气味者，文之精也；格律声色者，文之粗也。学者之于古人，必始而遇其粗，中而遇其精，终而御其精者而遗其粗者。"刘大櫆说："文多寡短长抑扬高下，无一定之律，而有一定之妙，可以意会，而不可以言传；学者求神气而得之于音节，求音节而得之于字句，则思过半矣。"姚、刘所说，是积极方面的义法。

曾国藩更说得清楚，他认为作文以"行气"为第一条件，其次为"造句"，再次为"选字"，至于这三件事的标准则有两个，一是要"雄奇"，一是要"古雅"。他又指出三个条件的连贯性，说"未有字不古雅而句能古雅，句不古雅而气能古雅者；亦未有字不雄奇而句能雄奇，句不雄奇而气能雄奇者"。

古文评点家们总结了几种古文笔法。在篇章结构或修辞上，有所谓起、承、转、合，有所谓起、伏、照应；有所谓抑、扬、顿挫；并且定出了许多公式。章太炎看不起唐宋古文及桐城派，提倡魏晋文，但他写字必依《说文解字》，曾说作古文方法，是将可以省略的字尽量删削或改用最简单的字，最后必得高古的句法。

这种种义法，束缚了人们的思想情感，不能自由发挥。古文在唐朝，原本是一种新鲜活泼的文体，但发展到桐城派，又变成了一种形式主义。

随着时代的发展，打破古文义法的重重限制，采用活泼自由的文体，才能适应现实人们的需要。

六朝文

三国时的吴，晋时的东晋，南北朝时的宋、齐、梁、陈，都建都金陵，偏安一隅，称为六朝。六朝在江南景色秀丽、风物富饶之地，士大夫生活浮华奢靡，在文学创作上逐渐形成了唯美主义的骈文形式，以六朝最盛，因而也称六朝文。在骈文初起的三国两晋时代，诸葛亮的《前出师表》、《后出师表》，李密的《陈情表》，陶潜的《归去来兮辞》、《桃花源记》，王羲之的《兰亭集序》，都是可注意的文章。

南北朝时期也有几个散文家，写《水经注》的郦道元及《洛阳伽蓝记》的作者杨衒之。著名的骈文作家有：南朝的谢灵运、颜延之、沈约、任昉、徐陵，北朝的温子升、邢邵、庾信、王褒等，徐陵和庾信开创了六朝文的最高峰。

在骈文时代，所有文章一律都用骈语完成，无论是书信词赋，还是论说公文。汉代的赋，到这时变成了骈语的小品文，其中著名的作品有：鲍照的《芜城赋》，梁元帝的《荡妇秋思赋》，江淹的《恨赋》、《别赋》，庾信的《枯树赋》、《小园赋》、《哀江南赋》。骈文成就最高的徐、庾二人，以庾信地位更高。

庾信本是南朝人，辅佐梁元帝。后奉命出使西魏。在此期间，梁为西魏所灭。北朝君臣一向倾慕南方文学，庾信又久负盛名，因而他既是被强迫，又是很受器重地留在了北方。庾信一方面深切思念故国乡土，一方面为自己身仕敌国而羞愧，因不得自由而怨愤，所作《哀江南赋》等作品，哀感动人。

六朝文在唐朝初年还是文坛主流，代表作家有王勃、杨炯、卢照邻、骆宾王，并称“唐初四杰”。王以《滕王阁序》著名，骆以《讨武曌檄》著名。王侯中的燕国公张说、许国公苏颋，也是骈文作家，文章号称“燕许大手笔”。

骈文时代走唯美路线，艺术至上。沈约提倡“为文必协宫商”，主张音调之美。昭明太子萧统在《文选》序言中说“事出于沉思，义归乎翰藻”，才可算“文”。当时骈文、诗都是“文”，散文则为“笔”，由此可见散文在当时不受重视。

骈文唯美主义的产生，是由于魏晋玄学清谈派颓废思想的流行，超现实的佛教思想的输入，汉魏辞赋传统作风的发展……各种因素汇合而成，而胡骑南侵，政治上苟安一隅，也是这种思潮形成的诱因。

四六文

六朝时的骈文，因形式在变化发展中，未曾固定，因而有些雅丽自然的趣味。唐朝时，政府以诗赋取士，朝廷章奏也用骈体，于是骈文定了型，声律、对仗都有一定规则，用典很多，所以唐以后的骈文不如六朝文活泼。

唐朝的陆宣公李贽，他所写的奏议用骈偶的旧形式，写政事的新内容，能够流畅表达而无刻意骈偶的痕迹。如他代德宗写的《罪己诏》，有“长于深宫之中，暗于经国之务……天谴于上，而朕不悟，民怨于下，而朕不知”等句，颇真挚感人，行文如流水。

宋朝开始，骈文有“四六”的讲究。北宋有欧阳修和苏轼两个古文家，南宋有骈文作家汪藻、王安中、周必大、綦宗礼、洪迈父子等，诗人陆游、杨万里，理学名臣真德秀，也会作骈文。汪藻为隆祐太后作《告天下诏》，有“历年二百，人不知兵，传序九君，世无失德。虽举族有北辕之衅，而敷天同左袒之心”及“汉家之厄十世，宜光武之中兴；献公之子九人，惟重耳之尚在”等名句。

一般人认为，宋四六的特点是散文化，议论多，长联多，典故多。因为当时的博学鸿词科考试四六，有考生“以一联之工，擅终身之官爵”，所以十分受重视。明朝不大盛行普通的骈文，而考试用的“八股文”却是骈文的一种。清朝除八股之外，擅长一般骈文的人有很多。清中期有胡天游、洪亮吉、汪中这三大家，此外有陈维嵩、毛奇龄、袁枚、吴锡麒、孔广森、纪昀、阮元、刘开、王闿运、张之洞等。民国以来，官绅应酬还是用骈文。如黎元洪的秘书饶汉祥，常作四六电报。清嘉庆时，陈球用骈文写小说《燕山外史》，全书三万多字，是古今最长的骈文。

凡作骈文，必研究《昭明文选》，这种研究称为“选学”。作骈文必多用辞藻，多记典故，那些专家，平日读书，必搜集许多材料。如胡天游去世后，家人发现他床下有十竹篓的资料。这表明骈文和“灯谜”、“酒令”一样，成了一种文字游戏。清人热衷于各种文字游戏，如“诗钟”及“对联”，都与骈文相关。

八股文

八股文也称制义，又叫时文（相对于古文而言）、八比文等。它要求文章必须有四段对偶排比的文字，总共包括八股，所以称八股文。“股”或“比”，都是对偶的意思。

八股文滥觞于北宋。王安石变法，认为唐代以诗赋取士，浮华不切实际，于是并多科为进士一科，一律改试经义。王安石创的“制义”并不“八股”，只是用经书上的话来命题作一篇论文，不一定对仗整齐，引证譬喻也不必废除，牵涉到题目下文，也不犯忌。但有的考生不自觉地运用排比笔法，写成与八股文类似的文章。元代科举考试，基本沿袭宋代。明代洪武元年，诏开科举，对制度、文体都有了明确要求。八股文的格式，是明宪宗成化年间，经王鏊、谢迁、章懋等人提倡才确定，并逐渐形成严格的程式。此后，一直沿用下来，直到戊戌变法之后，才随科举考试的停止而废除。

八股文的形制，顾炎武在《日知录》中记载得比较详细。这里只说说它的三个基本特点。

题目：一律用《五经》、《四书》中的原文。

内容：必须以程朱学派的注释为准。

结构：有一套固定的格式，全文由破题、承题、起讲、入题、起股、中股、后股、束股、大结等部分组成。

“八股文”之难，如归纳为简单的几句，即“文意根于题、措事类策，谈理似论，取材如赋博、持律如诗严”。文章意思不能随意发挥，必须按题目模拟古人语气写。说事情好像对策，即回答问题，说道理又像写论文。引证资料要像写赋那样掌握渊博的典故，对仗平仄，又要像写律诗那样严格。

这就要求应试者有过硬的基本功，把四书五经背得滚瓜烂熟。还要经过由破题到大结的长时期写作练习，有复杂的写作步骤，按步骤练习，等到会写整篇的八股文后，再依据各种题目作文。作文时，要在一定字数、结构、句法、句数及其他种种限制之下，写出模拟古人语气的八股文，且又要有新意，这才有考中秀才、举人、进士的希望。明清两代，八股文是几乎所有官私学校的必修课。从童试到乡试、会试都要用它。不会写八股文，就无法通过科举考试，就难以做官。因而八股文的唯一用途，即在于应付科举。

除八股文外，科举还得考“试帖诗”和“律赋”。试帖诗是五言排律的体裁，篇末必须“颂圣”，说几句恭维当时皇帝的话。律赋是一篇有韵的四六文，所用的韵，由出题人限定。这几种作品，虽是国家明令提倡的，却向来不被文坛重视，无论古文家还是骈文家的集子，绝不收录。

客观而言，八股文为朝廷选拔人才确立了一定标准，但股文题目、内容、格式都限制太严，束缚了读书人的思想，程朱义理之学在科举制度的引导下逐渐僵化，造成八股文内容空洞，专讲形式，成了文字游戏。读书人为了考取功名专研析八股文，对政治、社会实际情况缺乏了解。一旦为官，缺乏足够的知识来应付民间大小事务，只好委任幕僚师爷及下级官吏决策事宜，使得吏治日渐败坏，政治难上轨道。

对联

对联又称对偶、门对、春贴、春联、对子、桃符、楹联等，是写在纸、布上或刻在竹子、木头、柱子上的对偶语句。言简意深，对仗工整，平仄协调，字数相同，结构相同。从文学史的角度看，对联是从诗文辞赋中的对偶句上逐渐演化、发展而来。在中国古诗文中，很早就出现一些比较整齐的对偶句。如先秦的《击壤歌》“日出而作，日入而息。凿井而饮，耕田而食”等。成书于春秋时期的《诗经》，其对偶句式已十分丰富。诸子散文中的对偶句，如：“满招损，谦受益”（《尚书·武成》）、“君子坦荡荡，小人常戚戚”（《论语·述而》）等。对偶这种具有整齐美、对比美、音乐美的修辞手法，普遍而自觉地运用于汉赋的创作。如司马相如的《子虚赋》有：“击灵鼓，起烽燧；车按行，骑就队。”

古代时，人们在门上悬挂两块画着神荼、郁垒二神的桃木板，以为能压邪去灾。相传五代后蜀主孟昶，在寝室门板的桃符上题词：“新年纳余庆，嘉节号长春”，谓文“题桃符”（《蜀梼杌》），这算是中国最早的对联，也是第一副春联。

对联文字长短不一，短的仅一个字，长的可达几百字。如：

一字联：墨（对）泉

这是最经典的一字联。‘墨’字上部为‘黑’字；而‘泉’字上半部分为‘白’字。各属于颜色的一种，且词义相反。两个字的下半部分别为‘土’和‘水’又都属于五行之一。

二字联：春花（对）秋月

多字联：书童磨墨墨抹书童一脉墨（对）梅香添煤煤爆梅香两眉煤

对联形式多样，有正对、反对、流水对、联球对、集句对等。但不管何类对联，使用何种形式，都必须符合一定规则：

字数相等，断句一致。除有意空出某字的位置以达到某种效果外，上下联字数必须相同，不多不少。

平仄相合，音调和谐。传统习惯是“仄起平落”，即上联末句尾字用仄声，下联末句尾字用平声。

词性相对，位置相同。一般称为“虚对虚，实对实”，就是名词对名词，动词对动词，形容词对形容词，数量词对数量词，副词对副词，而且相对的词必须在相同的位置上。

内容相关，上下衔接。上下联的含义必须相互衔接，但又不能重复。

与对联紧密相关的横批，可以说是对联的题目，也是对联的中心。好的横批在对联中可以起到画龙点睛、相互补充的作用。

宋、元、明各代，对联稍稍流行，到了清代则十分盛行。道光年间，梁章矩著有一部《楹联丛话》，收录了许多联语。郑燮、纪昀、曾国藩都是联语的名家。曾国藩作的挽联尤为著名，如他为弟弟曾国华作挽联：“归去来兮，夜月楼台花萼影；行不得也，楚天风雨鹧鸪声”与曾同时的彭玉麟，集唐人诗句题泰山云：“我本楚狂人，五岳寻山不辞远；地犹邹氏邑，万方多难此登临”，对得何等工整，而又显得自然，文字游艺的巧妙，可见一斑。

五四运动以后，提倡白话文的人也作白话文对联，清华大学曾以对对子考试学生，可见对对子已成了中国文人的积习，其实这也是骈文遗留下来的纤巧作风，这种中文语言的独特艺术形式，现今已成为中华民族优秀传统文化的重要组成部分。二〇〇五年，中国国务院把楹联习俗列为第一批国家非物质文化遗产名录。

文艺评论

文艺理论及批评，可说是从魏文帝曹丕开始的。他的《典论·论文》篇，是著名的文评，世称的“建安七子”就是从这篇评论中而来。晋朝陆机著《文赋》，是用辞赋来写文艺评论。又有挚虞的《文章流别论》，分析各种文体。比较有系统的文艺评论书，要算从梁代刘勰的《文心雕龙》开始。

《文心雕龙》用四六文写成，有些晦涩芜杂的毛病，不过瑕不掩瑜，全书分五十篇，内容涉及文学原理、文学史和文学批评，论及的文体近六十种，全面而系统地论述了写作上的各种问题。涉及面广，见解卓著。

在文学的内容与表现形式上，刘勰提倡文质并重。在《风骨》篇中，他主张“风情骨峻”；在《情采》篇里，他强调情文并茂。但在二者之间，他更强调“风”、“情”的重要，要“为情而造文”，反对“为文而造情”。

刘勰还从创作环节上给作者们忠告。他指出，作家在创作时“神与物游”的重要，强调情与景的相互影响和相互转化。因作者先天的才情、气质和后天的学识、习染的差别，而造就了不同的文风。针对当时厚古薄今的风气，他提出了继承文学传统的必要性，论述了文学创作中“新”与“故”的关系。此外，他对创作中诸如韵律、对偶、用典、比兴、夸张等手法的运用，也提出了很多精辟的见解。

在文学史观上，刘勰认为，文学的发展变化，是要受时代政治民生影响的。他在《时序》篇中说："文变染乎世情，兴废系乎时序"，并在《时序》、《通变》、《才略》诸篇里，结合上古至两晋历代政治民生的变化和时代特点来探索文学盛衰的原因，品评作家作品。

例如，他说建安文学"梗概而多气"的风貌，是由于"世积乱离，风衰俗怨"而形成；东晋玄诗泛滥，是因当时"贵玄"的社会风尚所决定。他还注意到文学演变的继承关系。因此他反对当时厚今薄古的不良倾向。

文学批评方面，刘勰在《知音》篇里批评"贵古贱今"、"崇己抑人"、"信伪迷真"、"各执一隅之解"的不良风气，要求批评家"无私于轻重，不偏于憎爱"。与此同时，他还提出了"六观"的批评方法：一观位体，看其内容与风格是否一致；二观置辞，看其文辞在表达情理上是否确切；三观通变，看其有否继承与变化；四观奇正，看其布局是否严谨妥当；五观事义，看其用典是否贴切；六观宫商，看其音韵声律是否完美。这在当时是最为全面和公允的品评标准。

《文心雕龙》虽有其历史的局限性，但这并不妨碍它成为中国文学理论批评史上一部名副其实的"体大而虑周"、"笼罩群言"的专著，是中国文学理论批评史上最为宝贵的遗产。

除《文心雕龙》外，同时代的文艺理论著作还有钟嵘的《诗品》，品评汉魏以来的诗。任昉的《文章缘起》，说明各种文体的起源。北齐颜之推的《颜氏家训》有《文章篇》，也是文评之作。后来唐朝人司空图作《诗品》，评论诗歌的各种风格；释皎然作《诗式》，讨论诗的形式和作诗方法；孟启作《本事诗》，收录了诗人们的趣味逸事。

宋朝人欧阳修作《诗话》，此后出了一批跟风"诗话"的书，只有严羽的《沧浪诗话》最有条理。明朝人郎瑛的《七修类稿》，杨慎的《丹铅录》，胡应麟的《少室山房笔丛》，其中都有文学批评和文学考证的内容，但都不精深。

清朝人出了不少文学评论集，如王士祯的《渔洋诗话》，施闰章的《蠖斋诗话》，徐釚编的《词苑丛谈》，都值得一读。袁枚的《随园诗话》内容比较博杂。吕璜的《初月楼古文绪论》及刘熙载的《文概》，都是专论文学作品。

清朝初年，最可注意的文学批评家是金圣叹，他原姓张，改名金人瑞，字圣叹。他把《水浒》、《西厢记》和《庄子》、《离骚》、《史记》、《杜诗》并称六大才子书，见解独到，不同于一般古文家。清中期著有《文史通义》的章学诚，也是值得注意的文艺理论家。他注重内容而不强调形式，例如分析诗文，着重于诗的情感而不大注意声韵。他认为，如果去掉诗文的辞藻声韵翻成俗语，仍有其不可磨灭的内容在，便可算是佳作了。这一观点可算高明。清末的文艺批评家当属王国维，他著的《人间词话》结合了西方美学思想，以崭新的眼光对中国旧文学作了全新的剖析评论。在学界享有十分崇高的地位。朱光潜在《诗的隐与显——关于王静安的〈人间词话〉的几点意见》一文中说："近二三十年来，就我个人所读过的来说，似以王静安先生的《人间词话》为最精到。"

小说与戏曲

> 人在劳动时，既用歌吟以自娱，借它忘却劳苦了，则到休息时，亦必要寻一种事情以消遣闲暇。这种事情，就是彼此谈论故事，而这谈论故事，正就是小说的起源。
>
> ——鲁迅 曾任北京大学讲师

唐以前的小说

周秦时代所谓的小说（《庄子》有“饰小说以干县令”的话）内容究竟如何，不得而知，但诸子书中的寓者与神话、传说，多有像小说的。

刘歆《七略》中开始有小说家的名称，但所列的书后世不传，大约是一些传说故事的记载。刘向所著《新序》、《说苑》、《列女传》等书，也许就是根据那些故事编成的，现在流行的《孟姜女故事》就包含在《列女传》。晋朝流行的《山海经》，是一种古小说，也许是周秦时代传下来的。又有一种《穆天子传》，是在汲县魏安静王古墓里中发现的。这两种书，都有郭璞的注解，郭是晋代博学的人。

晋以后托名汉朝人写的小说，有《西京杂记》、《汉武内传》、《飞燕外传》等。晋及南北朝人创作的有干宝的《搜神记》、葛洪的《神仙传》、刘义庆的《世说新语》等，前两种是若干传说故事的汇辑，《世说新语》是晋、宋间的艺人逸事。这类的小说，到唐朝就演变而为“传奇”（这和戏剧中的传奇，同名而异实），“传奇”的形式是短篇小说，主角多为才子、佳人、英雄、侠客，也有讲神仙故事的。代表作品有《虬髯客传》，写李靖遇见红拂妓与虬髯客的故事。《枕中记》写神仙故事，元稹的《会真记》讲述张生与崔莺莺的爱情故事，这也是后世《西厢记》的依据。李朝威的《柳毅传》讲了柳毅代龙王传书的故事。

唐传奇的文章数量很多，较出名的还有《南柯记》、《红线传》、《章台柳传》、《步非烟传》，《长恨歌传》、《李娃传》、《霍小玉传》、《梅妃传》、《离魂记》等，后世的文人经常用到其中的典故。除“传奇”外，唐人还有笔记式的小说，如《集异记》、《幽怪录》之类。个人文集中也会出现短篇小说，如韩愈的《毛颖传》，柳宗元的《梓人传》、《种树郭橐驼传》等，这类短篇，从前认为是古文，不算小说；被列入小说的都收入《唐代丛书》、《唐人说荟》等集子。

宋元明的小说

唐以前可算小说的都是文言文，小短篇，夹在一些杂记的故事里，到了宋朝才有白话长篇小说的雏形。从前的文坛看不上这类小说，《四库全书》小说一门，只有“杂事”、“异闻”、“琐语”三类，都是杂记式的文字。

通俗文学起源于唐朝，如敦煌石窟中发现的散文、白话小说的断片。宋朝时正式有了流行的“话本”。“话本”也称“评话”或“平话”，是“说话人”所用的底本。“说话”即“说书”，也称“讲史”、“演史”。宋朝话本流传于今的有四部：

《大宋宣和遗事》：记徽宗、钦宗时事，《水浒传》中宋江等三十六人的来历，就包含在这部书里。

《新编五代史平话》：讲五代史事，清光绪年间发现影印宋残本，才流传于世。

《京本通俗小说》：现存第十卷到第十六卷，其中包含若干短篇小说。

《大唐三藏取经诗话》：罗振玉根据日本所藏宋刊本影印，这书是《西游记》创作的根据。

宋朝话本演化而成元朝的演义或章回小说，最重要的是《水浒传》和《三国志演义》，与《西厢记》、《琵琶记》合称“元代四大杰作”，这两种书流传有不同的版本，其间大概陆续经过多人的修改，现世通行的版本是施耐庵的《水浒》，罗贯中的《三国演义》。

明朝时期，平话继续发展而产生了《列国志演义》及《西游记》等书。明代章回小说多讲神怪故事，如《封神榜》写武王伐纣，《三宝太监西洋记》写郑和出使南洋，里面夹杂有神怪故事，又称“神魔小说”。类似宋朝《京本通俗小说》那样的小说，明朝也很多，如《醒世恒言》、《喻世明言》、《警世通言》，都为冯梦龙所作，称“三言”，此外还有《拍案惊奇》、《照世杯》等。这些小说多已失传而流传于日本，但另有一选本《今古奇观》。明朝小说作者多用笔名署名。演义体的小说仍然可作为话本使用，著名说书人柳敬亭就活跃于明末清初时期。明代有一部社会小说《金瓶梅》，取《水浒传》中西门庆与潘金莲的一段艳史作为故事框架，新添几个人物扩成百回，描写人情世态，富家生活，颇为深刻。元朝的《水浒》、《三国》和明朝的《西游记》、《金瓶梅》，合称“四大奇书”。

清代的小说

清代小说，写作题材上多半是日常生活，与从前专讲稀奇古怪的故事不同；和话本体不同，更注重塑造描写，如曹雪芹的《红楼梦》写贵族的家庭生活，吴敬梓的《儒林外史》写科举时代的文人生活，都写得很深刻。后来模仿《儒林外史》的有吴沃尧的《二十年目睹之怪现状》、刘鹗的《老残游记》、李宝嘉的《官场现形记》等，还有韩子云的《海上花列传》，是用上海话写就，讲述风尘女子们的生活，十分贴近现实。这些都是写实小说，清以前只有《金瓶梅》可比。此外有李汝珍的《镜花缘》，以女子作中心，创造了很多奇特的地域，如大人国、小人国、女人国、君子国、两面国等，包含了深刻的讽刺意味。文康的《儿女英雄传》也以女子为中心，讲述了十三妹救安公子等故事。陈森的《品花宝鉴》，写士大夫玩弄男性优伶的变态性爱。石玉昆的《七侠五义》以及仿效它的《施公案》、《彭公案》等，都是写侠客英雄的传奇故事，有宋元话本的遗风；清末的小说，除上述吴沃尧、刘鹗、李宝嘉诸人的作品外，还有曾朴创作的《孽海花》，多叙当时的文人逸事。晋唐式小说有《聊斋志异》、《阅微草堂笔记》等。

戏曲的萌芽

我国过去没有话剧，旧剧都是歌唱的剧目，每剧都由几种乐曲合成，说白与动作穿插其间，这种戏剧形式出现在元朝，而剧本成为当时文学的重点创作对象。

元朝以前，只有类似戏剧的歌舞，上溯周秦时代，有民间祀神的巫歌，如《楚辞》中的《九歌》，就是祭祀东皇太一、大司命、少司命等神灵时所唱的歌词。贵族们需要娱乐节目，所以宫廷中有滑稽表演，这种表演有时仅是讲讲笑话，但也可讲时事、进讽谏，如楚国优孟装扮成孙叔敖的样子，为孙叔敖的儿子说情。此外还有盲人唱诗，用意跟讲笑话差不多。民间有流行的舞蹈，如现在苗瑶的跳月一样，跳舞时所唱的情歌，或即《诗经》中《国风》所包含的那些。但这些歌舞都不表演故事。

南北朝至唐朝之间，以歌舞表现故事的形式流行开来，如“大面”，或作“代面”，就是戴着假面具表演，创自北齐；表演一人上山寻父尸故事的《钵头》；表演一妇人受丈夫虐待故事的《踏摇娘》；表演《鸿门宴》的故事的《樊哙排君难戏》等。这种用歌舞表演故事的形式可称歌舞戏，但情节简单，以唱歌为主。敦煌石窟曾发现唐朝的通俗唱本“变文”，所唱故事如目莲救母等，成为后世编剧本的依据。

宋朝时，上流社会中流行一种“鼓子词”，最著名的是赵令畤的《元微之崔莺莺商调蝶恋花词》，用十首《蝶恋花》词以咏《会真记》的故事，这种叠词有管弦伴奏，合着鼓乐而歌唱，因而叫鼓子词，这种鼓子词没有舞蹈配合，近于戏曲的清唱。另有配合跳舞的，叫“传踏”，也称“转踏”或“缠达”，由男女两队歌者边歌边舞。还有“曲破”、“大曲”、“鼓吹曲”、“赚词”等，都兼歌舞，用曲比较复杂，特别是“诸宫调”，这种形式已接近元曲，民间很流行，对后世戏曲产生了比较大的影响。

除歌舞外，宋朝已有杂剧，一开始只限于滑稽剧，到了南宋开始搬演故事，有唱曲和说白，剧中角色也多了起来，这时的剧本据说有二百八十多种，现在都已失传了。金末有董解元的《弦索西厢》，也称《西厢掐弹词》，元代戏剧的先驱之一。“弦索”是调名，创始于金，由一人弹琵琶、念唱白口和歌词，没有舞蹈。从董解元的《西厢》转变为元朝王实甫的《西厢》，就是配合了“科介”（动作）的剧本，到此，中国的戏曲便形成了。元朝以前的戏剧，都是叙事体，元朝以后就成为代言体了。

元明清的戏曲

元、明、清时期是中国戏曲的成长阶段，以元朝戏曲文学成就最高。这一时期的主要作者和作品有关汉卿的《窦娥冤》、王实甫的《西厢记》、白扑的《梧桐雨》、马致远的《汉宫秋》、郑光祖的《倩女离魂记》、乔吉的《金钱记》等，其中关汉卿、白扑、郑光祖、马致远并称四大家。现今元曲作品存有目录的有五六百本，全文保存的有百余本，《元曲选》收录有一百本。而最受欢迎的元曲是《西厢记》。

自董解元《西厢》开始，元曲都是用北方方言写成，被称为“北曲”（金称“院本”，元称“杂剧”）。元末永嘉人高明因南方人不懂北方方言，又创作《琵琶记》，称为“南曲”。明朝时，北曲衰落，唱法失传，只有南曲盛行，一直到清朝。现在的昆曲就是南曲的一个支派。

昆曲是明朝嘉靖、隆庆年间，昆山人魏良辅为同乡梁伯龙《浣纱记》一剧制谱时所创作的，腔调流丽悠扬，超过原有的南北曲。现在流传的《桃花扇》、《长生殿》等，都是唱昆腔。

明代戏曲作家以徐渭、李月华、汤显祖、阮大铖最有名。汤显祖的《牡丹亭》（《玉茗堂四梦》之一）尤其著名。清朝的南曲著作有孔尚任的《桃花扇》、洪昇的《长生殿》，此外还有李渔、蒋士铨、黄燮清等人的创作。

将南曲与北曲加以比较，大致可发现以下的几条区别：

第一，剧中的段落，北曲称折，南曲称出。北曲基本限于四折；南曲则不限出数，可以有数十出。

第二，北曲全曲由一个主角独唱，且只限于正旦或正末，其他角色只有说白；南曲中，登场人物都可唱曲。

第三，北曲每折一调，一韵到底；南曲一出不限一调，且可以换韵。

第四，北曲多用楔子；南曲不用楔子，只在第一出说明全篇大意，称为开场。

第五，北曲篇末都有题目正名；南由只有下场诗。

第六，北曲的角色限九种；南曲角色可加多。

元曲也称杂剧，明清时代的作者创作的南曲剧本，凡长篇的，称“传奇”，也称“南戏”或“戏文”；短篇的叫杂剧，或称“南杂剧”。不管南曲还是北曲，都有“小令”、“散套”——只有唱词，没有科白，所以不算剧本，算是散曲。小令相当于曲中的一支（单调），篇幅很短，百余字，和“词”相像。散套是合几支单调而成，相当于曲中的一折，也称套数。

除杂剧、传奇外，还有地方戏。清初民间盛行的地方戏有“二簧调”，又称“湖广调”，是湖北的地方戏，据说因黄冈、黄陂两县而得名。有“秦腔”，又称“西皮”、“梆子”，是陕西戏。有江西的“弋阳腔”，安徽的“徽调”。乾隆以后，各地方戏集中北京，变化为“京戏”（平剧），洪阳一役后，京戏代替了昆曲的地位，一直流行到现在。广东、福建的地方戏，则始终是独立的，没有加入京戏。京戏的剧本，大都是由昆曲略加修改而成，或全盘抄袭梆子腔。只有余治的《庶几堂今乐》，是皮黄戏的创作剧本，原有四十种，现在流传的只二十八种，剧场中常演的《朱砂痣》，就是其中的一种。

宝卷、弹词、鼓词

“宝卷”是明代及清初的一种唱本，内容是宣扬因果报应或佛教故事，劝人向善，大致可分为佛教故事、神道故事、民间故事三种。佛教故事如《目连救母出离地狱升天宝卷》、《香山宝卷》；神道故事有《蓝关宝卷》、《吕祖度何仙姑因果宝卷》等；民间故事如《孟姜女宝卷》、《白蛇宝传》、《正德游龙宝卷》。

南方流行弹词，北方流行鼓词，都是有乐器伴奏的唱本。弹词又分国音、土音两类。国音如《凤凰山》、《天雨花》、《再生缘》、《笔生花》等。土音如吴音《玉蜻蜓》、《三笑姻缘》、《珍珠塔》。

鼓词大部分是讲战争和国家兴亡的故事，如《杨家将》、《三国志》、《忠义水浒传》等，也有讲情感故事的，如《珍珠塔》、《宝莲灯》、《蝴蝶杯》等。弹词演唱时以琵琶为主乐，鼓词则以鼓为主乐。这两种形式都是从唐朝的变文演变而来。“变文”的体裁是“讲”而兼“唱”的。讲的部分多用当时白话，有的也用骈体文。唱的部分以七字句为多，夹杂有三字句的，五六字句的比较少见，现在流传的弹词和鼓词中还保留着当时所用的韵式。变文的讲唱，最初限于庙宇，内容只有佛教故事，后来说唱历史故事、传说人物或时事的，转入“瓦子”（游艺场中）去了。非佛教故事的变文，如《伍子胥变文》、《王昭君变文》等，讲古代历史事件，此外还有歌功颂德一类的作品，如《西征记》。从变文至弹词和鼓词，都属于民间文学，并受到佛教讲兼唱形式的影响。

科学

有人怀疑中国民族不适宜研究科学，我觉得这些论调都没有根据。中国在最近期内方明白研究科学的重要，我们还没有经过长时期的试验，还不能说我们缺少研究科学的能力。惟有希望大家共同努力去做学研究，五十年后再下断语。诸君要知道，没有自然科学的民族，决不能在现代立脚得住！

——叶企孙 曾任北京大学物理系教授

天文历法

中国天文学的研究开始得很早。《尚书·尧典》上有“三百又六旬又六日，以闰月定四时，成岁”的话，证明在春秋战国时期以前（《尧典》大约是战国时人所作），国人已经知道太阳历的一年，即三百六十六日弱，而对于依朔望计算日期的太阴历，采用闰月的补充，使之符合季节的变化。

我国古时判断季节的变化，是用夜间观察星辰的方法，作为判断标准的星辰，有“参”、“大火”、“北斗”等。到周初以至春秋中期，采用“二十八宿法”。这个方法，是将黄赤道附近一周天，按照月球的运动行程，以显著的星象为目标，区分成二十八个不等部分，称为二十八宿，然后根据观测到的新月至满月的位置变化，依照其比例，从新月的位置倒数两日行程，而决定这个二十八宿的回溯点，为日月合朔时月亮的位置，也是太阳的位置。

所谓日月合朔，指的是太阳和月亮在天球上处于同一经度，天文学上称此时日月的黄经差等于零，实际上在合朔的时候，太阳、月亮、地球三者接近一条直线，此时位居中间的月亮，未被太阳光照亮的半面，正对向地球，在地球上看不到月亮的存在。日月合朔是一个具体的瞬间，这一瞬间可能出现在农历初一这一天从零时至二十四时之间的任何时刻。

通过这一方式确定的太阳位置而判断一年的季节变化，比之前的观察精确了许多。在春秋中期采用“周髀”（髀者股也，直角用三角形底边为股）的日影观测法：直立一棒以观测中午时的影长，以最长、最短的距离为日至（冬至与夏至）。由这种观测而决定的节气，比之前的方法更精确。据此以冬至为一年之始，采用冬至为正月的历法。到春秋后期，十九年七闰法成立，历法的时代正式开始。

战国时代，计算闰月，又采用七十六年法。战国中期，开始用岁星纪年。五星运行的观测，恒星天的测定，星经的编纂，五行学说的倡导，都在战国时代。

前汉末年，天文家有盖天、浑天的理论争执。盖天派认为天在上，地在下；浑天派认为天包于外，地居于中。前汉扬雄主张浑天说，后汉王充支持盖天说，张衡则是浑天派。张衡曾创制浑天仪。又创地动仪以测地震。

唐宋时代曾出现过几次新的历法，但天文学没有大的发展。直到元朝郭守敬的授时历，测验才有些进步，据说是受了阿拉伯的影响。明万历至清康熙之间，欧洲教士利玛窦、熊三拔、汤若望、南怀仁等输入欧洲天文学（地球中心说），才引起我国天文学的大进步，明朝天启、崇祯间，有徐光启所主持的大统历改革，清康熙帝因之撰《律历渊源》，梅文鼎又著《历算全书》。

数学

数学古称算学，在中国科学中，随着天文学与测量术而逐渐成为完全独立发展的部门。大概在春秋战国时期就产生了数学，如别墨派遗留在《墨经》中的记载，包含了若干几何学的定义和定理，如：平面的定义，等长线段的求法，圆的中心在距圆周同等长度的点上，圆至其中心同长，不平行的两条直线必然相交，正方形四边相等、四角相等。别墨派及公孙龙言论中都说过“一尺之棰，日取其半，万世不竭”的话，可以看出表示无限等比级数的概念。

清修《四库全书》时，戴震所校订的“算经十书”，是现存的最古算书，这十种书是：

《周髀算经》，是前汉末至后汉初出现的，相传是周朝的书。

《九章算术》，是后汉时代出世的，相传为周公所作，其中载有分数、最大公约数的求法、百分法、开平方、开立方的算法，一次联立方程式的解法。

《海岛算经》，是有关测量的书籍，著者是魏时的刘征。刘征对《九章算术》作过注解，注解中包含根据几何学而解二次方程的方法，开平方、开立方的小数计算，圆面积及圆周的算法，角锥体的体积算法等。

《孙子算经》，三国末期出现。

《五曹算经》，三国末期的书。

《夏侯阳算经》，南北朝末期的书。

《张邱算经》，南北朝末期的书。

《五经算术》，北周甄鸾著。

《数术记遗》，题名汉徐岳撰，疑是甄鸾伪记。

《辑古算经》，相传为唐人王孝通作。

我国古代很早就得出了比较精确的圆周率。前汉末年刘歆就使用过，经过后汉的张衡、魏的刘征、到南齐祖冲之，乃定圆径比圆周为一一三比三五五，这是五世纪时世界最精密的圆周率。

唐宋时期算学没有什么进步。宋元间则有秦九韶的《数学九章》，李治的《测圆海镜》、《益古演段》，朱世杰的《算学启蒙》、《四元玉鉴》等书。我国很早发明的算术计算法，一直支配到元朝。李治的《天元术》（一元高次方程），朱世杰的《四元术》（四元方程）均用算木代表未知数。这种器械的代数学，到明朝已不能再发展，于是算盘代替了算术的地位而普及起来。《九九歌诀》也随之流行开来。

欧洲人利玛窦和我国的科学开创者徐光启，将欧洲的《几何原本》、《八线表》等介绍到中国，当时的国内算学家并未直接采用，到清初，才因这种影响而产生了有符号的代数学，而有梅氏兄弟的历法与算学的专著出现（梅文鼎著书八十余种，包含代数及三角等，开始用笔算演算），清康熙帝御制的《律历渊源》和《数理精蕴》，也包含欧洲的历学与数学。

物理化学

物理学在周秦时代曾有一定的发展，现存《墨经》中就有讲光学的，如光影关系、小孔成像等，通称“墨经光学八条”。如：光必直行，光入密室，经小孔，则下影在高处，高影在下处；光的反射，使影模糊，木斜则影短大，木正则影长小；凸球面镜生虚像；凹球面镜的影必倒立；凹镜像的大小和正倒，因物件的远近而有所不同。

秦汉以后，中国的物理学再未有大的发展。明代有西洋传教士来华，介绍了几种西洋物理学著作，如汤若望的《远镜说》，讲述了望远镜的用法、制法和原理；熊三拔的《泰西水法》，介绍了取水、蓄水的各种机械装置；王征从邓玉函译成《奇器图说》四卷，第一卷讲重心、比重，第二卷讲杠杆、滑车、轮轴、斜面，第三卷讲应用原理，以起重、引重、转重、取水及用水力代人力等器械，邓玉函也著有同类的书。不过这些介绍没有引起国内学者的研究兴趣。

由晋至唐时期，道教的炼丹术，有一种是用水银炼制长生不老的药物，唐太宗、高宗等许多皇帝都曾服过这种药，因中毒而死，这种炼丹术和西洋的点金术相类似，可视为化学的先驱，但西洋点金术变成化学，而中国炼丹术竟没有进一步蜕变。

应用技术

古代中国是农业及手工业相当发达的国家，但对农工技术的研究，很少专家。从《汉书·艺文志》的书目上看，周秦时期还有人注意，以后就没有了。现存关于应用技术的书，除医书外，寥寥可数。较为著名的有：春秋战国时期的《墨子》第十四、第十五卷，讲兵器，《考工记》讲一般工艺；北魏贾思勰的《齐民要术》讲农业；明代徐光启的《农政全书》，宋应星的《天工开物》；清代包世臣的《齐民四术》。

《农政全书》六十卷，是我国讲农田水利、农器制造最完备的书。该书的作者徐光启，字子先，号玄扈，天主教名保禄，上海人，明末杰出的科学家，有着多方面的科学成就。

徐光启曾同耶稣会传教士利玛窦等人一起翻译科学著作，如《几何原本》、《泰西水法》等，是中国介绍西方近代科学的先驱；同时他自己也写有关于历算、测量方面的著作，如《测量异同》、《勾股义》；他精通当时的中西历法，主持了一部一百三十多卷的《崇祯历书》的编写工作；他还亲自练兵，负责制造火器，成功击退了后金的进攻，著有《徐氏庖言》、《兵事或问》等军事方面的著作。

徐光启一生用力最勤、收集最广、影响最深远的，还要数农业与水利方面的研究。

在农业技术方面，徐光启非常热衷于新作物的试验与推广。例如，当他听到闽越一带有甘薯的消息后，便从福建莆田引来薯种，试种成功后根据自己的经验写下详细的生产指导书《甘薯疏》，以推广甘薯种植来备荒。后来经过整理收入《农政全书》。甘薯尚如此，对于其他一切新引入、新驯化栽培的作物，无论粮、油、纤维，徐光启都详尽搜集栽种、加工技术的知识。这就使得《农政全书》成了一部名副其实的农业百科全书。

《农政全书》中，"荒政"作为一目，有十八卷，是全书十二目之冠。目中对历代备荒的议论、政策作了综述，水旱虫灾作了统计，救灾措施及其利弊作了分析，最后附草木野菜可资充饥的植物四百多种。不过救荒只是治标，水利才是治本。水利作为一目，也有九卷之多。徐光启认为，水利为农之本，无水则无田。当时的情况是，一方面西北方有着广阔的荒地弃而不耕，另一方面京师和军队需要的大量粮食要从长江下游启运，耗费惊人。为了解决这一矛盾，他提出在北方实行屯垦，屯垦需要水利。为了探索扭转南粮北调的可行性问题，他在天津做垦殖试验，借以巩固国防，安定人民生活。这也正是《农政全书》中专门讨论开垦和水利问题的出发点，从某种意义上而言，这也就是徐光启写作《农政全书》的宗旨。

徐光启一生以俭朴著称，"于物无所好，唯好经济，考古证今，广咨博讯。遇一人辄问，至一地辄问，闻则随闻随笔。一事一物，必讲究精研，不穷其极不已”。在《农政全书》中，不仅能了解到有关古代农业的百科知识，还能够感受到一个古代科学家严谨而求实的大家风范。

在世界技术史上，有几种重要发明都是中国人在先或完全是中国人的功绩，如陶瓷制造、养蚕缫丝、拱形建筑、火药、罗盘、纸、活字印刷等。中国隋唐五代时期，已有雕版印刷，到宋仁宗庆历中，毕昇发明活版印刷术，其时在十一世纪，而欧洲活字印刷的发明在十五世纪。总之，宋元以前，中国走在欧洲前面，明清时代，逐渐落后了。

中医

> 中医的很大思想方法注重的是各器官相互间的作用，它有很多成功的应用于实践的例子和经验。同时中医还有一个重要的特点就是注重情志，注重中枢神经系统对人的影响。
>
> ——柯杨 北京大学常务副校长、医学部常务副主任

中医称谓

中医，即相对西医而言。中医学是“以中医药理论与实践经验为主体，研究人类生命活动中健康与疾病转化规律及其预防、诊断、治疗、康复和保健的综合性科学”。在西方医学没有传入中国之前，国内对医家有着独特而内涵丰富的称谓。

岐黄：黄帝是传说中的中原领袖，姓姬，号轩辕氏、有熊氏。岐伯，传说中的医家，黄帝的臣子。现存最早的中医理论专著是《内经》，此书假托黄帝与岐伯讨论医学，并以问答的形式而成，又称《黄帝内经》。因而，后世称中医学的“岐黄”、“岐黄之术”，即源于此。

医中圣手：《孔子传》载：“于事无不通，谓之圣”，即无所不通。手，指专司或专情其事的人。医中圣手即是对医生精湛医术的高度称赞。

扁鹊卢医：《史记·扁鹊仓公列传》载：扁鹊者，渤海郡郑人也，姓秦，名越人，其治赵简子、太子疾。《列子·力命篇》载：医者卢氏被人称为“神

医”。唐朝张守节的《史记正义》引《黄帝八十一难》说：“（秦越人）家于卢国，因命之曰卢医也。”因而扁鹊卢医即“正统神医”的意思。

悬壶：《后汉书·费长房传》载，河南汝南人费长房，有一天逛集市时见到一位买药的老人，竹杖上挂了个葫芦。当天黑散街之后，老人忽然跳进葫芦里。当时只有费长房一人看到，惊奇不已。为了弄清楚老人的来历，费长房便以酒款待。原来这位老人是一位身怀医技而又乐善好施的隐士，因他诊病卖药的地方经常悬挂一个葫芦作为标志，所以人称“壶翁”。隔日再相见时，壶翁邀费长房一同进入葫芦中，只见大厅布置得整齐华美，佳肴满桌，长房立刻拜壶翁为师，学习医术与修仙之道，几年后，费长房也开始悬壶行医。因这一传说故事的流传，后世便将行医爱称为悬壶，医生或诊所的贺词无一例外不是悬壶济世。而悬挂葫芦更成了中医的标志。

杏林：三国时董奉，医术高明，医德高尚，为人治病，不受谢，不受礼，只要求治愈者在他房前栽杏树作为纪念。重症愈者种五棵，轻者一棵。数年后，蔚然成林，红杏累累。他建一“草仓”，告诉人们，要杏果的，不用付钱，只要拿一器谷子来换一器杏果。这样用杏果换来的谷子堆积满仓，他用这些谷子救济贫民。百姓送他匾额以表感谢之情，上写“杏林”、“医林”、“誉满杏林”、“杏林春暖”。由此，这些词成为医德高尚、医术高明者的雅称。

再世华佗：华佗是东汉末年著名的医学家。有一次他在途中遇到有人出殡，见棺材缝里流出来的血还像活人的血，便上前救治，终于救活在棺材里假死的产妇，被人们誉为“神医”。他精通内、外、妇、儿、针灸各科。《三国演义》说他能为曹操开头颅治其头风病。后人用“再世华佗”来赞扬医生的医术高明。

青囊：指古代医生盛医书的囊，后借指医术。《后汉书·华佗传》张冀《补注》：“吴押狱者每以酒食供奉，佗感其恩，告曰：‘我死非命，有青囊未传，二子不能继业，修书与汝，可往取之。’吴至金城，取又藏之。佗知不免，大饮如醉而殂。吴弃役回家，向妻索书，妻曰：‘纵学得神术，终毙于狱中，故我以囊烧毁也。’”因华佗精医术，生前行医各地，声名颇著，所以，“青囊”也成了医术的代称。

苍生大医：唐代药王孙思邈，医德高尚，堪称医学界的典范。他在《千金要方》中写道：“若有疾厄来求救者，不得问其贵贱贫富，怨亲善友，华夷智愚，普同一等，皆如至亲之想。不得瞻前顾后，虑吉凶，护惜身命。深心凄怆，勿避昼夜、寒暑、饥渴、疲劳，一心赴救，无作功夫形迹之心，如此可成苍生大医。”后人对医德高尚的医生尊称“苍生大医”。

中医的发展

自人类诞生之日起便是同疾病做斗争之时，随着人类文明的逐渐成熟，中医学也随之完善起来。几千年来，我国人民在同疾病做斗争的过程中积累了丰富的医疗经验，逐步形成了独具特色的理论体系和治疗方法的中医学。中医学的发展已有几千年的历史，但就其发展阶段来看可以分为三个阶段：

萌芽期：中医学是在漫长的历史发展过程中形成的，早期人们造物居住以避风雨，缝制兽皮以御风寒，跳跃舞蹈以导湿热，用火燔食以使人无腹疾。在长期的狩猎、捕鱼和种植中，逐渐掌握了某些动物、植物以及矿物质的治病疗伤作用。如我们熟悉的神农尝百草，伏羲制九针，这就是中国医学的雏形。

理论形成期：战国时期，中国医学走向了它的第一个高潮，不仅名医荟萃，而且诊断、治疗、药物诸类均粗具规模。其中《黄帝内经》标志着中医理论的成熟与完善。书中不但记载了发病的机制，还记载了相当完善的治疗方法与手段。除了针刺疗法外，还有散剂药物治疗，如应用半夏秫米汤治疗失眠，用鸡矢酥散治疗鼓胀等。

同时书中还讲到，自然界天象、气象变化与人群疾病发生及流行的关系，与地域的差异对疾病的产生和治疗都有很大的影响。如春天气候多风，传染病易盛行；夏季属热，易发生中暑；秋天气候干燥，常发生干咳；冬天气候严寒，易出现外感寒邪疾病。又如东南地区，滨海傍水，地势低洼，人们吃鱼而嗜咸，易生疔疮；远离海岸的地区，由于缺碘出现地方性甲状腺肿。

成熟期：《伤寒杂病论》是由东汉末年南阳张仲景所著，它的诞生标志着中医发展的成熟，因为他实现了中医理论与方药的巧妙结合。在中医理论的指导下，及在未经了解药物有效成分的前提下能够熟练运用草药治疗疾病，对人民健康的卫护，这样的创举是其他发明创造所不及的。同时，他开创了辨证施治的先河，直到现在，他的许多方剂在临床运用仍效验如神，后世尊称他为“医圣”。

理论体系

中医具有完整的理论体系，其独特之处在于整体观及辨证论治。

整体观：中医学认为，人和自然是一个和谐、统一的整体。自然界的变化直接或间接影响着人体，机体则相应地产生反映，人与天地相应、与日月相应。同时，人体是有机的整体，人体局部出现病变，往往与全身脏腑、气血、阴阳的盛衰有关。而在机体外也出现一些相应的表现，如神、色、形、态的异常变化。所以，中医治病必须从整体出发，如口舌糜烂，中医常用清心泻小肠火的方法治疗，是因为心开窍于舌，心与小肠相表里的原故。

辨证论治：辨证就是通过望、闻、问、切四诊手段收集病证信息，加以分析综合，辨清疾病原因、性质、部位及邪正之间的关系，概括诊断为某种性质的证。论治即根据辨证的结果，确定如何治疗。比如同样是感冒，中医根据病人症状不同，分为风寒感冒和风热感冒，风寒感冒用辛热的方法解决，风热感冒用辛凉的方法解决。因而，中医看病，往往是一人一证一方一药，而不是头痛医头，脚痛医脚，见热退热的局部对证治疗，更注重整体关联性，这与西方现代主流科学的还原论有所不同。好比判断西瓜的好坏，通常有两种方法。

一是把西瓜切开，看一看，尝一尝，判断会准确。这就是还原论方法，优点是借助机械工具，结论准确；缺点是西瓜一旦切开，就不再处于本来状态，有些东西已发生改变，切开后不能再复原，空气和微生物进去了，西瓜容易坏掉。

另一种方法就是根据经验，外部观察判断西瓜的好坏。西瓜是一个整体，各部分的生长形成都有联系。因此，有经验者观察外部情况，如用手掂掂瓜重，拍拍听瓜响，看看颜色和瓜蒂形状等，就可以知道好坏。这类方法就是整体观的方法。中国传统文化强调“天人合一”和事物的整体性，就是这一观点。

发病观与治病观

中医学认为，疾病的发生，是“正邪相争”，正不胜邪的结果，关系到人体正气和邪气两个方面。

中医理论认为，人体内一切可以抵御外来邪气的积极因素，都可以看作人体的正气。中医的邪气，可以理解为一切致病的因素，如外感六淫——风、寒、暑、湿、燥、火，内伤七情——喜、怒、悲、忧、思、恐、惊，饮食劳倦等因素。而这些因素仅仅是产生疾病的诱导因素，会不会发病，还要看人体正气的强弱。如果正气存内，无论是外来邪气还是内伤七情都不能对人体机能造成伤害，这就是中医所说的“正气存内，邪不可干”。如果人体的正气受到损伤，再有外来邪气入侵，就容易生病，这就是中医所谓“邪之所凑，其气必虚”。比如，同一股冷风吹来，有的人因此感冒流鼻涕，有的人则安然无恙，这就和他们体内正气有关。

一般情况下，人体正气旺盛或病邪毒力较弱，则邪气不易侵犯机体，或虽有侵袭，亦不至于发生疾病。此时，人体内部阴阳气血、脏腑经络的矛盾运动，其发展变化仍处于生理活动的范围，即“正能御邪”，所以不会发病。反之，如果人体正气虚弱，抗病能力低下，不足以抗御邪气，或病毒邪气过强，则病邪即可乘虚而入侵，使体内矛盾运动的发展变化，超出其生理活动的范围，从而导致机体脏腑组织阴阳气血的功能失调，即“正不胜邪”而发病。要治愈疾病，就要调和阴阳气血，使之重新归于平衡状态。

阴阳，原意是指日光的向背，向日为阳，背日为阴。后来引申为气候的寒暖，方位的上下左右、内外、运动状态的躁动和宁静，等等。就人体机能而言，白天阳盛，机体的生理功能以兴奋为主；黑夜阴盛，机体的功能以抑制为主。

人体的阴阳，也和日夜一样，是交替变化着的。中医理论认为：人体阴阳失衡，疾病就会来临。一切事物之间——包括人和自然之间——都是相互关联着的，无时无刻不在进行着物质和能量的交换。出者为阳，升者为阳；入者为阴，降者为阴，物质与能量的出入升降时刻变化以保持平衡，这样人就不会生病。如果失衡，就说明人体正气不足或邪气入侵占主导，人体健康就受到了威胁。正如《内经》所言：“升降出入，无器不有”，又说：“非出入，则无以生长壮老已；非升降，则无以生长化收藏”。所以，中医在治病时十分重视阴阳的平衡，通过祛除邪气或填补正气来调节，实现平衡以除病患。如汉代名医张仲景在《伤寒论》中说的："凡病若发汗，若吐，若下，若亡津液，阴阳自和者必自愈。"

阴阳五行学说

阴阳，是中国传统文化中非常重要的一个概念，其中蕴含了中国哲学朴素的辩证法思想。它最初是源自古人对自然的探索和总结，即向日为阳，背日为阴，后来又引申到天地、日月、昼夜、寒暑、男女、上下，等等，皆分阴阳。宇宙间的任何事物都具有既对立又统一的阴阳两面，经常不断地运动和相互作用。这种运动和相互作用，是一切事物运动变化的根源。古人把这种不断运动变化，叫作"生化不息"。

《史记·天官书》中说："仰则观象于天，俯则观法于地。天则有日月，地则有阴阳。天有五星，地有五行。"古人认为，阴阳是促使一切事物产生的根本，而五行则是构成一切事物必不可少的要素。五行，即木、火、水、金、土，这五种元素充盈在天地之间，无所不在，它们相互作用、相互发展，维系着自然的平衡。木代表生长的物质；火代表可以散发热能的物质；土代表自然本身；水代表流动的物质，可以循环；金代表坚固的物质。木和火在土的上面，水和金在土的下面，所以木、火属阳，水、金属阴，土是中性。

顺着循环来，五行便会互相生发，即"五行相生"，如：木生火、火生土……若逆着循环走，五行便会互相克制，如：木克土、土克水……古人用阴阳与五行这种相生相克的关系，来阐释一切事物之间的相互联系，即自然界阴阳相互作用，产生五行；五行相互作用，则产生无穷变化。所以说，宇宙间一切事物的生长、发展和消亡，都是事物阴阳两个方面不断运动和相互作用的结果。因而，阴阳学说也就成为认识和掌握自然界规律的一种思想方法。医学属于自然科学范围，在中医学理论体系中，阴阳学说被用以说明人体的组织结构、生理功能及病理变化，并用于指导疾病的诊断和治疗。

如就人体部位而言，上部为阳，下部为阴；体表为阳，体内为阴；背腹而言，背部为阳，腹部为阴；四肢而言，四肢外侧为阳，内侧为阴；筋骨皮肤而言，筋骨在内故为阴，皮肤在外故为阳；内脏而言，六腑传化物而不藏为阳，五脏藏精气而不泻为阴；五脏本身而言，心、肺居于上焦故为阳，肝、脾、肾居于中焦故为阴。

阴阳二气相互对立而又相互依存，并时刻在运动与变化之中。在正常生理状态下，二者处于一种动态的平衡中，一旦这种动态平衡受到破坏，即呈现为病理状态。所以，中医在治疗疾病、纠正阴阳失衡时，要从动态的角度出发。而人体各个组织、器官共处于一个统一体中，不论在生理上还是在病理上都是互相联系、互相影响。因而不能孤立地看待某一生理或病理现象，头痛医头，脚痛医脚，而要从整体的角度来对待疾病的治疗与预防。

中医学以阴阳五行作为理论基础，将人体看成气、形、神的统一体，通过望、闻、问、切，四诊合参的方法，探求病因、病性、病位、分析病机及人体内五脏六腑、经络关节、气血津液的变化、判断邪正消长，进而得出病名，归纳出证型，以辨证论治原则，制定“汗、吐、下、和、温、清、补、消”等治法，使用中药、针灸、推拿、按摩、拔罐、气功、食疗等多种治疗手段，使人体达到阴阳调和而康复。

精气学说

精气学说是对中医影响最大的中国古代哲学之一。古人认为：“人与天地相参，与日月相应。”天地之精气化生为人。“精气”是万物本根。所谓精，有广义与狭义之分，广义的精，是人体的最基本物质。狭义之精，指生殖之精。精气，是气中的精粹，是生命产生的本原。所谓气，指一切无形的，不断运动的物质。由于气非常细微分散，用肉眼看不到，所以古人称之为“无形”。气的活动力很强，而且不断地运动。精气学说，又称“元气论”，或“气一元论”，是研究精气（气、元气）的内涵及其运动规律，并用以阐释宇宙万物形成本原和发展变化的哲学理论。

古代哲学精气学说关于精气是宇宙本原的认识，对中医学中——精是人体生命之本原，气是人体生命之维系，人体诸脏腑形体官窍由精化生，人体各种功能由气调控等理论的产生，起到了很重要的影响。

中医的精气学说，是研究人体内精与气的内涵、来源、分布、功能、相互关系及其与脏腑经络、组织器官关系的理论。

中医传统理论认为，“精”是构成人体的基本物质，既是生命活动的物质基础，又是脏腑器官生理活动的产物。精有两种来源，第一是先天之精。它与生俱来，是生命的原物质。第二是后天之精，即日常饮食水谷化生之精微，使生命得以继续维持的营养物质。后天之精可养先天之精，因此，生命得以成长壮大。

“气”是生命物质的活力。生命细胞的活力正常或旺盛，身体各组织代谢机能才会正常运行，体现整体生命力的旺盛。“气”像“精”一样，也有先天与后天之分，先天之气源于父母，名曰元气（原气），后天之气得于自然之气与饮食水谷精微之气。气的功能主要有推动、温煦、防御、固摄和气化等作用。精是气之母，气依托于“精”，有“精”才有“气”。气行畅通，人体才会健康。

神是脑物质细微精深的结构和脑的功能活动。狭义的神为心神，藏于心；广义的神，藏于脑。广义的神既包括心神，还包括魂、魄、意、志、思、虑、智等内容。脑神是各神之首，精神、意识、思维、知觉都是在脑神的作用下产生；心神、肝魂、肺魄、肾志、脾意也是在脑神的作用下发挥各自的生理功能；关节的活动，皮肤的感觉，眼、耳、鼻、舌的作用，同样都离不开脑神。中医理论认为，“神”可以调节人体形体的动与静，精神的兴奋与抑制，情绪的喜、怒、哀、乐、爱、恶，个性的刚与柔、静与噪，身体的屈与伸等。这是“神”的调节与控制功能。

精、气、神含义不同，却密切相关，所以是人身之“三宝”。精、气、神之间的关系，可区分为有形和无形物质（精与气）与生命活动，以及精、气与心理活动的辩证关系两个层面。但对这两个层面关系的论述，又往往是交错在一起展开的。精与气的关系，类似于合成与分解之类方向相反的基本代谢活动。无形可以聚合成有形，气可生精，“精乃气之子……积气以成精”（《脾胃论》）；精成之后，又可化而为气，“盖精能生气”（《类经》）。

气以精为体，精以气为用，精和气之间的相互关系，体现了无形与有形之间的相互转化。在这种精与气的相互转化中，显现出各种生命活动，产生了人的心理活动。因此，神是由精与气所派生的，精与气是神活动的物质基础。

“虽神由精气而生，然所以统驭精气而为运用之主者，则又在吾心之神”（《类经》卷一）。尽管人的生理活动和心理活动是在形体和物质运动基础上产生的，但它又反馈地作用于精、气，影响着人的整个生命过程。对此，《养生三要·存神》辩证地指出：“聚精在于养气，养气在于存神。

神之于气，犹母之于子也，故神凝则气聚，神散则气消。”

汪綺石《理虛元鉴》也指出：“以先天生成之体质论，则精生气，气生神；以后天运用之主宰论，则神役气，气役精。精气神养生家谓之三宝，治之原不相离。”也就是说，健全的心理和协调的生理活动，既依赖于躯体，又影响着躯体，三者的有机整合和协调，才能使人的生命活动处于有序的安稳状态。

脉学

脉学是利用切脉诊治疾病，是中医诊断学中的一项独特方法。我国人民很早便发现人体血液循环的道理，通过切脉可以观察内脏器官的病变，有关情况在《周礼》、《黄帝内经》等古籍中有所记载。在长期实践的基础上，著名医学家扁鹊总结前人经验，创立了脉学。

西晋著名医学家王叔和撰写了我国现存最早的脉学专著《脉经》。它吸收扁鹊、华佗和张仲景等古代名医的理论，总结了两晋以前的脉学经验，使中医诊脉、脉学成为一门系统科学，奠定了脉学诊断的基础。

脉象，指脉搏的形象与动态，是中医辨证的依据之一，包括脉搏的频率、节律，呈现的部位、长度、宽度，脉管的充盈度、紧张度，血流的通畅流利度，心脏搏动的强弱等因素。

中医认为，脉象的形成与脏腑气血密切相关。心主血脉，心脏搏动把血液排入血管而形成脉搏。心脏的搏动和血液在血管中的运行均由宗气（由水谷精微化生，聚积胸中，与呼吸之气相合发挥作用的气）所推动。血液循环于脉管之中，除了心脏的主导作用外，还必须有各脏器的协调配合。肺朝百脉，即循环于全身的血脉都汇于肺部，且肺主气，通过肺气的循环分布，血液才能布散全身；脾胃是气血产生的源泉，脾主统血，血液的循环有赖于脾气的统摄；肝藏血，肝主疏泄，有调节血量的作用；肾藏精，精化气，是人体阳气的根本，各脏腑功能活动的动力；而且精可化生血，是生成血液的物质基础之一。所以，脉象的形成与五脏功能活动有关，且五脏与六腑相表里，脉象的变化也可反映六腑的变化。

正常的脉象为常脉，也称平脉。常脉脉象节律均匀，一呼一吸间脉搏四或五次，每分钟约六十到九十次，且跳动有力。常见病脉有浮脉、沉脉、迟脉、数脉、虚脉、实脉、滑脉、洪脉、细脉、弦脉等。

脉象的辨识主要依靠手指的感觉。脉象的种类很多，中医文献常从位、数、形、势四个方面加以分析归纳，掌握脉象的这些要素，才能理解各种脉象的特征及形成机理。

脉位：指脉搏跳动显现的部位深浅和长短。正常脉搏的部位不浮不沉，中取可得，寸、关、尺三部有脉。如脉位表浅的为浮脉；脉位深沉的为沉脉等；脉搏超过寸、关、尺三部位的为长脉，脉动不及寸、尺的为短脉。

脉数：指脉搏跳动的至数（病人脉搏在常人一呼吸间跳动的次数叫“至数”）和节律。如一息五至以上次数的为数脉；一息不满四次的为迟脉；如中间出现停歇的，有促脉、结脉、代脉等脉象的不同；脉律时快时慢的，为散脉、涩脉等脉象。

脉形：指脉搏跳动的宽度大小、软硬等形态。脉形主要与脉管的充盈度、脉搏波动的幅度等因素有关。如脉管充盈，脉搏幅度大的为洪脉；脉管充盈度小，搏动幅度小的为细脉；脉管弹性差、欠柔和的为弦脉；脉体柔软无力的为濡脉、缓脉等。

脉势：指手指感知的脉搏势力的强弱、流畅程度等。脉势包含很多因素，如脉动的轴向和径向力度；主要有由心脏和阻力影响所产生的流利度；由血管弹性和张力影响而产生的紧张度等。正常脉象，手指感知和缓，力度适中。应指有力为实脉；应指无力为虚脉；通畅程度好，脉来流利圆滑的为滑脉；通畅程度较差，脉来艰涩不畅的为涩脉。

以上是构成脉象的基本要素，也是诊察脉象的基本要点。脉象的辨别，主要依据医者指下的感觉，因此，中医察脉，要将各种脉象要素综合起来进行分析，才能形成完整的脉象，才能正确地分辨各种病脉。

四诊法

古代中国，没有 CT、B 超、全自动生化分析仪。所以中医诊病，不得不重视病人的主观感受，不得不重视人体各种功能，在临床反复证明，从中发现疾病规律。

四诊法，是战国时期的名医扁鹊根据民间流传的经验和自身多年的医疗实践，所总结出的诊断法，即望诊、闻诊、问诊和切诊，总称“四诊”，古称“诊法”。《素问·脉要精微论》说：“诊法何如？……切脉动静而视精明，察五色，观五脏有余不足，六腑强弱，形之盛衰，以此参伍，决死生之分。”对人体进行全面诊察，借以判断人的健康与疾病状态。可见物质世界的统一性和普遍联系，就是四诊原理的理论基础。

望诊：医生观察病人外部的神、色、形、态，如眼神、面色、舌苔等，以及各种排出物，如痰、粪、脓、血、尿、月经和血带等，作为分析判断疾病的依据。中医学认为，人体外部和五脏六腑关系密切，如果人体五脏六腑功能活动有变化，必然反映于人体外部而于神、色、形、态等各方面显现出来。

古代最熟稔的望诊专家应是扁鹊，只要提及《扁鹊与齐桓公》，国人无不惊奇于扁鹊高超的医术。因为人体“十二经脉，三百六十五络，其血气皆上注于面而走空窍”（《灵枢·邪气脏腑病形》），面部的血脉丰盛，是脏腑气血所养，另外面部皮肤薄嫩外露，其色泽变化也容易观察。脏腑的虚实、气血的盛衰，都能通过面部色泽的变化表现出来。如日常生活中人们说某某气色好，面若桃花，说明对方身体健康；说某人满脸病容，两眼无神，唇色发暗，头发焦枯，耳轮干涩，就判断此人可能有疾病。这就是望诊。另外，面色与五脏也关系密切："青为肝，赤为心，白为肺，黄为脾，黑为肾。"我们属于黄种人，其正色的特点是：红黄隐隐，明润含蓄，当五脏有病时，则显露出相应的五色异常。如医生见到一个面色发黄的病人，会问他是不是感觉四肢乏力，不喜喝水，大便稀溏，还容易腹涨，食饮无味等，病人常会惊讶于诊断得如此准确，实际是望诊其面为黄的缘故。黄色主脾虚，湿证，脾主四肢，脾不运化水湿，则会四肢乏力，不喜饮水，关节不利，脾不运化精微物质，则出现便溏，腹胀等症状。

此外，中医还会要求观察病人的舌头。舌与许多脏腑之间通过经络直接或间接相连，所以人体脏腑的虚实、气血的盛衰、津液的盈亏、邪正的消长、病情的顺逆等情况，都可以从舌像上反映出来，这就是舌诊的原理。望舌包括观察舌质和舌苔两个方面，正常人的舌为淡红色、舌苔薄白。最常见的异常舌质是较淡红舌偏白或偏红。前者多因气血亏虚或阳气衰微，运血无力；后者多因邪热偏盛、气血沸腾或虚火发炎，也就是人们常说的"内火旺"、"上火"之意。

闻诊：医生通过听觉和嗅觉，了解病人的声音和气味两方面的变化。闻声音，即观察病人的语言、呼吸、咳嗽等声音的变化；嗅气味，即观察病人的分泌物、排泄物的气味变化，以协助辨别疾病的虚、实、寒、热。中医学认为，人体内发出的各种声音和气味都是在脏腑生理和病理活动中产生的，如五声——呼、笑、歌、哭、呻和五音——角、徵、宫、商、羽，及五臭——臊臭、焦臭、香臭、腥臭、腐臭，都与五脏相应，是五脏功能变化的反映。五声的对应情况是呼属肝、笑属心、歌属脾、哭属肺、呻属肾。如悲伤时哭一下可缓解情绪，但一直哭就伤肺了。

问诊：问诊是医生通过对病人或陪诊者进行有目的的询问，以了解病情的一种诊察方法。不管是中医还是西医，问诊都是诊察疾病的重要方法，因为疾病的发生发展变化、诊疗经过、患者的自觉症状、既往情况、生活习惯、饮食居住，都要通过问诊获得。所以问诊是中医诊法的重要一环，对分辨疾病的阴阳、表里、寒热、虚实可提供重要依据。

切诊：用手对患者体表进行触摸、按压的诊法。切诊包括脉诊和按诊两部分。切脉就是通过脉象变化的体察，了解体内的病变。中医把脉主要是感知脉的形态、脉的力度、脉的通畅度。简单的说，就是患者的脉在医生手中是什么样的形象。如涩脉，给人的感觉是如刀刮竹，常见血虚证，或受寒后血凝不畅。按诊，是用手触摸按压病人体表某些部位，以了解局部异常变化，从而推断病变部位、性质和病情轻重等情况。

通过四诊，诊察疾病显现在各方面的症状和体征，以了解疾病的病因、性质及其与内脏的联系，为诊断提供充分依据。望、闻、问、切各有独特的作用，它们之间互相联系，互相补充，不能相互取代。临床必须结合运用，互相参证，才能全面了解病情，称为四诊合参。

八纲辨证

八纲是中医经过长期观察实践，总结经验得出的分析疾病共性的辨证方法。《黄帝内经》奠定了八纲辨证的基础，东汉张仲景更具体地运用于伤寒与杂病的诊疗。

一般而言，任何一种疾病，从大体病位来说，总离不开表或里；从基本性质来说，一般区分为寒与热；从邪正斗争的关系来说，主要反映为实或虚；从病证类别来说，大致可分属阳或属阴两大类。

不管疾病的病理变化、临床表现多么复杂，运用八纲对病情进行辨别归类，可起到执简驭繁的作用，所以八纲是辨证施治的纲领。其中，阴阳是总纲，它可以概括其他六纲。表证、热证、实证属于阳证范畴；里证、寒证、虚证属于阴证范畴。

表里是辨别疾病病位内外和病势深浅的两个纲领，是相对的概念。狭义的表里，即身体的皮毛、肤腠、经络为外；脏腑、骨髓为内。外有病属表，内有病属里。从病势深浅上讲，表证病浅而轻，里证病深而重；表邪入里为病进，里邪出表为病退。表里辨证适用于外感病，可观察得知病情的轻重深浅及病势趋向。

寒热是辨别疾病性质的两个纲领。寒证与热证反映机体阴阳的偏盛与偏衰，阴盛或阳虚的表现为寒证；阳盛或阴虚的表现为热证。

虚实是辨别邪正盛衰的两个纲领。虚指正气不足，实指邪气盛实。虚实辨证可为治疗提供依据，补虚泻实。

在一定的条件下，疾病的表里病位和虚实寒热性质往往可以发生不同程度的转化，如表邪入里、里邪出表、寒证化热、热证转寒、由实转虚、因虚致实等。当疾病发展到一定阶段时，还可以出现一些与病变性质相反的假象。如真寒假热、真热假寒、真虚假实、真实假虚等。所以，进行八纲辨证时不仅要熟悉八纲证候的各自特点，同时还要掌握它们之间的相互联系。

八纲辨证也是中医其他辨证方法不可缺少的要素。应用八纲辨证可确定疾病证候的类型，判断其趋势，为治疗指出方向。

特色疗法

中医认为，人体生病的原因是由于正不胜邪而致体内阴阳失衡，医生要平衡阴阳必须通过一定的手段和方法，下面介绍一些常用的中医疗法。

针刺疗法：自人类的双手能制造简单的劳动工具，针灸刺法也随之萌芽。古代最早的针具为“砭石”疗法，随着时代的发展，针具也不断改进。现在使用的工具多是不锈钢针。针刺法就是医生使用不同的针具，通过一定的手法刺激人体一定部位，激发经络气血，调节人体阴阳平衡。达到防病去痛的目的。由于针灸治病简、便、廉、验，适应症广，一九七九年，世界卫生组织建议各国对四十三种常见病首选针灸治疗，如落枕、急性扭伤、肩周炎、岔气、腹胀、打嗝儿等。

灸疗法：灸是灼、烤的意思。古人在烤火取暖时，某些疾病在受到火的熏烤或烧灼有所缓解，人们从中得到启示，于是发明了灸法。传统灸法是用艾叶作为原料，制成艾炷或灸条，在人体的一定穴位上熏灼，借艾火的热力透入肌肤，起到温通经络、调和气血的作用，从而达到治病和保健的目的，这种方法常与针刺方法配合运用，所以针灸并称。灸法常用于寒湿痹痛和寒邪之证。近年兴起的“冬病夏治”也是灸法的一种。

拔罐疗法：俗话说“针灸拔罐，病去一半”。在原始社会，人们发现用兽角做成的饮具，借燃火的热力，排出其中空气，使之吸附在皮肤表面，使局部充血，瘀血，以产生刺激来治病。所以这种方法在古代称为“角法”，历代中医文献中多有记载，如《本草纲目拾遗》中说：“罐得火气合于肉，既牢不可脱……肉上起红晕，罐中有气水出，风寒尽出。”拔罐疗法有通经活络，行气活血，消肿止痛，祛风散寒的作用。

中药疗法：我国幅员辽阔，气候多样，蕴含着丰富的动植物资源。在科学技术尚不发达的条件下，古人冒着生命危险尝试利用这些资源，于无数次的经验教训中，总结出某些植物、动物和矿物的治病作用，并将它们的药用属性加以概括，归纳为性、味、归经、升降沉浮及有毒无毒等方面。

在临床上，医生通常用中药的寒、热、温、凉四气来调整体内阴阳失衡，最常见的用药原则是：寒证用热药，热证用寒药，虚证用补药，实证用泻药。用药方法分内服和外敷，内服就是中药经煎煮后成汤或丸膏即直接口服，外敷就是将中药制成膏剂、散剂贴在机体一定的部位，以治疗疾病。如治小儿腹泻，常在肚脐上贴一剂药，这就属于外敷法。

饮食治疗：在中医药理论的指导下，通过饮食的调节达到治疗疾病的目的。古代有药食同源的说法，中医认为可食之物皆有药性，均离不开寒、热、温、凉、平五种属性。比如人们常吃的小麦，味甘甜，外皮性寒，肉性温，故面粉属温性，入脾经、心经、肾经，有养心、益肾、除热、止渴的功能。大米，味甘甜，性平，入心经、脾经、胃经、肝经、小肠经、肾经、膀胱经，益气，止渴、止泻，温中，和胃气。最常见的食疗就是各种营养粥，诗人陆游诗曰："世人个个学长年，不惜长年在眼前。我得宛丘平易法，只将食粥致神仙。"

音乐疗法：利用音乐艺术以调节人的形神，促使病人身心康复。清代医学家吴师机在《理瀹骈文》中指出："看花解闷，听曲消愁，有胜于服药者也。"强调了音乐在疾病治疗与康复过程中所起的重要作用。

情志疗法：中医理论认为，七情可以致病也可以治病。运用七情之间相互制约的法则来治疗疾病的方法，称为情志疗法。古代医师在"七情内伤"的理论和本土化的"情志相胜"的指导下治疗疾病，并留下了耐人寻味的经典医案。如金元时期的医家张从正，对汗、吐、下三法的运用有独到的见解，他精于中医的心理治疗，在阐释发挥《黄帝内经》中情态相胜的理论时说："悲可治怒，以怆恻苦楚之言感之，恐可以治喜，以恐惧死亡之言怖之；怒可以治思，以污辱欺罔之言触之；思可以治恐，以虑彼志此之言夺之。凡此五者，必诡诈谲怪，无所不至，然后可以动人耳目，易人听视。”在《儒门事亲》中，记载了张氏运用感、娱、怖、触、夺等方法无药而愈病的故事，可窥古代中医心理疗法的一斑。这与现代心理治疗的一些方法有着异曲同工之妙。

综观全球医学发展趋势，随着医学模式和人们医学健康的改变，疾病谱的变化，医源性、药源性、心身疾病以及老龄性疾病在全球范围内的增多，人们对于预防保健需求的日益增长，尤其是一些化学药品的毒副作用带给人们用药的恐慌，人们已经开始把目光转向天然药物和传统医药，目前在世界范围内正在兴起一股“回归自然”的潮流。在这股潮流中，我们有着灿烂的文化背景，有《皇帝内经》给我们做理论指导；有《神农本草经》给我们提供天然保健品；有《难经》给我们提供诊脉“独取寸口”；有《伤寒杂病论》给我们理、法、方、药；还有无数的中医圣贤提供的各家学说。总之，在看病保健方面，中医学有着可观的神奇疗效。

四大医书

任何一个历史悠久的国家和民族，必定有自己的文化经典，经典对于民族精神的构建，作用是巨大的。而在东西方文明的“轴心时代”诞生的中医体系，产生了早期的所谓“四大经典”著作，即《黄帝内经》、《难经》、《神农本草经》、《伤寒杂病论》。

《黄帝内经》

《黄帝内经》简称《内经》，是我国现存最早的医学文献典籍，最早著录于刘歆《七略》及班固《汉书·艺文志》，原书十八卷，其中的九卷名《素问》，另外九卷无书名，汉晋时被称为《九卷》或《针经》，唐以后被称为《灵枢》。宋之后，《素问》、《灵枢》始成为《黄帝内经》的两大部分，每部分各八十一篇。《素问》大部分是讲五行和运动的，论述了自然界变化的规律、人与自然的关系等；《灵枢》讲针灸，核心内容为脏腑经络学说。

相传神农尝百草，黄帝求教于岐伯而作《内经》，实际上《皇帝内经》非一人一时之作，主要部分形成于战国至东汉时期。总结了春秋至战国时期的医疗经验和学术理论，并吸收了秦汉以前有关天文学、历算学、生物学、地理学、人类学、心理学，运用阴阳、五行、天人合一的理论，对人体的解剖、生理、病理以及疾病的诊断、治疗与预防，做了比较全面的阐述。在理论上建立了中医学上的“阴阳五行学说”、“脉象学说”、“藏象学说”、“经络学说”、“病因学说”、“病机学说”、“病症”、“诊法”、论治及“养生学”、“运气学”等学说，反映了中国古代天人合一思想。《黄帝内经》以五行为框架，以人体为主要研究对象，形成中医学所特有的天人合一的体系。

五行	方位	时序	五气	生化	脏	腑	窍	体	志	色	味	音	声
木	东	春	风	生	肝	胆	目	筋	怒	青	酸	角	呼
火	南	夏	暑	长	心	小肠	舌	脉	喜	赤	苦	徵	笑
土	中	长夏	湿	化	脾	胃	口	肉	思	黄	甘	宫	歌
金	西	秋	燥	收	肺	大肠	鼻	皮毛	忧	白	辛	商	哭
水	北	冬	寒	藏	肾	膀胱	耳	骨	恐	黑	咸	羽	呻

中医认为，人与自然界是统一的整体，即“天人合一”、“天人相应”。

人的生命活动规律、疾病的发生等都与自然界的各种变化——如季节气候、地区方域、昼夜晨昏等息息相关；人所处的自然环境不同，人对自然环境的适应程度不同，其体质特征和发病规律也因此而异。所以，在诊断治疗同一种疾病时，中医多注重因时、因地、因人制宜，并不千篇一律。

人类出现以后，就有疾病，有了疾病必然就要寻求各种医治的方法，所以医疗技术的形成的确远远早于《黄帝内经》。但中医学作为一个学术体系的形成，却是从《黄帝内经》开始的，所以《黄帝内经》被公认为中医学的奠基之作，是中国医药学发展的理论基础和源泉。

同时它也是一部养生经典。《内经》中讲到了怎样治病，但整本书只收载有十三种药方，讲的更多是怎样不得病，怎样健康长寿，关键就是内观—注意自身的五脏六腑，气血如何流动，然后内炼——通过调整气血、调整经络、调整脏腑来达到健康，达到长寿。

《黄帝内经》有一个非常重要的思想："不治已病治未病"——不治疗已发生的病变，治疗未发生的疾病，这反映了中医对预防疾病的重视，因为疾病不是一下就得来的，疾病的产生是一个循序渐进的过程，这体现了中医对未病时病症的把握。

《难经》

《难经》，原名《黄帝八十一难经》，传为战国时的名医扁鹊所作。但据考证，该书是一部托名之作，从内容上看大约成书于汉代。"难"是"问难"之义，或作"疑难"解。"经"指《内经》，即问难《内经》。主讲脉诀，是《内经》的一部分撮要。

书中以问答的形式编撰而成，共讨论了八十一个问题，所以又称《八十一难》，内容包括脉诊、经络、脏腑、阴阳、病因、病理、营卫、俞穴、针刺等基础理论，以脉诊、脏腑、经脉、俞穴为重点，同时也列述了一些病证。其中一至二十二难为脉学，二十三至二十九难为经络，三十至四十七难为脏腑，四十八至六十一难为疾病，六十二至六十八为腧穴，六十九至八十一难为针法。

书中对命门和三焦的学术见解，以及所论七冲门（消化道的七个冲要部位）和八会（脏、腑、筋、髓、血、骨、脉、气等精气会合处）等名目，丰富和发展了中医学的理论体系。书中还明确提出“伤寒有五”（包括中风、伤寒、湿温、热病、温病），并对五脏之积、泄痢等病多有阐发，对后世伤寒学说与温病学说的发展产生了一定的影响。此外，对诊断学、针灸学的论述也一直被医家所遵循。全书内容简扼，辨析精微，在中医学典籍中常与《内经》并提，被认为是最重要的古典医籍之一。有多种刊本和注释本。

扁鹊，是战国时勃海郡郑地的人，姓秦，名越人。“扁鹊”一词原本为古代传说中能为人解除病痛的鸟，秦越人医术高超，百姓敬他为神医，便说他是“扁鹊”，渐渐地，就把这个名字用在秦越人的身上了。扁鹊云游各国，为君侯看病，也为百姓除疾，名扬天下。他的技术十分全面，无所不通。在邯郸听说当地尊重妇女，便做了带下医（妇科医生）。在洛阳，因为那里很尊重老人，他就做了专治老年病的医生。秦国人最爱儿童，他又在那里做了儿科大夫，不论在哪里，都是声名大震。

古人将《难经》托名扁鹊所著，借其名以示书的重要性，也表达了人们对他的尊敬与怀念。

《神农本草经》

《神农本草经》又名《神农本草》，简称《本草经》或《本经》，我国现存最早的药学专著。托名“神农”所作。在我国古代，大部分药物是植物药，所以“本草”成了它们的代名词，这部书也以“本草经”命名。汉代托古之风盛行，人们尊古薄今，为了提高这部著作的地位，增强人们的信任感，就借用神农遍尝百草，发现药物这妇孺皆知的传说，将神农冠于书名之首，定名为《神农本草经》。

《神农本草经》的成书年代说法不一，或认为是秦汉时期，或认为是战国时期。清人孙星衍认为这部书有可能源自神农、黄帝之时，当时虽无文字，但药石知识相传不绝，经过历代名家修订、增补，屡有阙佚。现行本为后世从历代本草书中集辑的。现存最早的辑本是明代卢复辑《神农本经》，流传较广的是清代孙星衍、孙冯翼辑的《神农本草经》，以及顾观光辑《神农本草经》、日本森立之辑《神农本草经》。

全书分三卷，载药三百六十五种，其中植物药二百五十二种，动物药六十七种，矿物药四十六种，分上、中、下三品，认为无毒的称上品为君，毒性小的称中品为臣，毒性剧烈的称下品为佐使。文字简练古朴，为中药理论的精髓。书中对每一味药的产地、性质、采集时间、入药部位和主治病症都有详细记载。对各种药物怎样相互配合应用，以及简单的制剂，都做了概述。更可贵的是，早在两千年前，我们的祖先通过大量的治疗实践，已经发现了许多特效药物，如麻黄可以治疗哮喘，大黄可以泻火，常山可以治疗疟疾，等等。这些都已用现代科学分析的方法得到证实。

《伤寒杂病论》

《伤寒杂病论》是一部论述传染病与内科杂病为主要内容的典籍，是我国最早的理论联系实际的临床诊疗专书。

作者张仲景是东汉著名医学家。该书编成后不久因作者去世流失民间，到晋代时，一位名叫王叔和的太医令在偶然的机会见到了这本书的残章，他全力搜集《伤寒杂病论》的各种抄本加以整理，并最终找全了关于伤寒的部分，命名为《伤寒论》，包含有二十二篇论文，记述了三百九十七条治法，载方一百一十三首，总计五万多字。王叔和的功劳，清代名医徐大椿评价道："苟无叔和，焉有此书！"

到了宋代，翰林学士王洙在翰林院的书库里发现了一本被虫蛀了的竹简，书名《金匮玉函要略方论》。这本书一部分内容与《伤寒论》相似，另一部分，是论述杂病的。后来，名医林亿、孙奇等人奉朝廷之命校订《伤寒论》时，将它与《金匮玉函要略方论》对照，得知是张仲景所著，就更名为《金匮要略》刊行于世。《金匮要略》共计二十五篇，载方二百六十二首。《伤寒论》与《金匮要略》的合集，即现代流传的《伤寒杂病论》了。

《伤寒杂病论》序言中提及，张仲景因其宗族中大半死于伤寒，遂“勤求古训，博采众方”，在诊断上融会了四诊八纲，对伤寒各证型、各阶段的辨脉、审证大法和用药规律以条文的形式作了较全面的阐析。

《伤寒论》系统地分析了伤寒的原因、症状、发展阶段和处理方法，创造性地确立了对伤寒病的“六经分类”的辨证施治原则，奠定了理、法、方、药的理论基础。书中精选的三百多方剂，其药物配伍比较精炼，主治明确。如麻黄汤、桂枝汤、柴胡汤、白虎汤、青龙汤、麻杏石甘汤。这些著名方剂，经过千百年临床实践检验，都证实有较高的疗效，并为中医方剂学提供了发展的依据。名医华佗读了这本书，啧啧赞叹说：“此真活人书也。”明代中医喻嘉言高度赞扬张仲景的《伤寒论》，说：“为众方之宗、群方之祖。”“如日月之光华，旦而复旦，万古常明。”（《中国医籍考》）

《伤寒杂病论》是后世中医必修的经典著作，历代医家对之推崇备至，赞誉有加，至今仍是我国中医院校开设的主要基础课程之一，仍是中医学习的源泉。在这部著作中，张仲景创造了三个世界第一：首次记载了人工呼吸、药物灌肠和胆道蛔虫治疗方法。它不仅是我国历代医家必读之书，而且还广泛流传到海外，如日本、朝鲜、越南、蒙古等国。特别是在日本，在当地的一些著名中药工厂中，伤寒方一般占到六成以上。

中医配药治病分为两派：经方派和时方派。经方有两种意义，一是指医家在治疗过程中发现确有疗效的“经验之方”，一是指在张仲景著作中使用过的“医经之方”。在明清之前，经方主要是指“经验之方”。到清朝初年，出现了尊古的经方派，他们称张仲景著作使用过的方剂是“经方”，而后世医家及温病学派设计的方剂则是“时方”，他们反对时方而主张用经方。因为经方派的影响，现在中医界所说的经方，其意义则转而成为后者——张仲景的方剂。也因此，经方派在日本称“古方派”，时方派称“后世方派”。

方药施治，是临床疗效的重要保证。中医临床基础包含“八纲”、“八法”、“七方”、“十剂”等原则。所谓“八纲”，指中医辨证中的八个基本纲领——阴、阳、表、里、虚、实、寒、热。“八法”指八种治疗方法——汗、吐、下、和、温、清、补、消。“七方”即七种方药配伍和组成——大、小、缓、急、奇、偶、复。“十剂”指十种药剂功用分类法——宣、通、补、泄、轻、重、滑、涩、燥、湿。这些中医临床的基础原则，在《伤寒杂病论》三百多个方剂中有着明显的体现，也因此，《伤寒杂病论》被后世中医公认为“经方”的代表。在几千来中医学发展过程中，一直指导着医家的临床实践，受到极高的崇奉。

温病学

《温病条辨》是温病学的重要代表著作之一，清代吴瑭所编写，前后花了六年时间。刊行之后受到医家重视，重印达五十多次，有王孟英、叶霖等名医为其作评注，或编成歌诀普及医界。

全书共六卷。卷首，引《内经》原文十九条，讲述温病学说的源起。卷一为上焦篇，论述各种温病的上焦证。卷二为中焦篇，论述中焦的各种温病及寒湿证的证治方药。卷三为下焦篇，阐明温病下焦证的证治方药。卷四为杂说，设短篇论文十八篇，分别论述与温病病因、病机、诊断、治疗、善后有关的问题。卷五为“解产难”。卷六为“解儿难”，结合温病理论，研讨产后调治、产后惊风、小儿急、慢惊风和痘症等问题。

《温病条辨》不失为《伤寒论》之后最优秀的体现辨证论治水平的著作。作者“善夺人之长”，学习《伤寒论》以条文加注解的方式，在从头至尾全程展示温病的过程中，同程穿插治疗的方药，使得一书在手，全局在胸，理法方药俱备。作者使用的一百八十多首方剂中，有几十首方剂为叶天士所创制，只有大约两成是自己所拟定。叶天士是医学史上少有的杰出临床大家，但他治疗的温病都是个案，散见于《临证指南医案》中，开小的方药既无方名，又无剂量，经吴瑭拟定方名、确定剂量之后，纳入到《温病条辨》中，如今都成为温病名方。《温病条辨》中的许多条文，也是直接从《临证指南医案》中引用的。

在今天看来，吴瑭有侵犯叶天士“知识产权”之嫌，但这一著作，为后人提供了辨治外感病的新模式。何况当时出书不仅没有稿费，还要拉赞助，甚至自掏腰包，并无经济效益可图，完全是为实现济世救人的目的。最为重要的是，作者总结了历代医家治疗温病的理论与经验，并且基本概括出了温病发展的基本规律，给后世提供了治疗急性传染病的一整套成熟的方药，完成了几乎可以与《伤寒论》六经辨证媲美的卫气营血、三焦辨证体系，创立了三焦辨证纲领，成为清代温病学说标志性专著。

书中重申寒、温分立，提出病因有三：伏气、时气、戾气，病类为九：风温、温热、温疫、温毒、暑温、秋燥、冬温、温疟。吴氏的三焦辨证不仅层次清晰、明确，而且能落实到具体脏腑。从历史发展的角度来看，该辨证体系与张仲景伤寒六经辨证、叶天士温热卫气营血辨证理论互为补益，是温病创新理论之一。部分中医教材把它与《黄帝内经》、《伤寒论》、《金匮要略》列为新的“四大医书”。

由此可见，《温病条辨》不是仅仅为纂集而撰，实在是用心良苦，为学术理论升华之作。书中提出的一系列温病治疗原则，成为此后温病治疗的圭臬，其中一些学术见解，直到现在仍为临床医家所重视。

艺术

> 凡是艺术家都须有一半是诗人，一半是匠人。他要有诗人的妙悟，要有匠人的手腕，只有匠人的手腕而没有诗人的妙悟，故不能有创作；只有诗人的妙悟而没有匠人的手腕，即创作亦难尽善尽美。妙悟来自性灵，手腕则可得于模仿。
>
> ——朱光潜 美学家，北京大学一级教授

建筑

中国建筑，具有悠久的历史传统和光辉的成就。从陕西半坡遗址发掘的方形或圆形浅穴式房屋发展至今，已有六七千年的历史。凭借高超的技术、精湛的设计、独特的风格，中国古代建筑在世界建筑史上自成系统，独树一帜，是我国古代文化的重要组成部分。同时它也是一种可供人观赏的艺术，给人以美的享受。

中国古代建筑总体上以木结构为主，以砖、瓦、石为辅。从建筑外观上看，每个建筑都由上、中、下三部分组成。上为屋顶，下为基座，中间为柱子、门窗和墙面。在柱子之上、屋檐之下还有一种由木块纵横穿插、层叠组合成的构件——斗拱，这是以中国为代表的东方传统建筑所特有的。它既可承托屋檐和屋内的梁与天花板，同时又具有较强的装饰效果。由于它在历代建筑中的做法极富变化，因而成为鉴定古代建筑的主要依据。

中国古代建筑主要有宫殿、坛庙、寺观、佛塔、民居和园林建筑等。其中宫殿与园林建筑的成就最为突出。

中国经历了漫长的封建社会，历代帝王为了满足奢靡的生活和维护威严，往往营建各种大型宫室殿堂。秦代时兴建的阿房宫就已达到惊人规模。西汉初年修建的未央宫，宫城周围近九千米。主持这一工程的萧何说：“天子以四海为家，非壮无以重威。”规模宏大的宫殿建筑可以作为巩固政权的工具。古代大建筑物很多，可惜没有像古罗马建筑物一样好好保存到现代，像阿房宫、未央宫、隋代的迷楼等，徒然只是历史上的记载。现在保存下来的规模最大、最完整、也是最精美的宫殿建筑，首推北京的故宫。故宫规模宏大，仅仅是宫殿的核心部分紫禁城就占地七十二万多平方米。

根据宫廷建筑的一般习惯，故宫分作皇帝处理政务的外朝和皇帝起居的内廷两大部分。故宫中的乾清门是外朝和内廷之间的分界线。外朝以“三大殿”——太和殿、中和殿、保和殿为主，前有太和门，两侧有文华殿和武英殿两组宫殿。内廷以“后三宫”——乾清宫、交泰殿、坤宁宫为主，其两侧是供嫔妃居住的东六宫和西六宫，也就是所谓的“三宫六院”。

故宫的这种总体布局，体现了传统的封建礼制“前朝后寝”的制度。整个设计突显着帝王的权力与森严的等级制度。

中国现存的古典园林多数是明、清两代的遗物。其精华集中在江南。前人有所谓“江南园林甲天下，苏州园林甲江南”的评语。

从春秋以来，苏州一直是我国南方的重要城市，文化发达、山明水秀，自晋室南迁以后直至清代，历代贵族官僚不断在此建造供他们享受的园林。刘敦桢的《苏州古典园林》一书中提到的就有十五处园林：拙政园、留园、狮子林、沧浪亭、网师园、怡园、耦园、艺圃、环秀山庄、拥翠山庄、鹤园、畅园、壶园、残粒园、王洗马巷某宅庭院。其中最为著名的是拙政园、留园、狮子林、沧浪亭和网师园。除江南地区外，北京的颐和园和北海、河北承德的避暑山庄，算是北方地区著名的古典园林。

中国古典园林的园景主要是模仿自然。园林中除大量建筑物外，还要凿池开山，栽花种树，用人工仿照自然山水风景，或以古代山水画为蓝本，加入诗词的情调，构成如诗如画的景致。所以，中国古典园林是建筑、山池、园艺、绘画、雕刻以至诗文等多种艺术的综合体。

此外，中国古典园林绝大部分是封闭的，四周都有围墙，景物藏于园内。除少数皇家宫苑外，园林的面积都比较小。要使有限的空间变化出无限丰富的园景，园林设计者们会采取曲折而自由的布局，用划分景区和空间以及“借景”的办法。

所谓“景贵乎深，不曲不深”，即说的是曲折布局的妙处。苏州多数园林在入口处常用假山、小院、漏窗等作为屏障，适当阻隔行进者的视线，使人们一进园门只是隐约看到园景一角，几经曲折才能见到园内山池亭阁的全貌。整体布局紧凑、变化多端，有移步换景之妙。

园林设计者巧妙利用山水、树木、花卉、建筑等元素，把园林划分为若干景区，在保证各个景区各有特色的同时，又着重突出能体现全园主体特色的景区。例如，苏州最大的园林拙政园，全园包括中、西、东三个部分，其中中部是全园的精华所在。

“借景”是古典园林丰富园景的一种传统手法。它是把园林以外或近或远的风景巧妙地引“借”到园林中来，成为园景的一部分。现存的苏州园林中建园最早的沧浪亭，它的重要特色之一便是善于借景。

绘画

绘画在我国艺术中是造诣较高的门类。中国绘画一般称为丹青，主要是画在绢、纸上并加以装裱的卷轴画，简称“国画”。它是用中国所独有的毛笔、水墨和颜料，依照长期形成的表现形式及艺术法则而创作的绘画。

国画从题材上分为人物、山水、花鸟三类，从表现形式上可分为工笔、写意两种。工笔画着重线条美，用细致的笔法制作，一丝不苟。写意画不重视线条，重视意象，与工笔的精细背道而驰，生动往往胜于前者。

中国画讲究形式美，构图不受时间、空间的限制，也不受焦点透视的束缚，画面空白的运用独具特色。

中国绘画的历史开始于上古无文字的时代，在文字记载上始于周秦，但古代作品能流传到今天的，要算距今六七千年前新石器时代绘于陶器上的图画。

在河南省临汝县（今汝州市）阎村仰韶文化遗址中，出土了一件瓮葬棺“鹳鱼石斧”彩陶缸。彩陶缸面上是一幅带有图腾标志性质的彩色绘画作品，内容为鹳鸟叼鱼和带柄石斧，石斧手柄上刻有网状花纹。它是研究原始社会生活和绘画艺术以及装饰艺术的可贵资料，是一件仰韶时代的陶缸彩画，又是一幅真实生动、色彩和谐、古拙优美、富有意境的绘画作品。

古物发掘中发现的战国时期的漆器彩绘及山东武梁祠及孝堂山发现的汉朝石刻，也是绘画形式的代表。汉朝石刻画风与埃及石刻、希腊瓶绘相近。卷轴画最早是晋朝顾恺之的《女史箴图卷》。佛教传入中国后，中国画颇受印度影响，在题材上有佛教人物故事的选取，且引起道教画的产生，在画法上也有如张僧繇采用印度阴影法的一类表现。僧繇与顾恺之、陆探微是六朝时期的三大书画家，同时的批评家则有谢赫。

唐朝为绘画史最重要的时期，融合了印度的画风，技巧与理论都有所成就，人物、山水、花鸟各种画法，也确立了基础，至宋代而更加完美。但元朝以后，画家一味模仿古人，没有创造精神，就赶不上唐宋了。唐代画家，初期有阎立德、阎立本、尉迟乙僧等。乙僧是于阗人（于阗是古代西域王国，中国唐代安西四镇之一），善作凹凸花，继张僧繇而提倡印度晕染的画法。当时画风仍承袭六朝细致刻画的传统，不甚流利活泼，题材仍以人物及道释两教为主。盛唐时期，画风变为雄健活泼，融合了西域画法与中原传统而形成了新形式，其时著名画家，画道释人物（壁画）的有吴道子，青绿山水则有李思训，明朝的董其昌称他是北派之祖。水墨山水有王维，董其昌称他为南派之祖。画马的有韩幹。这时期可说是中国画史的全盛期。

山水画自王维创水墨派后，张璪、王洽更进而创水墨写意派，开辟了后世文人画的道路。晚唐画风进于纯美术化，花鸟人物，各有大家。五代时南唐西蜀，为绘艺中心，仍继承晚唐作风。宋朝继西蜀南唐，设立画院，网罗画家。当时山水画，李成、范宽、董源，称北宋三大家，其后有米芾父子，而郭忠恕则以界画（楼台亭阁）自成一派。又有李公麟，长于人物素描，黄居寀、徐崇嗣长于花鸟。

早在五代时期，西蜀和南唐就已经开始设立专门从事绘画的机构——画院。画院由国家直接管理，画院画家以“翰林”、“待诏”的身份享受与文官相近的待遇，并穿戴官服，领取国家发放的“俸值”。宋王朝统一中国后，继续设立画院并加以扩大，成立了翰林图画院。北宋画家，院内、院外都有，作风也差不多，米芾、苏东坡都属于院外画家。到南宋则院体画派形成，有刘、李、马、复四大家，即刘松年、李唐、马远、复珪，作风偏重富丽精细，而缺少活泼天趣。

理论方面，唐以前著作真本失传，多为后人伪托，宋人著作都是真的，最著名的有郭思《林泉高致集》,韩拙《山水纯全集》,饶自然《山水家法》等，大致都主张注重气韵，不但要画得像，而且要传神，又极重文人业余之作，对于画匠，乃至画院中专门作画的文人，都瞧不起。这时期，宗教画已衰落了。而文人画中还有一种小品,如水墨画、梅兰竹菊(从南宋起称四君子)的一种或数种。宋末郑思肖即以画兰著名。

元赵孟頫是仿古的画派。从他起,便形成了元、明、清三朝的摹古画风。元朝山水画四大家，为黄公望、王蒙、吴镇、倪瓒。李衎则以写意画竹子著名，他的《竹谱》是非常不错的画法教材。当时谈画理的，则大致都主张仿古，明代设有翰林图画院，造成一种院画风格，这种画是模仿南宋的。但有一个林良，创立花鸟的写意画。临摹最广博的有戴进，是浙派的创始人，这派还有吴伟、蓝瑛。明代后期为文人画时期，以吴派为中枢，画家有沈周、文徵明、董其昌等。沈、文与院派的唐寅、仇英称为明朝四大家。他们都是临摹古画。明代画家临摹古人，不限一派。

到了清代，以临摹黄公望、董其昌为正宗。这一时期，从唐宋以来的正统院体画与文人画之争逐渐结束。院体画以衰落告终，而中国文人画则有了更多创新。正统文人画的代表人物有所谓四王，即王时敏、王鉴、王翚(石谷)、王原祁，后两王更有号召力，后来学他们的画者形成虞山、娄东两派。此外还有恽格、吴历两人，也有名。他们依然以摹古为主旨，作品缺乏生气和创作力，但技巧功力颇深。

同时期，另一个主张个性的文人画流派开始发展，以“四僧”——朱耷、弘仁、髡残、石涛为首的改革派主张抒发个性，提倡“反法”与“我法”，在清朝中期，“扬州画派”也以提倡个性的革新面貌出现，给整个清代中国画带来了多样的面貌。

石涛，法名原济，一作元济。本姓朱，名若极。字石涛，又号苦瓜和尚、大涤子、清湘陈人等。广西全州人，晚年定居扬州。明靖江王后裔，半世云游，以卖画为业。

石涛虽为皇族后裔，家族命运却极为坎坷。他的祖先是朱元璋的侄子，从十世祖朱赞仪起袭封靖王，四岁时，他们全家在家族内部自相残杀中被俘，囚禁而死，唯有他被仆人带出来，逃到了武昌，被迫当了和尚，过起了颠沛流离的流浪生活。

与同为“前朝余孽”的朱耷相比，石涛对清朝并未有十分强烈的仇恨。他的性情直率豪放，喜欢云游四方，广结善缘，从二十二岁起，游历了洞庭、潇湘、庐山、黄山、江浙等地名胜，对真实的山水有着极深的感受。到了黄山，更让他惊喜于大自然的美妙，狂喜大叫，从此与黄山结下了不解之缘，他说：“黄山是我师，黄山是我友。”有一次他从黄山写生回宣城，正遇好友梅清从泰山写生归来，各自展示自己的写生习作，梅清在画上题诗道：“我写泰山云，云何石涛飞。公写黄山云，云染瞿硎衣。”两人为黄山画派开辟了道路。

石涛作画风格极重视自然，他提出了“搜尽奇峰打草稿”的论点，认为这样才能“深入其理，曲尽其态”，达到“物我交融”的境界。和一直重视拟古的画家们相比，石涛更看重的是古法是否能为他所用，他说：“我之为我，自有我在，古之须眉，不能生在我之面目，古之肺腑，不能安入我之腹肠。”并提出“笔墨当随时代”、“借古以开今”的创作理念。

石涛写《石涛画语录》一书来阐释他的绘画观念，这本书不仅开启了“扬州八怪”的创新之风，对近代的吴昌硕、齐白石、张大千、傅抱石等大家亦深有影响。

清康乾年间编印的绘画出版物有百数十种，其中《佩文斋书画谱》及《佩文斋题画诗钞》两大部书，搜罗历代绘画史料和绘画理论，内容十分完备。李渔所作的《芥子园画谱》，编制由浅入深，十分受欢迎。

书法

中国书法历史悠久，书体沿革流变，从甲骨文、金文演变而为大篆、小篆、隶书，至东汉、魏、晋的草书、楷书、行书诸体，书法一直散发着独特的艺术魅力。

书法艺术化，开始于魏晋时期，曹魏的钟繇，东晋的王羲之，是早期的书法大家。后世继承者有南北朝的谢灵运，隋朝的赵孝逸等。

钟繇，字元常。颍川长社（今河南许昌）人。幼年相貌不凡，聪慧过人，历任尚书郎、黄门侍郎等职，助汉献帝东归有功，封东武亭侯。后被曹操委以重任，为司隶校尉，镇守关中，功勋卓著。曹丕称帝后，转封平阳乡侯，与华歆、王朗并称三公，是魏初的三大元勋之一。书法方面，他是楷书（小楷）的创始人，被后世尊为“楷书鼻祖”。

王羲之，字逸少，号澹斋，世称“书圣”。原籍琅玡临沂（今属山东），后迁居山阴（今浙江绍兴），晚年隐居剡县金庭，历任秘书郎、宁远将军、江州刺史。后为会稽内史，领右将军，人称“王右军”、“王会稽”。东晋书法家，著名书法著作有《兰亭集序》等。其子王献之书法亦佳，世人合称为“二王”。《书谱》总结：“汉魏有钟、张之绝，晋末有二王之妙。”二王与三国的钟繇、东汉的张芝并称“四贤”。

王羲之书风最明显特征是用笔细腻，结构多变。他的《兰亭集序》为历代书法家所敬仰，被誉作“天下第一行书”。尤其是文中二十个“之”字的不同写法历来为人所称道。王兼善隶、草、楷、行各体，精研体势，心摹手追，广采众长，冶于一炉，自成一家。世人常用曹植的《洛神赋》中“翩若惊鸿，婉若游龙，荣曜秋菊，华茂春松。仿佛兮若轻云之蔽月，飘飖兮若流风之回雪”一句来赞美王羲之的书法之美。传说王羲之小的时候苦练书法，日子久了，连清洗毛笔的池塘水都变成了墨色。后人评曰：“飘若游云，矫若惊龙”、“龙跳天门，虎卧凰阁”、“天质自然，丰神盖代”。成语中的“入木三分”、“东床快婿”等就是源于他的趣闻轶事。

唐朝时书法名家辈出，最著名的有虞世南、欧阳询、褚遂良、张旭、颜真卿、柳公权等。宋代书法家也很多，以蔡襄、米芾、苏轼、黄庭坚等最著名。米、苏二人绘画、书法皆有成就。

元朝的赵孟頫兼工书画，被尊为一代宗主，代表作有《洛神赋卷》。明清的画家也多擅长书法，以董其昌最有名。所以在元、明、清三朝，绘画界盛行题画的风气，这和唐宋画家将名字暗藏画中的习惯不同。明朝专以写字著名的有祝允明、王维登、王世祯、邢侗等。清朝著名书法家有刘墉、翁方纲、钱大昕、阮元、吴荣光、何绍基等。

作为一项中华传统形式的表现艺术，书法被誉为无言的诗，无行的舞；无图的画，无声的乐。

在中国书法界，有“楷书四大家”的说法，指的是唐朝初期的欧阳询、盛唐的颜真卿、唐朝后期的柳公权和元朝的赵孟頫四位书法家。他们的书法体例分别被称为欧体、颜体、柳体、赵体。

欧阳询，字信本，唐朝时期潭州临湘（今湖南长沙）人。祖父欧阳頠是南梁的直阁将军，父亲欧阳纥任南陈的广州刺史和左卫将军等职，因举兵反陈失败被杀，并株连家族。欧阳询因年幼幸免于难，被父亲好友收养。

欧阳询聪敏勤学，少年时就博览古今，精通《史记》、《汉书》和《东观汉记》三史，尤其笃好书法，几乎达到痴迷的程度。传说有一次欧阳询骑马外出，偶然在道旁看到晋代书法名家索靖所写的石碑。他骑在马上仔细观看了一阵才离开，但走了几步又忍不住返回下马观赏，赞叹多次而不愿离去，便干脆铺上毡子坐下反复揣摩，最后竟在碑旁一连坐卧了三天才离去。

欧阳询初学王羲之、王献之，吸收汉隶和魏晋以来的楷法，别创新意，笔力险劲、瘦硬，意态精密俊逸。据史书记载，欧阳询的形貌很丑陋，但他的书法却誉满天下。唐武德（公元六一八年——六二四年）年间，朝鲜半岛上的高丽国特地派使者来长安求取欧阳询的书法。唐高祖李渊感叹道："没想到欧阳询的名声竟大到连远方的夷狄都知道。他们看到欧阳询的笔迹，一定以为他是位形貌魁梧的人物吧。"

欧阳询存世书迹比较多，墨迹有《仲尼梦奠帖》、《卜商帖》、《张翰帖》等，碑刻有《化度寺故僧邕禅师舍利塔铭》、《九成宫醴泉铭》、《皇甫诞碑》、《虞恭公碑》、《宗圣观记》、《房彦谦碑牌》等。欧阳询与虞世南、褚遂良、薛稷并称"初唐四家"。

颜真卿，字清臣，京兆万年（今陕西西安）人，为琅琊氏后裔，家学渊博，六世祖颜之推是北齐著名学者，著有《颜氏家训》。颜真卿少时家贫缺纸笔，用笔醮黄土水在墙上练字。他为人笃实耿直，向来以义烈闻名于官场，曾是四朝元老，宦海浮沉，不以为意，后奉命招抚谋反的淮西节度使李希烈，被李所杀。

颜真卿的书法渊自家学，但促成他书法变革的启迪者，是吴郡的张旭。史学家范文澜在著述中每提及唐书，都说"盛唐的颜真卿，才是唐朝新书体的创造者"。颜真卿用笔匀而藏锋，内刚劲而外温润，字的曲折出圆而有力。他的楷书，反映出一种盛世风貌，气宇轩昂，端庄雄伟。他的行书遒劲郁勃，这种风格也体现了大唐帝国繁盛的风度，并与他高尚的人格契合，是书法美与人格美完美结合的典型，故而被后世誉为"天下第二行书"。他的书体与柳公权并称"颜柳"，有"颜筋柳骨"之誉。

传世书法代表作品有楷书《多宝塔碑文》、行草《祭侄文稿》。

柳公权，字诚悬，京兆华原（今陕西耀县）人，官至太子少师，故世称“柳少师”。他初学王羲之并精研欧阳询、颜真卿笔法，然后自成一家。所写楷书，体势劲媚，骨力道健，与颜体的浑厚宽博不同，柳字英气清瘦，故有“颜筋柳骨”之称。

他二十九岁进士及第，在地方上担任一个小官吏。后来，唐穆宗偶然见到了他的笔迹，赞为书法圣品，并召他进长安，那时，柳公权已四十多岁。他的为人既有骨气又一丝不苟，同样地，他的字也显露了他这部分的特质。柳公权一共臣事七位皇帝，最后以太子少师死于任上，享年八十八岁。他的传世书迹很多，影响较为突出的有《玄秘塔》、《神策军碑》、《金刚经》等。

赵孟頫，字子昂，号松雪道人，宋太祖十世孙。他是宋朝皇室的后代，却做着异族朝廷的官员，虽身居高位，实际并不受重视，心里万分苦闷，寄情于诗书画。

赵孟頫是中国艺术史上少有的全才，除书法外，他还擅长绘画，精通文学，通晓音律，熟谙道释。是他，最先将“诗、书、画”三绝合为一体。不仅如此，他的家族中也出了不少艺术名人：他的妻子管道升、他的儿子赵雍都精通书画，他的外甥王蒙是著名的“元四家”之一。

赵孟頫的书法，成就最高的是楷书和行书。温和、典雅是其书法的主要特点，无论行楷都很工整，四平八稳。传世的楷书名作有《胆巴碑》、《湖州妙严寺记》、《仇锷碑》等；小楷有《汲黯传》等；行书作品不少，如《洛神赋卷》、《道德经》（局部）、《汲黯传》、《赤壁二赋帖》、《定武兰亭十三跋》等。

他的书法成就和观念，对书法界有着很大的影响，整个元朝书法以他为楷模，不仅同时代的名家如邓文原、鲜于枢纷纷以他为榜样，明代的祝允明、文徵明，清代的刘墉、乾隆帝也从中汲取了不少营养。可以说，赵孟頫是上承晋唐，下启明清的一个重要的桥梁式人物。

篆刻

篆刻艺术，是书画结合镌刻以制作印章的艺术。和书法一样，篆刻也是汉字特有的艺术形式。

早在殷商时代，人们就用刀在龟甲上刻“字”。这些文字刀锋挺锐，笔意劲秀，具有较高的“刻字”水平。在春秋战国至秦以前，篆刻印章称为“玺”。秦始皇统一天下后，规定“玺”是天子专用，大臣以下和民间私人用印统称“印”。这种区分流传下来，形成了帝王用印称“玺”或“宝”，官印称“印”，将军用印称“章”，私人用印称“印信”的不同叫法。

篆刻的“篆”字，古时写作“瑑”，从玉字旁。凡是在玉石上雕琢凹凸的花纹，都叫作“瑑”。后来竹简成为通行的书写用具，于是“瑑”字的形符也由“玉”改为“竹”。其实在古代，凡属于雕玉、刻石、镂竹、铭铜的范围，都可称“篆刻”，印章的刻制只是其中的一小类。到了秦始皇时，统一了文字，书写体分八体，印面上的文字叫“摹印篆”；汉王莽定六书时称“缪篆”，明文规定篆书为印章印文的规范字体。唐宋之际，由于文人墨客的喜好，出现有不同的印章体制，但仍以篆书作印，直到明清两代，印人辈出，篆刻成了以篆书为基础，利用雕刻方法，在印面中表现疏密、离合的艺术形态，篆刻也由广义的雕镂铭刻，转为狭义的治印之学，也有人直接称“刻印”、“铁笔”、“铁书”、“刻图章”等。

在漫长的历史发展过程中，篆刻艺术出现了两个大发展的阶段。一个是战国、秦汉、魏晋六朝时期。这一时期的篆刻用料主要为玉石、金、牙、角等，其篆刻艺术特点以时代来划分。

根据史料研究，古代印章中最早的古玺大多属于战国时期。古玺分官、私两类，当时不分尊卑都称玺。古玺是由专门工匠制作，或凿或铸，玺文精细，章法生动。玺文分朱文和白文两种，朱文玺边栏宽阔，白文玺有界格。内容有官职、姓名、吉语和肖形图案等。古玺的形状大小不一，有长方形、方形、圆形和其他各种异形。

秦代印文是秦书八体之一的摹印篆，接近于小篆，印文庄重秀丽。在方形的官印上加“口”字格和“田” 字格，在长方形印上加“日”字格，是秦印显著的特点。秦印除官印、私印之外，还有用成语做印的，这种表现形式是后世闲章印的先导。

汉代是玺印发展空前辉煌的时期，无论从内容到形式比以前都更为丰富。这时期，明确约定除帝王印仍称玺外，其余都称印。在官印中有的称章或印章，私印中有的称信印或印信。以缪篆体入印，这种字体与汉代隶书的兴起有关系，结体简化，笔画平整方直。汉印中还有以鸟虫书入印的，有很强的装饰性，可以说是古代的一种美术字体。西汉印章多为铸造，以新莽时期的印章制作最为精美。东汉印章以凿印最有特色。因社会动荡不安，文武官员常被调动，印章来不及铸造，就在印坯上临时刻凿，印文不加修饰，便为急就章。汉代铸印庄重雄浑，凿印健拔苍劲，这两种截然不同的风格，都对后世的篆刻产生了很大的影响。

三国两晋南北朝时代印章，基本上是沿袭汉印的形制。纸张普遍应用，开始使用朱砂调制成印泥，封泥之法废止。用新的印泥来钤盖印章，这就是所谓的“濡朱之制”。

唐、宋、元三代，由于楷书的应用取代了篆书，同时官印和私印根本上分家，篆刻艺术开始衰微，直到元末才出现转机。相传画家王冕发现了花乳石可以入印，从而使石料成了治印的理想材料。书画家赵孟頫以擅长刻圆朱文而著称，为历代后人所效法。

明代中叶到晚清近五百年间，篆刻迎来了它的第二个发展高峰。此时印章从实用品、书画艺术的附属品，而发展成为独特的篆刻艺术品。这时期篆刻艺术逐渐形成了不同流派。各流派一般以篆刻家的籍贯、姓氏、师承关系及活动区域来命名。篆刻家文彭、何震对流派篆刻艺术的开创起了很大作用。

文彭字寿承，号三桥，别号渔阳子、三桥居士、国子先生，长洲（今江苏苏州）人，是书画家文徵明的长子，尤以篆刻擅名当代。他继承和创新了篆刻艺术，被后世奉为篆刻之祖。

在一次偶然的机会，文彭发现了灯光石（即冻石）可以作治印材料。经过他的倡导，石材被广泛应用。他以“六书为准则”的主张，至今仍是篆刻家所遵循的法则。他圆珠文印，参以小篆结体，秀丽典雅，最有特色，刀法明快自如，章法安排颇具匠心。代表作有《琴罢倚松玩鹤》。文彭被称为皖派。皖派中的篆刻家还有归昌世、李流芳、程邃、朱简、苏宣等人。

文彭的学生何震，青出于蓝而胜于蓝，被誉为“法古而不泥古”的“集大成者”，对后世影响很大。代表作品有《听鹂深处》。何震一派被称为徽派。属于这一派的篆刻家有王声、董洵、沈风等人。另外，歙县（今属安徽）人汪关自创白文刻意仿汉，风格独树一帜。

清代金石学盛行，随着历代金石文物的大量出土，不少学者致力于这些文物和古代文字的搜集、研究、著述和流播，因而扩大了篆刻家的视野。

清代初期篆刻以程邃最为出色，他篆刻能“力变文（彭）、何（震）旧习”，富有创造性。他的白文印效法汉印，厚重凝练；朱文印喜用大篆，离奇错落，奠定了皖派的基础。

清代中叶篆刻艺术进入兴盛时期，高凤翰、汪士慎、巴慰祖、董洵、胡唐等人的篆刻都能自出新意和富有个性，而成就最高的当属丁敬和邓石如，是浙派的开创者。

这一流派又经后继者蒋仁、黄易、奚冈、陈豫钟、陈鸿寿、赵之琛、钱松等八人的继承发扬，成为清代影响最大的篆刻流派。这八人也称为西泠八家。至近现代篆刻大师吴昌硕、齐白石，形成了一部完整的中国篆刻历史。

篆刻的文字，一般以大篆、小篆和汉篆（缪篆）为主。宋元之后，用字范围渐有拓宽，隶书、楷书，甚至行楷等，有时也被引入印章。即以篆书入印而言，流派印章兴起之后，所取范围也日趋广泛。诸如甲骨、兵器、石鼓、诏版、泉布、瓦当等实物上的文字，无一不在篆刻创作的文字取资之内。特别是明清之际，流派作家中的几位巨将，能成功地以自己独具风貌的篆书入印，使篆刻入印文字的借取空前更为广博，而这也正是形成印章各家各派的基因之一。

此外，中国最早印学理论著作《学古篇》、《宣和印史》、《集古印格》、《啸堂集古录》等对古代玺印都有辑录。明穆宗时，顾汝珍作《印薮》，集各种古印形式，流行于世。清初的周亮工作《印人传》一书，对种种篆刻流派详加分析。

篆刻艺术是书法、章法、刀法三者完美的结合，是一门综合性很强的艺术，直溯文字渊源，旁通书、画之理，既有豪壮飘逸的书法笔意，又有优美悦目的绘画构图，并且更兼得刀法生动的雕刻神韵。内含人品性格和文学修养，从里到外都散发着强烈的艺术感染力。一方印中，可称得上“方寸之间，气象万千”。

音乐

西方古希腊发明十二律的时候，我国也从五音、六律、七律而达到十二律的发明。

五音即宫、商、角、徵、羽，代表五个由低而高的声音，是歌唱时的音阶。

六律是六支长短不同的竹管，可以吹奏六个高低不同的音，大约就是五音以外再加一个变宫。后来又加一个变徵，就是七律。这七个音的次序如果是从徵开始，即徵、羽、变宫、宫、商、角、变徵，与风琴上C、D、E、F、G、A、B七音相同，半音都在第三、四音及第七、八音之间，不过我国古代是以宫为第一音的。

十二律是在七音之间再插入五个音，好像风琴上七个白键之间插入五个黑键一样。十二律的名称和次序，是黄钟、大吕、太簇、夹钟、姑洗、仲吕、蕤宾、林钟、夷则、南吕、无射、应钟。这十二律是十二个固定的音，还可以加上长度加倍的一组（倍律）为低音部，长度折半的（半律）为高音部。战国时发明十二律旋相为宫，那宫、商等七音便成了哆来咪似的唱音，可以从任何律开始，以形成高低不同的调式。据《管子》、《吕氏春秋》、《史记》等书记载，这十二律管的长度有一定比率，如四比三或三比二，因而有所谓“三分损益”的理论。三分损益包含减三分之一及增二分之一的两种关系，如以黄钟为基本律，依黄钟那根竹管的长度减三分之一，而成较短的林钟，就叫作黄钟下生林钟。再以林钟的长度作标准，增加三分之一，而做成稍长的太簇律管，就叫作林钟上生太簇。照这个样子，太簇又下生南吕，南吕又上生姑洗，姑洗下生应钟，应钟上生蕤宾，蕤宾又上生大吕，大吕下生夷则，夷则上生夹钟，夹钟下生无射，无射上生仲吕，仲吕下生半律黄钟。古希腊十二律也是根据三分损益的原则制定的，但是用弦定音，不用竹管。

我国至西汉末年，京房也发明用弦定音。这种由三分损益原则而规定的十二律，包含大、小两种半音，半律黄钟也太高了，并不是纯八度音程，很不便于旋相为宫。所以到了南北朝宋元嘉中，何承天发明了十二平均律，使每个半音相等，而高音黄钟恰好比黄钟高八度。但他还没有计算得十分精密。到明朝朱载堉才实现了何氏的理想。西方人至一六九一年发明了十二平均律，比何氏迟了一千二百年，比朱氏也迟了一百年。

我国雅乐中最重要的乐器，包括钟、鼓等打击乐器，笙、箫等管乐器，琴、瑟等弦乐器三类。而最重要的是七弦琴。但七弦琴音过低，不适合在大庭广众中演奏。现在雅乐已不流行，仅文庙祭祀时采用，并与古代舞蹈相配合。

雅乐的传统在南北朝时已断绝，唐宋以后，只知一味地仿古而不能改进，所以渐渐不被重视了。南北朝时，因为阿拉伯琵琶经龟兹传入中国，我国音乐开始了胡乐化，同时雅乐俗乐化。唐宋时代，音乐重心已不是雅乐，而是燕乐。唐代燕乐即梨园乐，是伴奏歌舞及简单戏剧的结合，以琵琶为主乐。宋代燕乐，以觱篥为主乐，觱篥也是从龟兹传来的，是管乐器。

元明以来，曲艺发达，伴奏音乐足以代表当时的国乐，而主要乐器也无不是外来的。元曲伴奏以三弦为主，南曲伴奏以笛为主，昆曲盛行后，无论南北曲，均用小工笛伴奏。皮黄戏的主乐为京胡，梆子戏主乐为胡呼。笛即汉朝西域传来的“横吹”，三弦胡琴来自蒙古。

近代昆曲与皮簧的盛衰，和音乐颇有关系。昆曲以乐曲迁就字音，违背了歌唱艺术的主要原则，所以失去了它的地位。皮簧代兴，牺牲字音以迁就乐调，颇有流畅自然之美，但乐曲只有几个固定的，变化太少。而昆曲与皮簧两种东西，都不能像西洋音乐一样，以音乐描写词句的意义，使人于未听词句以前，一闻音乐，就已大受感动。这尤其是我国音乐落后的表现。

我国器乐单奏，在周代即有俞伯牙《高山流水》的名曲，晋代亦有嵇康的《广陵散》。复音音乐也发生很早，《周礼》所称“奏黄钟，歌大吕”，即是短二阶的歌奏和声。西洋复音音乐产生于十世纪，在《周礼》出世后八九百年。然而在今天，西洋音乐大进步，而我国国乐水准还和数千年或数百年前一样，甚至退化了。国乐书籍有宋朝沈括《梦溪笔谈》，明代朱载堉《乐律新书》，清代陈澧《声律通考》等。

主要参考文献

1. 张之恒 .《中国考古通论》. 南京大学出版社，2009 年版

2. 路浩青 .《心若莲花处处开：跟着南怀瑾悟佛学》. 新世界出版社，2012 年版

3. 曹伯韩 .《国学常识》. 三联书店，2002 年版

4. 朱维焕 .《国学入门》. 中国人民大学出版社，2005 年版

5. 杜松柏 .《国学治学方法》. 中国人民大学出版社，2005 年版

6. 刘兆祐、江弘毅 .《国学导读》. 中国人民大学出版社，2005 年版

7. 章太炎 .《国学述闻》. 陕西师范大学出版社，2008 年版

8. 胡朴安、胡道静 .《民国学术文化名著：校雠学》. 岳麓书社，2013 年版

9.（清）张之洞 .《书目答问补正》. 上海古籍出版社，2001 年版

10. 张汝伦 .《蔡元培文选》. 上海远东出版社，2012 年版

11. 钱玄同 .《钱玄同文字音韵学论集》. 上海古籍出版社，2011 年版

12. 钱穆 .《中国近三百年学术史》. 九州出版社，2011 年版

13. 冯友兰 .《中国哲学史》. 华东师范大学出版社，2011 年版

14. 冯友兰 .《新理学》. 三联书店，2007 年版

15. 郑振铎 .《中国文学史》. 新世界出版社，2012 年版

16. 马衡 .《马衡讲金石学》. 凤凰出版社，2010 年版

17. 任继愈 .《任继愈学术文化随笔》. 中国青年出版社，1996 年版

18. 汤用彤 .《汤用彤佛学与哲学思想论集》. 南京大学出版社，2009

年版

19. 张岱年、方克立.《中国文化概论(修订版)》. 北京师范大学出版社，2008 年版

20. 王国维 .《人间词话》. 吉林出版集团有限责任公司，2011 年版

21. 鲁迅 .《中国小说史略》. 新世界出版社，2012 年版

22. 朱光潜 .《谈美书简：二种》. 上海文艺出版社，1999 年版

23. 王力 .《王力汉语散论》. 商务印书馆，2002 年版

后记

“国学”一词，古已有之，如今已成为中华民族固有文化与学术的一种总的称呼。提到国学，不少人会有高深莫测之感，认为与现实的生活相去甚远。实际上，国学对中国人的影响深入骨髓，中国人的日常用语、处事的思维方式，无不受着国学文化的影响。这些影响所表现出来的特征，也成为中国人民族性的一种体现。

中国传统学术文化，是从古至今无数代人智慧与汗水的结晶，是前人在学习生活中钻研创造与改进积累的结果。这样的文明传承，必然经受历史的锤炼打磨与自然的甄选淘汰；留存的精髓，则是中华文明得以延续的精神血脉。

本书参考了大量前人学者们的研究著作与资料，本着普及国学知识、传播优秀文化的宗旨，以浅近通俗的语言行文讲述，力图为读者开启一扇领略国学风采的大门，传递一种诚笃而朴素的学术精神。

中华几千年的文化文明，非这样一本小书所能说尽。挂一漏万，本书只起到提纲契领的作用，希望能激发读者对本国文化的热爱，对自身有更多的了解与提升。

由于编者能力所限，书中难免有遗漏或表述不当之处，敬请广大读者朋友提出宝贵意见和建议。感激不尽！

红旗出版社
RED FLAG PRESS
推动进步的力量

图书在版编目（CIP）数据

北大国学课 / 经典课程编委会编著 .
— 北京 : 红旗出版社，2014.10（2018.8 重印）
ISBN 978-7-5051-3260-3

Ⅰ . ①北… Ⅱ . ①经… Ⅲ . ①国学—通俗读物 Ⅳ . ① Z126-49

中国版本图书馆 CIP 数据核字 (2014) 第 219648 号

书　　名　北大国学课
编　　著　经典课程编委会
出 品 人　高海浩　　　　责任编辑　赵智熙　周艳玲
总 监 制　徐永新　　　　封面设计　孙丽莉
出版发行　红旗出版社　　地　　址　北京市沙滩北街 2 号
邮政编码　100727　　　　编 辑 部　010-64071348
E-mail　hongqi1608@126.com
发 行 部　010-64024637
印　　刷　北京市松源印刷有限公司
开　　本　787 毫米 ×1092 毫米 1/16
字　　数　175 千字　　　印张　18
版　　次　2014 年 12 月北京第 1 版　2018 年 8 月北京第 3 次印刷
ISBN 978-7-5051-3260-3　定价　39.80